イデオロギーと
日本政治
――世代で異なる「保守」と「革新」

遠藤晶久／ウィリー・ジョウ
Willy Jou & Masahisa Endo

Generational Gap in Japanese Politics:
A Longitudinal Study of Political Attitudes and Behaviour

目次

第5章 イデオロギー・ラベルの比較 129

第6章 改革志向と保守・リベラルから見る政党対立 157

第7章　日本における極右支持　179

第8章　若者の保守化？　211

第9章　おわりに――比較の中の日本のイデオロギー　231

装丁：山原　望

序章　はじめに

1節　流動化する日本政治

20世紀後半、揺るぎない安定性を見せた日本政治は近年、劇的な変化を示している。地滑り的な選挙結果や政権交代といった目に見えやすいものばかりでなく、政党競争と政策形成のダイナミズムにおいても大きな変化が見られ、単一の政党による40年近くに及ぶ継続的な政権形成（1955-1993年）という政治家、有権者、メディア、研究者が長年慣れ親しんできたパターンからの重大な決別を経験してきた。

55年体制と呼ばれる日本のかつての政党システムは、世界中で最も安定していることで知られていた。1955年に結党された自由民主党はその後の38年間、政権の座を占め続けた。1993年に自民党が過半数の議席を失い、非自民8党派による連立政権が樹立されたとき、その安定的な55年体制は終焉を迎えた。巨大な保守政党は内部分裂し、離党者による2つの新党（新生党、新党さきがけ）は、非自民政権誕生に主導的な役割を果たした。自民党は1994年には政権に戻ることに成功したが、それは自分たちより議席の少ない日本社会党から首班を迎えることによってようやく叶った。55年体制下の主要な政敵であり、批判を浴びせられてきた社会党と組んだのである。

55年体制終焉後、非自民連立政権によって選挙制度改革がなされて、政権の形も単独政権ではなく連立政権が常態化した。1994年から2009年までの15年間、議会内最大政党であったにもかかわらず、自民党は政権の座を確保するために、最初は社会党と新党さきがけと、その後、公明党と保守系の小政党

（自由党、保守党、保守新党）と連立政権を形成してきた。民主党が政権についた２００９年、民主党も２つの小政党（国民新党、社民党）と連立政権を樹立した。２０１２年の自民党の政権復帰も公明党との連立政権によるものであった。

１９９４年の選挙制度改革は日本政治史における分水嶺である。戦前から導入されていた中選挙区制は、選挙運動や立法行動、政策決定過程を形成するのに決定的に重要な役割を果たした（Ramseyer and Rosenbluth 1993; Kohno 1997; 建林 2004; Scheiner 2005）。たとえば、定数が3から5の中選挙区では、同一政党から複数の候補者（とりわけ自民党候補者）が一つの選挙区に立候補していた。そのため、候補者たちは、政党公約を中心とした選挙運動ではお互いに差別化できず、候補者中心の選挙運動を展開するようになり、いかに利益誘導を行うかが重要な選挙対策となった。選挙の支援を手厚くするのは派閥であったため、政治家たちは政党リーダーよりも派閥を頼みにするようになった。こうした「政治腐敗」をもたらすと考えられた中選挙区制は批判され、新たな選挙制度が模索されたのである。その結果、１９９４年、小選挙区比例代表並立制が採用され、政党中心の選挙と政権交代可能な二大政党制の実現が目指された。[1]

選挙制度改革から20年が経ち、実質的な効果も観察されてきた。自民党の派閥は弱体化し、政党リーダーの影響力は増大した。一般議員は政党規律を守るようになり、今日の選挙は地方各地での選挙結果の集積というよりは、全国的な政党競争によるものとなっている（Krauss and Nyblade 2005; McElwain 2012; Reed et al. 2012）。２００５年、２００９年、２０１２年総選挙における議席数の大幅なスウィングは、この新しい選挙制度の効果の強さを示している。

1990年代前半から日本の政党編成は流動期にある。日本共産党を除いて、すべての政党は分裂や合併を経験した。多くの新党が現れたが、そのほとんどが長くは続かなかった。55年体制下で最大野党であった社会党（後の社民党）は、いまではその面影なく少数の議席しか有していない。

1990年代中盤には、新進党が自民党に対抗して政権を争う役割を果たそうとした。その解党後、1996年に結党されていた民主党が、社民党の右派、旧新進党所属議員、そして自由党を吸収していくことでその役割を引き継いだ。民主党は2009年に政権を得たものの、その3年間の政権運営は失敗であったと多くの人にみなされている。民主党の失政は自民党の政権復帰を許しただけでなく、内部分裂といわゆる「第三極」（みんなの党や日本維新の会）の伸長をもたらした。[2]

選挙制度と政党編成の変化は日本政治の環境を変えた。政治家のレベルと有権者のレベルの双方において、多くの研究がその変化を描出し、分析し、予見しようとしてきた。その際、選挙制度改革だけでなく、バブル経済の崩壊と長引く不況のような経済的な変化やソ連の崩壊と中国の台頭のような地政学的条件の変化に対して、政策決定者がどのように対応してきたかが注目されてきた（Reed et al. 2009; Kabashima and Steel 2010; Schoppa 2011）。しかしながら、有権者がこれらの政治変化に対してどの程度反応してきたかを経時的に把握しようとする試みはそれほど多くは見られない。有権者に関する研究のほとんどは1回か2回の選挙について分析し、その時点での有権者の傾向を議論している程度である。それぞれの時点での特徴的な政策争点について、詳細な情報がもたらされる一方、そのようなアプローチは長期的な変化と継続、とりわけ有権者の中のサブグループごとの相違の変動について明らかにはしない。そうした点を本書は埋めようと試みる。

2節　政党対立とイデオロギー

今後の議論を理解しやすくするために、日本における政党間の競争がどのように発展してきたかについて簡単に提示する。55年体制下、主要な政策論争は、保守的な自民党と革新的な社会党の間で競われていた。この保守と革新の対立は、日米安全保障条約についての緊迫した議論を含む、安全保障と憲法問題をめぐるものがその中心であった（蒲島・竹中 1996, 2012；大嶽 1999）。保守陣営は両国の緊密な協力を推進する一方、革新陣営は中立と条約の破棄を主張していた。これは、憲法改正についてのスタンスとも結びついていた。自民党は戦後憲法の改正、とりわけ戦争の放棄と戦力の不保持を定める9条の改正を主張していた。他方で、社会党はその守護者として振る舞っていた。

経済的な争点は、他の民主国家の多くではイデオロギーを規定する中心的な政策争点である。しかし、日本では安全保障・憲法争点と比べると、イデオロギーを形成する役割は小さいということが指摘されてきた（大嶽 1999）。自民党は農業セクターと民間企業セクターの両方に支持され、ときには、１９７０年代の福祉の拡大に代表されるように、社会党の政策を横取りすることも辞さなかった。

１９７０年代、社会党は、公明党と民社党という2つの野党と反自民連合を形成することで政権を得ようとし、いくつかの大都市での知事選挙や市長選挙で革新陣営は勝利してきたが、１９７０年代終わりまでにはその連合は揺らぎ、公明党と民社党は次第に保守側にシフトし、自民党との協力を模索するようになった。

１９９０年代前半の冷戦の終結は、戦後イデオロギーをその根底から揺さぶった。さらに、ほとんど同時期にバブル経済が破綻したことも重大な影響があった。加えて、１９９０年代前半の収賄スキャンダルは選挙制度改革の必要性を呼び起こし、自民党議員の一部はこのことを理由に離党した。

１９９３年総選挙後、いくつかの新党が政治の舞台に参入し、有権者にとって各党の政策位置は不確かなものになった。このことは無党派層の急増の一因となり、無党派層は有権者の半数にも及ぶようになった。

こうして戦後政党政治の柱は壊れつつあった。予期しない自民党と社会党の連立政権は、55年体制が終焉したというシグナルを有権者に明確に伝えたが、新たな政党対立軸は出現していなかった。

１９９０年代後半以降、民主党は自民党に対抗する選択肢として自己を位置づけることに成功したが、革新的な旧社会党議員と保守的な旧新進党議員の両方を抱えたことで、民主党が何を代表する政党なのか、有権者に明白なメッセージを届けることはできなかった。

日本の有権者がこのような変化にどのように反応したかを探索するため、本書はイデオロギーと世代というテーマに絞って分析をしていく。

イデオロギーとは、有権者が政治的な世界の意味を理解し、様々な政策争点について政党の立場の違いを理解し、それにしたがって投票所で選択をするための地図を構成する、その枠組みである。有権者は、政治について複雑で細かなことに直面したとき、それを理解し要約する手がかりとして、イデオロギーという政党と政策競争について単純化された軸を用いる。そのため、有権者の間でイデオロギーがどのような役割を果たし、有権者の決定にどの程度の影響を与えているかを知ることは重要である。

有権者の間でのイデオロギーの変容およびその原因と結果について検討するとき、世代の違いというテーマは注目に値する。青年期に政治についての見方や意見を身につけるプロセスを「政治的社会化」と呼ぶ。政党競争のあり方や政治的に重要な政策争点が55年体制終焉の前後で異なることで、それぞれの有権者がいつ政治的社会化されたかによって、イデオロギー理解も異なっていることが予想される。政治システムに対する考えや政党位置についての認知もまた、有権者の青年期の経験によって影響を受けるためである。このことから、日本政治が劇的に変化した結果、政治的な態度と行動について若年層と高齢層の間に世代間ギャップがあるという仮説が導かれる。この世代間ギャップがどの程度存在するのかについて、本書では検討していく。

3節　本書の構成

長期間に及んで安定的であった55年体制が終わった後、１９９０年代と２０００年代に政党システムは流動化した。新たな政党が政治の舞台に登場しては、分裂し、合併し、消えていった。このような目まぐるしい変化や、グローバリゼーションの進展のような長期的かつ重要な経済的・地政学的変化は、政治を意味づけたり、政治に対する認知と行動を形成したりするツールとして、イデオロギーの価値と意味を変容させると予期される。

本書の目的は、日本政治における世代間ギャップについて、その存在を明らかにし、それを議論するための材料を提供することである。

本書の前半では、1970年代後半まで遡って世論調査データを分析することで、30年以上に及ぶ有権者の態度と行動の変化について、イデオロギーを中心として検討する。本書の後半は、イデオロギー・ラベル（用語）、改革志向、極右支持、若者の保守化といったイデオロギーをめぐる近年の諸問題について、様々なデータを用いながら分析を進めていく。特定の政策争点についての意見だけでなく、意見を表明するときに使う言説も、世代によって異なっていることが本書からは示唆される。

なお、有権者の意識調査に関する分析が中心であるので、計量分析の手法について馴染みのない読者には、ところどころ理解するのが難しい箇所があるかもしれないが、そのような読者は理解できないところを飛ばしながら読んでいただいてかまわない。また、本書の中心的な議論は2章で展開されているものの、各章は基本的には独立しているため、関心のある章から読み進めていただければ幸いである。おそらく後半の章のほうが読みやすいだろう。

ここでは、簡単ではあるが、本書の分析結果を先に紹介する。

1章では、「保守的」や「革新的」といったイデオロギー・ラベルが何を意味するかについて、有権者の理解の変化を検討する。前節で述べた日本政治の大きな変化を考えれば、1970年代と2010年代ではイデオロギーについての理解も同じままではないだろうと予想される。

イデオロギーは、かつて安全保障と憲法問題によって枠づけられていたが、1980年代になると福祉に、2000年代には日本型システム対新自由主義に、というように他の政策争点によっても形成されるようになったと蒲島・竹中（2012）は主張している。同時に、近年は、有権者はイデオロギーという枠組み自体を使わなくなってもきている（蒲島・竹中 2012；竹中他 2015）。かなりの割合の有権者がいまや自分自身をイデオロギー尺度の真ん中にいると位置づけている。1章では4つの政策次元（安全保障次元、経済次元、中央政府権力次元、社会的価値観次元）を取り上げて、どの政策次元が有権者個々人の保守・革新イデオロギー位置と関連しているのか、その変化を追跡する。

分析の結果、安全保障次元はどの時代においても、保守・革新イデオロギーと強く関連しているということが確認された。多くの先進民主主義諸国では、福祉支出の拡大やジェンダー平等を主張する左派と、小さな政府を志向する右派という対立構造を有権者の間でも見出すことができるが、日本の有権者の保守・革新イデオロギーは、経済次元や社会次元によって基礎づけられてはいなかった。日米同盟や防衛力の強化こそが、一貫して保守的な有権者をそれ以外と分ける政策争点だったのである。

2章では、有権者がどのように各党のイデオロギー位置を認識しているかについて検討する。

ほとんどの有権者は政党システムについて同じような見方を共有していると、政治学者やジャーナリストは仮定している。しかしながら、政治的社会化のプロセスが機能していれば、古いイデオロギー政治を知らない人たちは新たな、異なる認知を有しているかもしれない。このことを検討するために、2章では政党位置に関する有権者の認知について、その変化を追跡する。

分析の結果、高齢の有権者ほど自民党と共産党のイデオロギー位置を保守と革新の両極に離れているものとして認識しているが、若い世代になると徐々にその距離は縮まり、両者を差別化して認識できていない傾向が示される。さらにいえば、2012年総選挙時のウェブ調査で示されるのは、40代までの若い世代が、自民党と共産党をイデオロギー尺度の両極に位置づける一般通念に沿って、イデオロギーを捉えてはいないことである。その代わり、新自由主義的な日本維新の会を最も革新的な政党と捉え、共産党を中道政党として捉えている。日本の政党政治の変化を議論するとき世代の相違を考慮に入れる必要性が明らかになったのである。

2章で明らかになった世代間ギャップを考慮すれば、次に検討すべきは、投票行動においてもこの相違が反映されているかであろう。3章では、有権者がどの程度、自分の保守・革新イデオロギー位置と近い政党に投票しているかを検討する。保守を自認する有権者が保守政党に、革新を自認する有権者が革新政党に投票するのは当たり前のように思えるかもしれない。もしイデオロギーが一般有権者にとって意味のあるものであれば、そのようなパターンが確認できるだろう。また、イデオロギー的な立場が明確な政党に対しては、イデオロギーの影響はあるだろうが、イデオロギー軸の中央に位置するような政党の場合には、その位置を推定することが難しくなるため、有権者はイデオロギーに頼らずに投票するだろう。3章では、このような投票のパターンを異なる世代ごとに明らかにするために、1970年代から2010年代までのイデオロギーと投票選択の関係を分析する。

その結果、2000年代までは保守を自認する有権者は自民党に投票をしてきたが、革新を自認する有権者は必ずしも共産党に投票するわけではなかった。また、2010年までにイデオロギーの影響力は全体的に低下している。さらに、高齢の世代の有権者ほど投票選択の際にイデオロギーに依拠している点も重要である。おそらく、保守・革新の立場が明確であった冷戦期に育ってきたということが理由であろう。さらに、政党のイデオロギー位置が互いに似てくると、有権者はその位置を見分けるのが難しくなっていく。そのため、政党の差別化が難しくなりつつある現代では、イデオロギーは投票選択の際の手がかりの役割を果たしにくくなってきている。

4章では、イデオロギーがどの程度、政治参加を促すのかについて検討する。政治参加の一般的な形態は投票参加であるが、その他にも選挙運動への参加や、地域コミュニティ活動のような、現状のシステムを維持するための活動への参加（システム支持行動）、デモのような現状への不満を表すための参加（エリート挑戦行動）がある。イデオロギーはその方向性と強度によって異なる影響をそれぞれの政治参加について及ぼしていると考えられる。これらの影響について、4章では世代ごとのパターンを経時的に検討する。

投票率の低下は先進民主主義諸国のほとんどで見られる現象である。ただし、日本においては投票率のみならず、他の参加形態についても、特に若い世代においては、その参加率が低下しているという特有の事象が明らかになった。これらの参加形態を促すものは、つねにそうというわけではないが、政治関心や政党支持であった。他方で、イデオロギーはほとんどの場合、重要な役割を果たしていないが、イデオロギーの強度（極端さ）が選挙運動への参加を促す傾向と、革新を自認する有権者ほどエリート挑戦行動をとる傾向が明らかになった。

5章では「保守的」「革新的」というイデオロギー・ラベル（用語）について検討する。日本のメディアでも、学術研究でも、慣習的に用いられてきた「保守的」「革新的」というイデオロギー・ラベルは、民主国家のほとんどで用いられる「右」「左」という「空間的」なラベルと、機能的に等価であることが長い間想定されてきた。しかし、これらのラベルはどの程度、言い換え可能なのだろうか。5章では、ウェブ調査実験を実施することで、この質問に直接答えることを試みる。とりわけ、異なるイデオロギー・ラベルで聞いたときに、年長層と年少層がどのように各党を位置づけるのかについて、また、自己のイデオロギー位置と様々な政策争点への態度がどのように関連しているのかについて比較する。

ウェブ調査実験において、「保守的」「革新的」、「保守的」「リベラル」というイデオロギー・ラベルを使って政党のイデオロギー位置を尋ねると、2章で指摘した世代による政党位置の捻《ねじ》れ（特に、「革新的」「リベラル」側）が、再度、確認された。他方で、「右」「左」というイデオロギー・ラベルを用いると、政党位置について世代を超えて共通の認識が見られた。これら3組のラベル（「保守的」「革新的」、「保守的」「リベラル」、「右」「左」）のいずれを用いたとしても、有権者のイデオロギー自己位置と安全保障政策争点の間の相関は確認できた。しかしその程度は、他の2組のイデオロギー・ラベルと比べて、「右」「左」ラベルで大きかった。このような結果から、「右」「左」ラベルが、有権者のイデオロギーを測定するのに最適であるように思えるかもしれないが、有権者自身は、政党の立場を表すのに適切な言葉としては、「保守的」「革新的」を挙げている。事実、「右」「左」ラベルでイデオロギー位置を尋ねると、若い世代では「わからない」という回答が急増する。「右」「左」ラベルの優位性は簡単には結論づけられない。

１９９０年代以降の日本政治は選挙制度改革、行政改革、規制緩和、構造改革と、立て続けの「改革」を経験してきた。そのこともあり、若い世代において「革新的」というラベルが、従来の左派的な意味ではなく、その語感から「改革」と捉えられている可能性が指摘されている。6章では、「改革志向」について尋ねた世論調査データを用いて、「保守的」「リベラル」という1次元ではなく、改革志向というもう一つの軸に着目することで、年長層と年少層における政党対立の構図を明らかにする。そのうえで、有権者の改革志向と各政策との関連を、保守・リベラル軸と比較しながら明らかにする。

１９９０年代には、保守は現状維持と、革新は改革推進とそれぞれ結びついて各政党が認識されていたが（蒲島 1998）、２０１７年の読売早大調査の結果は異なるパターンを示している。年長層では、保守と結びつくのは現状維持ではなく強い改革志向、リベラルと結びつくのは改革推進ではなく弱い改革志向である。各党もその直線上に並ぶように認識されている。しかし、年長層の有権者自身はその直線上におらず、どの政党とも遠い位置（中道で強い改革志向）にいる。他方で、年少層が認識する政党対立構造では、政党はイデオロギーと改革志向の2軸上に散らばって位置しており、改革志向がイデオロギーに「回収」されていないことが確認される。いずれにしても、安倍政権の影響からか、自民党はいまや改革志向の政党と認知されており、若い世代にとっては最も距離の近い政党である。政党配置の距離の広さからも、政策争点態度との相関のパターンからも、政党対立を把握するためには、年長層は伝統的なイデオロギーに、年少層は改革志向に依拠していることが示唆された。

先進民主国家では極右についての研究が近年急増しているものの、日本では数少ないままである。しかしながら、このことは極右的な意見に対する共鳴が日本に存在しないということを意味しない。7章では、極右と考えられている候補者（田母神俊雄）が確かな足跡を残した稀有な選挙である、２０１４年東京都知事選挙のデータを分析することで、日本における極右投票者の様相を描出し、このグループが、他の国の極右支持者の特徴とどの程度類似しているのかについて検討する。

分析の結果、田母神への投票者は男性で年齢が若い傾向があるが、教育程度や雇用状況、所得については他の候補者への投票者と変わらない。また、政治過程からの疎外を感じていたり、政治に不満を感じていたり、ポピュリスト的な意見を有していたりするわけでもない。西欧諸国で見られる極右投票者とイメージは重ならないのである。その一方で、田母神への投票者に特徴的なのは、排外主義とナショナリズムの強さである。また、イデオロギー位置と田母神投票の間の関係は、イデオロギー以外の要因も考慮して分析すると、年長層では見出せないが、年少層では保守的であるほど田母神に投票する傾向があり、この点でも、保守・革新イデオロギーが有権者の間で果たしている役割の相違が確認できる。

8章では、近年、多くの論者によって議論されている若者の保守化という現象について検討する。他の先進民主主義諸国の多くで、若者ほど左派的であることが観察されてきた一方で、日本では、若い世代が安倍首相や自民党に対して好意的であることが指摘されている。国際比較世論調査や第2次安倍政権期の世論調査を参考にしながら、若者の保守化という現象について議論する。

分析の結果、他国と同様に、日本においても保守化は起こっておらず、保守を自認する若い有権者の割合は増えていないことが示される。他国では左派的な若い有権者が多く、日本においても、劇的とまではいえないものの、左派的な若い有権者は増加している。また、第2次安倍政権下における世論調査の推移を見ても、若者が他の世代よりも一貫して安倍内閣を支持していたり、自民党を支持していたりすることはない。むしろ、内閣支持については、態度を決めかねている。さらに、政党支持を見れば無党派層が多い。つまり、若者の保守化という言説には疑問符がつくのである。しかし、他国の保守政党と比べたときに、左派からも一定の得票を得ていることが自民党の特徴であり、現代の若者の野党支持が少ないことと相まって、近年の選挙における自民党の強さの一端がここに垣間見える。

本書は過去25年間の日本政治の変化を包括的に追跡し分析しようとするものではないが、イデオロギーと世代間差異というテーマを中心として、重要な実証的な疑問について各章で検討していく。高齢層と若年層で政治の見方、理解の仕方が異なることは、世代によって映画や音楽の好みがそれぞれ異なることを考えれば、確かに驚くべきものではないかもしれない。しかし、1990年代前半に、日本と同様に選挙制度と政党システムの変化を経験したイタリアとの比較を見れば、日本の世代間ギャップの規模の大きさは強調されるべきものであろう。

9章では、イタリアの有権者における各党のイデオロギー位置の認知を世代ごとに分析した。その結果、イタリアの有権者には世代を超えた共通認識が存在しており、右派ブロックと左派ブロックは明確に差別化されている。日本とイタリアとの相違について詳細に分析をすることは本書の範疇を超えるものの、階級のような社会における対立構造が存在するとき、イデオロギーも社会に根を下ろし、世代を超えて継承されていくのではないかと考えられる。

そのような世代間の継承について、望ましいのか否かといった規範的な判断をする立場を本書はとらない。重要なことは、われわれが政治について議論するとき、世代によって念頭に置いている政党の対立構造が異なっているという事実である。それがどの程度なのか、何によって規定されているのかを明らかにすることは、現代の日本の有権者と政党政治について理解するための一助となるだろう。

第1章

有権者におけるイデオロギーの変化

1節　はじめに

イデオロギーは、有権者と政治エリートとのコミュニケーションを可能にするものであり、そのため、これまで多くの研究でイデオロギーの内容とその役割が議論されてきた（Inglehart and Klingemann 1976; Fuchs and Klingemann 1990）[1]。「右」「左」といったイデオロギーのラベル（用語）は、各政党や候補者の政策スタンスを要約する際の手がかりとして機能し、それによって有権者は政党や候補者を選択しやすくなる。このような「右」「左」といった空間を表すラベルは、伝統的に経済思想の対立と関連づけられて論じられてきた。つまり、右派は資本主義体制と個々人のインセンティブを志向するのに対して、左派は平等を追求して国家の役割の増大を強調する（e. g. Lipset 1960; Budge et al. 1987）。ほとんどの欧米の民主主義国家で、長らく左右対立の基盤となっているのは、資本と労働の間の亀裂であり（Lipset and Rokkan 1967）、この対立の重要性は、国際比較研究によって今日でも確認されている（e. g. Caul and Gray 2000; Knutsen 1995a, b）。このことが非欧米国家である日本においても適用できるのか。本章では、イデオロギーの内容を有権者がどう理解しているかについて、長期的な変化を描きながら検討する。

　ラテンアメリカ諸国や旧共産圏など、新しく民主化された国家においては、民主化への移行スピードや旧権威主義的支配の遺産、新たな体制における権力構造のあり方に関する議論にしばしばかき消されて、経済争点が後景に退くことがあると指摘されてきた（Moreno 1999; Rohrschneider and Whitefield 2009）。しかし、その傾向はこういった国家だけにかぎらない。欧米等の先進民主主義国家においてですら、イデオロギー対立が経済対立によってどの程度、基礎づけられているかは、その国の置かれた政治的な状況によって変わる。

それでは、日本ではどうだろうか。日本は60年以上の民主的なガバナンスの経験があるが、有権者レベルにおけるイデオロギーは、その歴史の変遷と地政学的なコンテクストによって影響を受けてきた。冷戦期の緊迫感は、外交・安全保障政策を中心とした政治競争のパターンを形成し、経済次元も含めて他の政策次元は二の次とされてきた。

したがって、日本におけるイデオロギー・ラベルは、生活に関わるような経済・福祉問題（bread-and-butter issue）というよりは、対外同盟と国家の軍事能力に関する異なる見方のことを主に指し示しているとされ、そのことについてはジャーナリスト、研究者の双方の間で合意があった。

そこで、本章では主に2つの研究課題に取り組む。

第一に、日本の有権者は実際に、経済や社会的価値観といった政策次元ではなく、外交・防衛問題としてイデオロギーの内容を理解してきたのか。第二に、この理解の仕方は、冷戦やバブル経済が終焉したことによって、あるいは、地政学的争点や安全保障争点をめぐって激しく対立してきた、かつての政党システムが転換したことによって、変化したのか。本書で採用するアプローチは、政党公約や議会での発言から、政治エリートによるイデオロギーの見方を明らかにするというものではなく、世論調査データを分析することによって有権者によるイデオロギーについての理解を明らかにするというものである。

本章では長期的な変化（あるいは変化の不在）を追跡するために、他の多くの先行研究より長期間である約35年間（１９７６年から２０１０年）をカバーして分析する。次節では、イデオロギーについての理解に影響を与えうる4つの政策次元について議論する。3節で、本論のデータと変数を説明し、4節で実証分析の結果を提示する。5節では分析結果を要約し、結論を述べる。

2節　イデオロギーと政策次元

有権者にとって最も重要な政策争点は選挙ごとに大幅に変わるかもしれないが、政党対立空間を規定するような、広い意味での「政策次元」をカテゴリー化することは可能である。有権者がどの政策争点を重要視しているかについて、予め何らかの前提を立てることなく、データから帰納的に発見しようとする研究者もいるが（e. g. Gabel and Huber 2000）、異なる時期の世論調査が同一の質問項目を含んでない場合、帰納的アプローチを採用することは難しい。本章では、その代わりとして、予め政策次元を特定したうえで、有権者がイデオロギーをどのように理解しているか、包括的な（保守・革新）イデオロギー尺度が何を意味するのかについて、30年以上の期間にわたって探索し検討する。その際、後述の政策次元のみならず、政党支持要因や社会的属性にも着目して、一般有権者の心の中で何が「保守」と「革新」を構成しているかについて、その要因を検討する。

田中（2009）は、日本のイデオロギー空間を形成する4つの政党対立軸を提示している。すなわち、安全保障次元（「積極的」対「消極的」外交政策）、経済次元（「自由市場」対「福祉拡大」）、中央政府権力次元（「中央集権」対「地方分権」）、社会的価値観次元（「伝統的」対「現代的」社会的価値観）である。このカテゴリー分けに基づいて、以降の分析枠組みも構築する。

戦後日本の政党対立は55年体制という枠組みに規定されてきた。55年体制は、与党としての自由民主党と野党としての日本社会党という2つの政党が1955年に結党されたという事実だけでなく、広くいえば、両党のコアな支持者を分かち、政党対立空間を描くような政策争点群をも指し示すものである。イデオロギー認知のレベルについて蒲島・竹中（1996）が報告するように、有権者の多くは、保守・革新軸上に自分のイデオロギー位置を特定することができた。さらに、自民党と社会党だけでなく、その後に形成された政党についても同じ軸上に位置づけられた。そのため、ほとんどの有権者はこの1次元の尺度に各党を同じ順番で並べることができた（Otake 2000, 127）。

専門家による政党位置の評価も同様の結論に達している。すなわち、「日本では政策に基づく政党対立は本来的に1次元である。つまり、どの内容の政策次元を考えたところで、各党は基本的に同じように並べられる」（Laver and Benoit 2005, 202）。ただし、蒲島（1998, 188–90）は政策次元の影響力の減少によって、イデオロギーが次第に多次元になってきていると指摘している。

冷戦期、外交・安全保障政策をめぐる政策争点は、保守・革新軸の基底にある第1の次元を構成していた（蒲島 1998, 165–6）。本格的軍隊を保有し、北東アジアの安全保障に積極的な役割を果たすことを目的とした憲法改正の支持者と、軍隊の保持を禁じた「平和」憲法の擁護者という対立関係である。民主主義国家で、かつ資本主義体制であった日本にとって親ソビエト連邦の姿勢は受け入れられなかったため、革新勢力は中立を主張し、保守勢力は共産主義の脅威に対抗するアメリカとの強力なつながりを強調した。

大嶽によれば、「防衛問題は1950年代前半に登場し、保革対立は日米安保改定をめぐる1960年の政治的危機によって制度化され、その後の30年間の日本政治を形作った」（Otake 2000, 128）。このことは政党対立が1次元空間であったことを示唆する。公平らが示したのは、4つの政策次元の中で、安全保障の質問を含む次元のみが政党選択と強い相関を有しているということである（Kohei et al. 1991）。政党公約のテキスト分析でも専門家調査でも、外交・防衛施策が左右尺度における政党位置に強い影響を与えていることが確認されている（Laver and Benoit 2005; Proksch et al. 2011）[2]。

冷戦の終焉は、安全保障争点を時代遅れにはしなかった。事実、2度の湾岸戦争など、ポスト冷戦期の紛争は日本の国際社会への貢献についての議論を緊急で重要なものとした。世論調査データを用いた実証研究においても、2000年代の自衛隊インド洋派遣をめぐる論争への賛否が、集団的自衛権や憲法改正への賛否と同じ次元を構成していることや（平野 2007, 122）、安全保障の政策次元が1970年代と同様、1990年代と2000年代でも保守・革新軸を規定する決定的な役割を果たしていることが示されてきた（蒲島 1998, 181；蒲島・竹中 2012）。

この間、変化したことといえば、安全保障次元における政党の位置である。たとえば、日米同盟維持に対する懐疑や軍事強化の必要性に対する意見は、1996年に社会党支持と関連しなくなった（平野 2005, 73–4）。1994年に自民党と連立を組んだときに、安全保障政策についての長年のスタンスを転換したからである。

同様に、平和主義的な政策を掲げて設立された公明党でも、その支持者は憲法や防衛問題について自民党支持者の立場に近づき、自公が連立を組んで5年以上経った2005年には両者の見分けがつかないほどになった（平野 2007, 130, 188–9）[3]。

外交・防衛政策の重要性が広く認められている一方で、経済政策がイデオロギー空間を形成する役割はかなり曖昧である。政府の規模と福祉国家をめぐって、保守・革新イデオロギーの経済的側面を描き出すことは可能ではあるが（久米他 2003, 25）、欧米の民主主義国家とは異なり、日本の有権者の政党への評価は経済における国家の役割の議論よりも、安全保障の議論と関連してきたことが世論調査分析から示されている（田中・三村 2006, 119）[4]。実際、政党公約の分析から、自民党と社会党の経済問題に関する位置は見分けがつかないことがほとんどであった（Proksch et al. 2011, 121）。

経済次元がイデオロギーを規定しないという日本の例外的な特徴について、いくつかの説明がなされる。第一に、戦後期においては、経済格差が比較的穏当であった時期が長く、経済のパイの拡大はその分け前がすべての層に行き渡ることを意味した[5]。第二に、「保守政党も革新政党も福祉サービスの拡大を主張し」、政府による経済への干渉について合意が存在したため、経済的な亀裂は発展しなかった（Otake 2000, 123; 樋渡 1995も参照）。最後に、近年のグローバル化の進展は、自国経済をコントロールする国家の能力を弱体化させ、厳しさの増す予算制約を通じて、寛容な福祉政策の財政的基盤を侵食した。そのため、有権者は経済的困難を政治的に解決することを期待しなくなった（齋藤 2004, 2–3）。

１９９０年代からの政党システムの変容により、経済政策に対する合意は生き残るどころか、明らかに強化された。１９８６年に社会党は管理経済への固執を捨て去り、資本主義を認める新しい経済公約を採択したものの（Shinkawa 2000, 178–9）、社会党支持者はその10年後においても、他の有権者と比べて顕著に親福祉国家的な立場を明確にしていた。

しかし、2004年の世論調査では、異なる政党を支持する人々の間で、福祉政策についての立場はそれほど変わらないことが示された（平野 2005, 74–5）。「新自由主義対大きな政府という政策争点に沿って、政党システムが再編される」という選挙制度改革推進論者の目標は、1993年の政権交代にもかかわらず実らなかった（Otake 2000, 139–41）。というのも、非自民連立政権は過去の自民党政権と類似した経済政策の方針に従ったからである。

同様に、井田（2007, 182-3）によれば、有権者が認識する保守・革新尺度上の政党の位置は、所得格差や福祉についての有権者の意見と有意に相関はしていない。しかし、田中・三村（2006）は1990年代以降、福祉に対する態度が自民党と社会党（と社民党）に対する評価に大きな影響を与えていることをデータを用いて主張している。

経済次元と関連するものの、重複はしない政策次元として、中央政府の規模と権力に関する中央政府権力次元がある。この次元は、先述の経済分野のみならず、中央地方関係の問題に関わるものである。過去四半世紀の政権は、行政の合理化や地方行政団体への権力の移譲を目的とした行政改革を提案してきた。1980年代の第二次臨調や、1990年代後半の省庁再編、2000年代の中央地方財政改革（三位一体の改革）や郵政民営化などがその例である。このような改革努力は、非常に強力だが非効率と認識されている中央官庁から、定期的に選挙の洗礼を受け説明責任を果たす政治家、そして、中央省庁の一辺倒な政策よりも地方のニーズをよりよく把握できる地方自治体に権力を移行しようという目的を強調する。ただし、地方分権は、執政機能の地方政府への移転だけでなく、欠乏してきた財源の移転も含むものである。

安全保障次元や経済次元とは異なり、政府権力の範囲に関する中央政府権力次元では、重要な政策争点は一貫していたわけではなく、それぞれの時期で異なっている。たとえば、２００５年の総選挙においては郵政民営化が他の政策争点を圧倒したし、２００９年総選挙において、民主党は政策形成における政治主導（官僚主導と対比して）を強調した。政党間および政党内対立を生んだ郵政民営化についての見方は、安全保障や経済とは同じ次元にはなく、自民党への投票者は、民主党、社民党、共産党への投票者よりも、この改革案に賛成する割合が高かった（平野 2007, 122-3)。

しかし、このような政党間の立場の違いは長く継続しているわけではない。政府の役割について自民党、民主党、公明党がとっている立場は、１９９９年から２０００年にかけてより差別化されていったのに対し、２０００年代前半にはこの傾向は逆転し、政策の収斂が見られた（小林 2008, 117)。

４つ目の政策次元として社会的価値観が挙げられる。女性の権利などの問題に関わるものである（平野 2005, 65-6)。この次元は、Flanagan and Lee（2003）が描く権威主義対リバタリアニズムの亀裂と広く対応しており、１９７０年代から重要視されるようになってきた（蒲島 1998, 169)。それまで、日本の一党優位政党制の説明として、権威への服従を強調する政治文化論が唱えられてきた（たとえば Richardson and Flanagan 1984; Watanuki 1967)。しかし、そのような権威への服従は、独立心旺盛で個人主義的な感情を公言する若い世代にとって、次第に相容れなくなってきている。

気をつけるべきことは、欧米社会における脱物質主義的価値観の特徴が、自己利益を中心とした思考から、より人間的な社会への志向という変化にあった一方で、これとほぼ逆向きのことが日本では起きているということである（Inglehart 1990, 145-6)。というのは、日本の文脈における保守は、集団の利益を優先することと結びついており、革新は個人の権利を強調するからである。加えて、若者の自立と両親への敬意に対する態度が、コミュニティの調和と連帯とは異なる次元を形成していることをRochon（1981, 26）は確認しており、物質主義対脱物質主義という分析枠組みを日本に適用することには注意を要する。

先述した4つの政策次元（安全保障次元、経済次元、中央政府権力次元、社会的価値観次元）は、現代日本政治における重要政策争点をいくつかの「束」として分類して要約するものである。先行研究は「自民対非自民」（平野 2007）のような、あるいは日本型システム（蒲島・竹中 2012）といった異なる亀裂を特定してきた。しかし、このような形式化は必ずしも政策志向の相違を描くものではない。「ビジネス・労働組合連合」と政府の再分配に依存したセクターの間の政策対立（伊藤 1998）は、職業的立場そのものよりも、異なる利益に裏打ちされた選好によって特徴づけられるかもしれない。本書では、それゆえ、現代日本政治を構成する4つの政策次元という分類（田中 2009）を利用し、それを操作化することで、イデオロギーの内容の変化を追うこととする。

3節　データ

日本の有権者がイデオロギー・ラベルをどのように理解しているか。そして、国際環境と政党システムの両者が劇的な転換を見せたこの30年の間に、その理解は変化したのかを検討するために、１９７６年から２０１０年の世論調査データを分析する。[6]　１９７６年のＪＡＢＩＳＳ調査は、日本において有権者のイデオロギー立場、様々な政策争点への意見、各政党への態度を尋ねた最初期の世論調査である。その後、同様の調査としてJapanese Election Study（ＪＥＳ）調査が１９８３年から近年まで実施されている。他の調査を分析に加えることも可能ではあるが、ＪＡＢＩＳＳとＪＥＳに依拠して分析を進めるのは、これらの調査が最も長いタイムスパンをカバーし、継続的に多くの政策質問を尋ねており、経時的な比較が可能なためである。

しかし、質問項目がどの調査でもすべて同一というわけではないし、分析の期間中に主要政党も変遷している。したがって、すべてのデータをプールするのではなく、各調査を個別に分析する。

本章の分析における従属変数（dependent variable, 説明される現象や要素のこと。被説明変数ともいう）は、回答者個々人の保守・革新イデオロギー尺度上の位置である。保守的なほど高い数値をとる（革新が-5、中間が0、保守が5となるようにすべての調査で変換した）。注意すべきは日本の有権者のイデオロギー位置を尋ねるときには、他国で使用されるような「右」「左」という空間を示すラベル（用語）ではなく、「保守的」「革新的」というラベル（用語）を用いるのが慣例であったことである。多くの研究者が、両者は同じものと考えていたことを示している。利用可能な質問項目はかぎられるため、ここではこの慣例に従うが、この前提については最後の節で考察を加える。

この章では、大きく分けて2つの独立変数（independent variable, 何らかの現象の程度や要素の多寡を説明するための要因のこと。説明変数ともいう）がある。政党への評価と政策争点態度である。さらに、一般的な人口統計学的な要因（年齢、性別、教育程度、世帯収入、居住地の都市規模）を統制変数（control variable, 独立変数と従属変数の関係が主な関心であるものの、その間の関係が偽《にせ》の相関《そうかん》でないかを確認するために、分析に投入する変数のこと）として加える。

政党への評価は、各党への感情温度として尋ねられている。具体的には、最も温かい気持ちの場合は100度、最も冷たい気持ちの場合は0度、温かくも冷たくもない場合は50度として、0度から100度の間で数値を答えてもらい、数値が高いほうが好意的な気持ちを意味する。日本では長い間、多党制であり、二大政党制を促進する選挙制度改革後ですら、小さな政党も活動的であったが、本章では、分析に用いる政党の数を各年、3つ――自民党、共産党、調査時の最大野党にかぎることとする。自民党は、長期間政権を握り続け、日本のイデオロギー空間の保守側の極に位置している。他方で、共産党は最も左側の位置を占め、野党であり続けている。3つ目は、調査実施時の最大野党（共産党はその位置を占めたことはない）であるが、自民党が野党であった時期については、政権についていた民主党を分析対象に含めている。

政策争点態度に関する変数は、先述の4つの政策次元（安全保障次元、経済次元、中央政府権力次元、社会的価値観次元）に沿って選択した（補遺1・1参照）。ただし、少なくとも複数の調査で尋ねられたことのある質問項目に絞るという別の基準も用いた。そうすることで、経時的な変化を比較することができるのである。

どの調査でも安全保障と外交についての多くの質問が含まれており、そのこと自体、先行研究が指摘するとおりこの問題の重要性を示しているといえる。具体的には、日米同盟、ロシアとの関係改善、防衛力の強化、核兵器の保有、戦時中の行為についてのアジア諸国への謝罪である。

それとは対照的に、他の3つの次元についてはは質問数が少ない。経済次元については、福祉の充実と公務員のストライキ権についての意見を含めた。不運にも、地方分権に関する質問項目は世論調査にはあま

表 1.1　イデオロギー自己位置に関する回帰分析結果

	1976	1983	1993	1996	2004	2005	2009	2010
年齢	0.00	0.00	0.01	0.01	0.02**	0.02**	0.01*	0.00
性別	0.09	-0.02	-0.04	0.14	0.23	0.15	0.26	0.06
教育程度	0.10*	0.07	-0.15*	-0.12	0.12	0.04	-0.06	-0.12*
世帯収入	-0.03	-0.01	0.02	0.07*	-0.01	0.05	0.02	0.04
都市規模	0.06*	-0.01	0.05	0.07	0.01	0.02	-0.04	-0.05
自民党感情温度	0.02**	0.02**	0.04**	0.04**	0.03**	-0.02**	0.03**	0.02**
社会党感情温度	-0.01**	-0.01**	-0.01**					
新進党感情温度				-0.01				
民主党感情温度					-0.01**	-0.01	-0.01*	-0.01**
共産党感情温度	0.00	-0.01**	-0.02**	-0.01**	-0.01*	-0.01*	-0.01**	-0.01**
日米同盟	-0.04	-0.12**	-0.12*	-0.16**	-0.18**	-0.24**	-0.11	-0.28**
ロシアとの関係改善	0.06				-0.01	0.00	0.10	-0.02
防衛力の強化	-0.07*		-0.14*	-0.12*	-0.10*	-0.04	-0.14*	-0.02
核兵器の保有		0.01	-0.03	0.05	-0.07	-0.03	0.04	0.04
戦争中の行為への謝罪				0.16**	0.16**	0.22**	0.16*	0.14*
福祉の充実	0.04	0.02	0.06	0.05	-0.02	0.03	-0.02	0.11
公務員のストライキ権	0.11**	0.07**	0.16**	0.08	0.15**	0.01	0.18**	0.05
小さな政府		0.02	0.05	0.05	0.06	0.00	-0.02	-0.02
女性の地位向上		0.07*	0.03	-0.01	-0.01	0.07	0.00	0.04
天皇の発言権	0.01	-0.04	-0.10	-0.01	-0.04	-0.14*	-0.11	0.01
定数項	-0.88**	-0.27	-0.32	-2.08**	-2.11**	-1.28	-1.17	-0.09
調整済み R2 乗	0.41	0.33	0.33	0.32	0.28	0.21	0.24	0.18
N	465	782	928	998	864	742	831	943

** p < .01; * p < .05
データ：JABISS, JES I, JES II, JES III, JES IV

り登場しないので、中央政府権力次元の指標として、小さな政府への選好を使用することとした。社会的価値観次元については、女性の地位向上政策に対する意見を用いた。最後に、天皇の政治的役割についても含めた。皇室が純粋に象徴の役割を果たす政治体制に対する見方が、イデオロギー立場に影響を与えているのかを検討するためである。

4節　実証分析

表1・1は、回帰分析の結果である。すべての政策争点質問がすべての調査時点で必ず尋ねられているわけではないので、表中に空白があることに注意されたい。

なお、計量分析に不案内な読者のために、表の読み方をここで説明しておこう。一番左の列には独立変数と統制変数の名前が列挙されており、左から2列目は1976年の世論調査データに関する分析結果が示されている。それぞれの独立変数についての数値（回帰係数という）は、独立変数の値が1つ増えた場合に、従属変数の予測値がどれくらい増えるかを示している。たとえば、1976年の自民党感情温度の回帰係数は0・02であるが、これは、自民党感情温度が1度上がると、保守・革新イデオロギーの位置が0・02増加し、保守に傾くことを示している。もし自民党感情温度が10度増加した場合には、イデオロギーの位置は0・2だけ保守に傾くことになる。

重要なのは回帰分析の横についている＊印であり、これは統計的有意性を示している（「統計的に有意である」と表現される)。＊印がついているのは、この変数の回帰係数が0である(独立変数と従属変数は相関していない)確率が著しく低いこと(＊＊は1％未満、＊は5％未満。それぞれ1％水準、5％水準などと表現する)を示しており、その裏を返せば、独立変数と従属変数との間に高い確率で関連があることが推論される。つまり、多少粗っぽい言い方をすれば、＊印がついている独立変数は従属変数に影響力があると解釈できるので、分析結果の表を見るときには、＊印がどこについているかに注目すればよい。なお、統計的有意性に着目した解釈の仕方については、近年では否定的な見方がされつつあることも付記しておく。

また、下から2行目の調整済みR2乗は、その独立変数でどの程度、従属変数の値を説明できるか、説明力を表す指標である。0から1の間の値をとり、値が大きいほど説明力が高いことを示している。なお、一番下のNは、分析に用いられた回答者の数を示している。

細かい相違があるものの(ロジスティック回帰分析では、独立変数が1単位増えたら、従属変数がどのくらい増えるという解釈はできない)、この後の章についても同様の見方が可能であるので、参考にされたい。

それでは、ここから分析結果の解釈をしていこう。人口統計学的な要因について、2000年代まで統計的に有意にはならないとはいえ、高齢層のほうが保守的であるという傾向に驚きはないだろう。

おそらく注目に値するのは、以下の2点である。第一に、収入はイデオロギー位置とほとんど関係がない。このことは、保守・革新イデオロギーが経済的な亀裂に基礎づけられていないことを意味しており、各党の経済政策公約にほとんど差がないという先行研究の知見とも整合的である。

第二に、他の先進民主主義国家と同様に、日本においても農村選挙区では保守的な候補者の得票が多いというパターンが一般的にあるにもかかわらず、どのくらいの規模の市町村（農村部か都市部か）に住んでいるか自体は、有権者の保守・革新イデオロギーの位置とは関係がない。つまり、農村に住んでいるからといって、必ずしも保守的であるとはかぎらない。

政党への評価については、予想したとおりの方向でほとんどが統計的に有意な関係を示している。自民党を高く評価する人ほど保守的な位置に、共産党や（自民党に対抗する）最大野党を高く評価する人ほど革新的な位置に自分を置く傾向がある。最大野党は、１９９０年代初頭までは社会党、１９９０年代中盤は新進党、21世紀初頭からは民主党であったが、１９９６年の新進党と２００５年の民主党のみが有意確率が５％以上である（とはいえ、両者とも10％水準で有意であるが）。新進党は比較的新しい政党で、保守的な政党と革新的な政党からの議員の寄せ集めであったため、イデオロギー空間に位置づけるのは有権者にとっては難しかったかもしれない。２００５年総選挙においては、民主党は自民党による郵政民営化の訴えに圧倒され、選挙運動期間を通じて対抗勢力として存在感を示せなかったことが、政策的な特徴を明確に把握されにくくなったことにつながったのかもしれない。

無党派層の増大など政党支持の流動化の傾向があるものの、表１・１の結果は、日本のイデオロギー理解がかなり党派的な要素を含んでいることを示している。無党派層は増大しているが、政党名は保守的な立場と革新的な立場を区別するときに有用な参照物（レファレンス）であり続けている。この観察を確証するように、近年結成された政党のいくつかは明らかに自党を保守と位置づけている（たとえば、希望の党）。ただし、有権者のイデオロギー位置について、３つの政党への評価によって説明される部分が、この35年間でかなり低下していることを指摘しておきたい。

１９７６年と１９８３年においては、すべての変数を含めたモデル全体の説明力のうち、その半分以上は政党要因によるものであったが、２０１０年までに3分の1以下にまで下がった。要するに、政党への感情は今日も重要なイデオロギー的な手がかりではあるが、かつてと比べれば実質的な役割は小さい。その原因としては、政党システムの「脱二極化」が挙げられるだろう。かつては保守と革新が明確に二極に分かれる形で政党が争っていたのが、今日では各党はそのイデオロギー位置を収斂させており、保守・革新イデオロギー尺度上の保守と革新の基準を示す政党の距離が、１９７０年代や１９８０年代と比べて今日では小さくなっているのである。

本章の主目的は、４つの政策次元からイデオロギー空間の構造を明らかにすることだった。表１・１の下半分にある「日米同盟」以降の10の政策争点質問の結果を見ていこう。なお、これらの質問への回答は値が大きいほど反対を意味しており、正の係数の場合は「その政策に賛成であるほど革新」、負の係数の場合は「その政策に賛成であるほど保守」と解釈する。

外交と安全保障に関連する5つの政策争点では、核兵器の保有の回帰係数はつねに有意ではなく、イデオロギーと関連がない。これはおそらく現実的な可能性がほとんどないと見られていたからであろう。より驚きなのは、ロシアに対する態度が有意ではない点である。冷戦期においても、北方領土をめぐる領土紛争が日ロ関係に焦点を当てる現代においても、である。

予想どおり、防衛力の強化を望む回答者は、自己をより保守的に位置づける傾向がある。同様に日米同盟の強化も一貫して保守的な自己位置と関連している。共産国家陣営の崩壊以後も、長い間これら2つの政策争点に対する態度はイデオロギー位置に強い影響力を保持している。つまり、アメリカとの同盟についての政策争点態度は、ソ連からの潜在的な脅威のような、冷戦期の地政学的な計算だけを反映していたわけではないことを示している。

近隣諸国に戦前の侵略行為を謝罪すべきか否かという一般的な形式での質問は、今日ではそれほどマスメディアでは取り上げられない、マイナーな問題のように思えるかもしれない。この問題は戦後50周年に向けて有権者の注目を集め、村山富市首相は戦時中の行為に対して公式な謝罪談話を発表した（そのため1995年以前にはこの質問は聞かれていない）。しかし、日本の海外侵略の意図と行為については、いまだに議論されるし、中国、ロシア、韓国との領土紛争はいずれも戦争と関連している。さらに、主要閣僚が靖国神社を訪問するたびに、歴史をないがしろにしているとして、中国政府と韓国政府は日本を批難する声明を出している。この意味で、戦争に対する謝罪はただの歴史ではなく、現代的な重要性がある。日本が適切に懺悔し、補償をしていないと考えている者ほど、革新側に自分を位置づける傾向がある。

2つの経済争点のうち、年金や高齢者医療といった福祉サービスに多くの予算を注入すべきかどうかという問題は、多くの先進民主主義国家でイデオロギー空間を規定しているが、日本においてはそうではない。だからといって、日本の有権者がこの問題を無視しているわけではなく、この分析結果が示しているのは、この政策争点が保守・革新イデオロギー軸上で政治化されていないということである。

他方で、公務員のストライキ権についての意見は、近年になってその影響力は低下しているとはいえ、保守と革新を明らかに分かつものである。日本には労働党はないが、労働組合は社会党（と後に民主党）

の重要な支持基盤を構成している。大規模ストライキがほとんど行われてこなかったからといって、ストライキ権についての意見がイデオロギー理解に影響を与えていないわけではないのである。

イギリスとアメリカの潮流に乗って、１９８０年代から、日本でもいくつかの公営企業（国鉄から郵政3事業まで）の民営化が見られた。これらの政策は、実施時期には政治的な対立を生み出した。しかし、表1・1が示すように、政府の規模に関する意見（小さな政府）は保守・革新イデオロギー軸とは関係がない。ここでは、中央と地方政府の関係も含めた、「政府権力の適切な範囲」に関する意見の代理指標としてこの変数を考えているが、権限移譲のアイディアが提起されている一方で、このような問題についての意見は、特定のイデオロギー立場に関連づけられているわけではない。

同じことが、女性の地位向上への取り組み、とりわけジェンダー・クオータ制の導入についてもいえる。ジェンダー平等は、自由主義的な社会的価値観の指標とされ、その結果、多くの先進民主主義諸国では左派と関連づけられる。しかし、日本においては当てはまってはいない。

最後に、天皇制の政治的役割はほとんどイデオロギー理解に影響を与えず、戦後政治体制がイデオロギー次元を超えた市民からの支持を集め、政治的な議論の対象ではないことが示されている。

各調査時点の調整済みR２乗は長期的に減少しており、分析モデルで使用された変数の説明力が低下していることが示されている。いくつかの政策争点質問が利用できないにもかかわらず、１９７6年のモデルは回答者のイデオロギー位置の40％を説明できたが、より「完全な」変数セットである２０１０年のモデルでは20％以下しか説明できない。つまり、政党要因と政策争点態度要因の両方の影響が低下しているのである。

30年前にイデオロギー空間を規定していた政策争点では、「保守」「革新」をもはや規定してないと推測することができる。もしそうなら、どのような政策争点が新たに出現したり、重要性を増したりして、有権者のイデオロギー理解を再形成しているのかを問うことは自然なことである。蒲島・竹中（2012）が提案するように、既成の日本的な政治経済システムに対する是非というのがその答えの候補であろう。この点は、将来的な研究トピックとなる。

5節　結論

本章では、日本の有権者がイデオロギーの意味をどのように理解しているかを検討してきた。本章の分析が対象とする時期は地政学的な環境、経済条件、政治的な制度、政党システムといった点で重要な転換期であった。それゆえ、「保守」や「革新」が何を意味するのかということについて、その要素の変化と継続性を追跡するうえで、この分析は格好の材料となる。

田中（2009）の理論的な枠組みに依拠して、4つの政策次元——安全保障、経済、中央政府権力、社会的価値観——が有権者の保守・革新イデオロギーに与える影響を検証した。多くの研究が外交安全保障政策の重要性を強調し、他の先進民主主義諸国と比べて福祉や経済政策の役割がマイナーであることを指摘してきた。このことは通説となってはいるが、実証的にこの前提を確認することは重要であり、本章が行ったのはまさにそのような傾向を経時的に確認することであった。同様に重要なのは、冷戦の終焉、バブル経済の崩壊、選挙制度改革、二大政党制の出現という大転換の結果として、どのような変化が起こったかを探究することであろう。

先行研究（Otake 2000; Proksch et al. 2011）と同様に、外交と安全保障政策、とりわけ日米同盟と防衛力の強化がイデオロギー空間を規定していることを本章の分析では確認した。さらに、近隣諸国への戦時中の行為の謝罪も、保守と革新を継続的に分けている。経済争点がまったく関係がないわけではないが、福祉政策への意見はイデオロギー理解にあまり影響を与えていない。ストライキ権は、本書のカバーしている期間の初期においては影響があり、多くの先進民主主義諸国と同じく、資本と労働の対立は実際には存在していたことを示唆する。

中央政府権力次元と社会的価値観次元については、少なくとも本章のモデルでは影響を与えているとはいえなかった。ただし、これらの政策次元の質問数がかぎられていたため、十分な分析ができたとまではいいがたい。本章で用いた世論調査では、地方分権や環境保護について継続的に意見を尋ねてはいないからである。この点は、本章の分析にとって課題であり、今後の調査設計の際に留意すべきポイントである。

本章の冒頭で、外交・安全保障問題を基軸とするイデオロギー尺度上で、有権者は政党を一貫した順序で並べることができるという研究を引用した。このことはどの時期でも、すべての有権者において適用可能であると主張できる一方で、近年の政治的・経済的構図の重要な変化によって、若い世代が高齢の世代と比べて異なった環境で社会化されている可能性も指摘できる。その変化が政党のイデオロギー位置についての若い世代の理解に影響を与えているか、もしそうなら、世代ごとにどの程度異なっているかについては次の章で検討する。

補遺1・1　政策争点態度に関する質問項目一覧

- 日米同盟：「日米安保体制は現在よりもっと強化するべきだ」
- ロシアとの関係改善：「ソ連に北方領土を返還するようもっと強く求めるべきである」（JABISS）「日本は北方領土をゆずっても、ロシアともっと親しくするべきだ」（JESⅢ以降）
- 防衛力の強化：「日本の防衛力はもっと強化するべきだ」
- 核兵器の保有：「日本は絶対に核兵器をもってはいけない」
- 戦争への謝罪：「日本が過去にアジアの人々に与えた被害に対する反省と謝罪がまだ足りない」
- 福祉の充実：「年金や老人医療などの社会福祉は財政が苦しくても極力充実するべきだ」
- 公務員のストライキ権：「公務員や公営企業の労働者のストライキを認めるべきだ」（JABISSのみ「ストライキをする権利」）
- 小さな政府：「政府のサービスが悪くなっても金のかからない小さな政府の方がよい」
- 女性の地位向上：「より高い地位やよい職業につく女性を増やすために、政府は特別な制度を設けるべきだ」（JESのみ「認めるべきだ」）
- 天皇の発言権：「天皇は政治に対して、現在よりもっと強い発言権をもつべきだ」（JABISSには「政治に対して」という文言がない）

なお、JABISSの質問文ではこれ以外にも細かい語尾や「てにをは」の相違がある

第2章

世代で捻れるイデオロギー対立

1節　はじめに

前章で見たように、「保守」「革新」というイデオロギーのラベルは、政治的な態度を組織化してコミュニケーションをとる手段として広く使われる（Fuchs and Klingemann 1990）。というのも、それらは信念や価値観、選好を体系立てて要約するからである（Hamill et al. 1985; Lau and Redlawsk 2001）。人々が政治的な行動をとるときには、政治的な情報を処理する必要がある。その際、複雑な政治的情報を一つ一つ処理するのではなく、単純にイデオロギーに依拠して判断することで、その個人にとってとるべき行動がある程度把握できると想定されている。このように情報処理をショートカットする機能から、イデオロギーは有用だと考えられている。そのため、学術的な言説でもジャーナリスティックな言説でも、政党や政策について論じるとき、イデオロギーはしばしば言及される（e. g. Jennings 1992; Kim and Fording 2002）。

イデオロギーという枠組みを使って、一般市民が自らの政策争点態度の「まとまり」をどの程度、形成しているかについては、長く議論が続いている。前章の分析もいわばその一種であった。他方で、イデオロギーのことを知っていると言っている人たちの間で、実際に、イデオロギーが「何を意味しているか」についての共通理解があるかに関しては、詳細な検証が十分にされているとはいいがたい[1]。

本章では、個人レベルのイデオロギー理解に世代が与える影響について検証していく。その際、いつ生まれたかによって区切られたグループ（生年コーホート、以後は単に「コーホート」という）に注目し、イデオロギー軸の両端の政党がどの程度、離れているか（つまり、政党システムのイデオロギー分極度）

および両端の政党のイデオロギー位置について、世代間の認識の相違を検討する。なお本書では、「世代」と言った場合に、「団塊の世代」「ゆとり世代」のような、ある特定のコーホートのみに着目したり、その区分について議論したりはしない。分析の単純化のために、10年ごとにコーホートを区切ることで世代を捉えることとする。

年齢が政治的態度や価値観に影響を与えるメカニズムについての研究は、「世代効果」仮説と「加齢（ライフサイクル）効果」仮説の大きく2つのカテゴリーに分類できる。前者は、ある世代が大人へと育った時期の環境条件を、世代間差の原因とする。ある特定の時期の社会経済的条件や政治的出来事が、それを経験するコーホートに社会化の過程を通じて長期的な影響を与えるためである（Inglehart 1997; Lubinski et al. 1996）。対照的に、後者は環境条件よりも個人内の変化に着目する。人生経験を蓄積し、異なるライフステージにおいて物事の優先順位が変化した結果、加齢によって政治的態度や価値観が変化するのかもしれない（Glenn 1974; Sears 1981）。

さらに、人々の態度や認知について長期的に分析するときには、経済的・社会的・政治的条件が変化していくことによって、ある特定のコーホートだけでなく、すべてのコーホートが影響を受ける「時勢効果」という3つ目のカテゴリーについても考慮すべきである。

この3つのメカニズムは相互排他的というわけではなく、同時に同じ方向に作用する可能性もある。イデオロギー分極度と政党位置の認識について、若い世代と年配の世代で大きな差異があった場合、これら3つのメカニズムによる効果を区別する必要がある。

イデオロギー分極度と政党位置の認識について、年齢層ごとの相違を分析することは、政治に対する態度が世代間でどの程度の差があるかについて考えるときの基礎的な材料を与えてくれる。本章では、政党システムの激動期に、日本の有権者が特定のイデオロギー陣営と各党を一貫して関連づけてきたか、また、この認知に年齢が影響を与えてきたかを検証する。次節では、世代効果と加齢効果についての先行研究をレビューする。3節では、日本のイデオロギー軸を描出する。4節では仮説と変数を紹介し、5節ではデータ分析による実証結果を示す。最後に、本章の結果をまとめ、その含意について議論する。

2節　世代効果と加齢効果

欧米諸国において、戦後すぐに青年期を迎えていた若者が成人になると、彼らの考えや優先順位が親の世代とは異なることに研究者は気づき始めた。この価値観の相違を説明するために、世代効果と加齢効果という2つの仮説は出現したのである（Jennings 1976）。世代効果仮説を主張する人たちは、政治的な態度というものは青年期の「社会化」の経験を通じて主に形成され、その後は、比較的長い間、変化せずに安定的であると主張する（Carlsson and Karlsson 1970; Sears 1983）。パネルデータ分析から、「（態度の）安定性のレベルは最も若い年齢層で最低で、中年になると次第に増していく。それゆえ、高齢になると態度の安定性は比較的高いレベルにあるように見える」ことをアルウィンとクロズニックは見出した（Alwin and Krosnick 1991, 180）。この結論は、個々人の人生における態度の安定性を強調する研究とも親和性が高いものである（Fendrich and Lovoy 1988; Jennings and Markus 1984; Jennings and Niemi 1981）。世代効果と加齢効果の2つの仮説を比較して、「基本的な価値観を決定するうえでの、人生の初期のステージ

――あるいは、世代として――の経験の重要性」をダルトンは強調する（Dalton 1977, 469)。

世代効果仮説では、人生の初期のステージ（形成期）で政治的な態度と価値観が形成されるということを主張しており、それゆえ、最も感受性の強い時期に起きた重要な経済的・社会的・政治的出来事こそが長期的な影響を与えるとされる（Inglehart 1990; Thau and Heflin 1997)。というのは、人生の後半と比べると、14歳から25歳までの間に、政治的な意見を大きく変化させやすい傾向があるからである（Niemi and Hepburn 1995)。思春期や青年期の環境と出来事によって形成された基本的な価値観は、その人のその後の人生では比較的安定している。

世代効果による価値観変化についての有名な研究として、イングルハートによる先進産業諸国の脱物質主義的価値観についての理論がある（Inglehart 1990; 1997)。イングルハートは態度や価値観の形成期における経験の持続的な影響を強調する。大恐慌や第2次世界大戦期に育った世代は、身の安全や経済的な安全が脅威にさらされなくなっても、そのような安全を追求する物質主義的価値観を保持し続けるとされる。他の研究者たちは、価値観の変化だけでなく（Flanagan 1987; Tilley 2005)、政治信頼（Dalton 2004; Hooghe and Wilkenfeld 2008）や投票率（Blais et al. 2004; Franklin 2004）といった政治的な信念や行動についても、同様の世代効果があることを示した。このような考え方は、「世代交代は、社会的・政治的変化をもたらす原動力の一つである」という命題に要約できる（Hooghe 2004, 331)。

世代効果仮説が政治的な態度の安定性を想定するのとは対照的に、人生の異なるステージにおいて、個々人がインセンティブ、課題、機会の変化にさらされることで態度に変化が生じることを指摘する研究者もいる。つまり、成人期初期の「社会化」の期間の後も、態度と価値観はフレキシブルであり続けるというのである（Brim and Kagan 1980; Lerner 1984）。一般的に、年齢を重ねると人は集団主義的になり、保守的になる（変化に抵抗する）（Erikson 1997）。というのも、社会でより高い地位を得て、より重い責任を負い、潜在的な変化から失うものが多くなっていくためである。これらの命題が示唆するのは、年齢が高くなるほど負うものが多くなり、それゆえ政策決定者に要求を伝えるインセンティブが大きくなるため、投票率が高くなるということである。同様に、選挙を繰り返し経験することで政党への愛着心も強化される（Tilley 2003）。この議論を支持するように、アルウィンとクロズニックは「ライフコースを通じた社会政治的態度の形成における加齢要因の役割を強調している」（Alwin and Krosnick 1991, 188）[2]。

　イデオロギーの分極度と政党位置の認識について世代間差異があった場合、世代効果仮説に従えば、それぞれのコーホートにとっての価値観の形成期に、どのような政党対立のパターンが存在していたかが重要になる。たとえば、エスニック・マイノリティへの市民権や１９６０年代のベトナム戦争のような顕現性の高い政策争点について、当時のアメリカの二大政党のスタンスは明確に異なっており、そのことはイデオロギーに基づいた投票行動を増大させた（Nie and Andersen 1974）。青年期における政党分極化の進展の経験は、イデオロギー上の政党間の距離を広く認識させる効果がある。多国間比較研究は、「イデオロギー的に政党競争が激しい時期に育った人々にとって、イデオロギーはより重要である」ことを示している（Van der Brug 2010, 603）。さらに、顕現性の高い政策争点がイデオロギーによって、どの程度構造化されるかも関連する（Fuchs and Klingemann 1990）。

　１９９０年代以降、イデオロギー上での大政党の位置の収斂が観察されている。世代効果仮説が予測するのは、そのような収斂期に育った人々は、成人しても政党間のイデオロギー分極化の程度を弱く認識しているだろうということである。それに対して、加齢効果仮説が予測するのは、少なくとも長期的に確立された民主国家においては、高齢の有権者ほど政党間のイデオロギー分極化の程度を大きいと認識するだろうということである。高齢者は、政治対立について長期的に観察するので、政策争点に関する知識が増え、対立する政党間のスタンスを差別化する能力を身につけるからである。

ここで留意すべきは、このような予測は、政党間のイデオロギー対立の程度が比較的一定な場合に適用可能であるということである。他方で、政党の距離が収斂しているときは、政治経験の豊富な高齢層であっても大きな分極度を示すわけでは必ずしもない。高齢層の認識は、（1）政党の距離がどの程度収斂しているか、（2）社会化の過程で政党位置をどれくらい正確に判断したかによって変わる。

日本のケースに当てはめてみると、価値観についての世代間差異については、50年前から学術的な関心が払われていた。１９６０年代当時、20代の日本の有権者は、自己の福祉（self-welfare）や自己の欲求の実現に高い優先順位を置く一方で、50代は集団としての利益を強調していた。このことは世代効果でも加齢効果でも説明できる（Ike 1973, 1197–99）。１９６０年代後半から１９７０年代前半における物質主義的価値観の低下について、Inglehart（1982）は世代交代をその原因としたが、Flanagan（1982）は加齢による変化を主張した。この対立する見解を統合しようとして、年を重ねることだけでなく、「社会的・政治的環境の変化」によっても引き起こされる加齢効果も伴って「両方の変化が戦後日本においておそらく起きている」とJagodzinski（1983, 893）は主張している。つまり、日本の価値変化を説明するときに、加齢効果と世代効果の双方ともにある程度、妥当性を有しているということである。

3節　日本のイデオロギー

日本の政党は長い間、イデオロギー尺度に沿って、より正確にいえば保守・革新軸に沿って位置づけられてきた（たとえば、Curtis 1988; Hrebenar 1986; Thayer 1969）。戦後すぐの時期は、「保守『陣営』と革新『陣営』の間で和解不可能に思えるような深いイデオロギー対立が持続していた」(Baerwald 1974, 44)。そのため、有権者も各政党の位置を評価するのが容易であった。その後、1990年代に政党システムの激動期を迎えたが、研究者が政党位置を評価し分析するときも、イデオロギー概念を用いた。たとえば、加藤とレイヴァーは「自民党と新進党双方がすべての次元で右派の位置にいるのは明らかであり、共産党と社民党が左派の位置にいるのも同様である」（Kato and Laver 1998, 257）と述べている。新進党は内紛もあって解党したが、自民党、共産党、社民党（旧社会党）はすべて半世紀以上、重要な政治アクターである。右側には一時的な例外がいくつかあるものの、研究者もメディアも自民党と共産党を政党空間の保守側の端と革新側の端に位置するものとして扱ってきた。[3] テキスト分析を用いた近年の研究も、「すべての次元において、共産党は他の政党と比べてかなり左側に位置し、自民党は右側にとどまっている」ことを確認している（Proksch et al. 2011, 121)。

1章で議論したように、日本のイデオロギーの特色は、他の先進民主主義諸国と異なり、経済的な政策争点でイデオロギー空間が構成されていないことである。専門家調査によれば、「一般的な左右軸と密接に関連している3つの政策次元は、防衛政策、ナショナル・アイデンティティ、外交政策である」（Kato and Laver 2003, 123)。選挙公約の内容分析による政党位置についての研究も「日本の政党間の最も深刻な対立は、経済争点というより外交政策の次元に沿って成立していることは実証的にはっきりと確認されている」(Proksh et al. 2011, 122) と述べている。政党分極化は冷戦期初期に出現し、日本の中立性と戦後平和憲法の堅持という立場は「革新」という用語と結びついた。「保守」は、米国との緊密な同盟関係と憲法改正に対する支持を意味した。冷戦の終焉と政党システムの大きな変化が起こり、革新側の社会党が長く否定してきた自衛隊の合憲性を認めたことで、伝統的なイデオロギー対立の要素は廃《すた》れると考えられてきた。しかし、1章で見たように、イデオロギー軸の理解はいまだに55年体制下での政党・政策対立を構成してきた政策争点と同じ政策争点群によって形成されている。[4]

日本の政党競争が、近年になって複数の政策次元によって成立するようになってきているという指摘もあるが、本書の分析で1次元のイデオロギー尺度を用いるのは、以下のような理論的かつ実践的な理由があるためである。一般によく使われる左右のイデオロギー・ラベルは、ほとんどの政治対立を統合するような「万能溶媒 (universal solvent)」と表現される (Barnes 1979, 131)。それは「長期的にはすべての重要政策争点を包摂する」(Inglehart 1990, 292)。このような説明が強調するような、1次元の左右尺度の有用性は、保守・革新イデオロギー尺度においても適用できると考えられる。さらに、これまで行われてきた世論調査は、特定の政策争点での政党位置の認識を回答者に尋ねているものの、質問に含まれている政策争点は必ずしも世論調査間で同一ではなく、経時的な比較ができない。保守・革新イデオロギー尺度による政党位置の質問だけが、長期間、繰り返し世論調査で尋ねられているのである。

4節　仮説とデータ

本章では、保守・革新イデオロギー上で、イデオロギー分極度と政党位置がどのように認識されているかについて考察する。年齢が影響を与えているとすれば、先述の議論から、高齢の有権者ほど幅広いイデオロギー空間、つまり尺度の両端にいる政党間の距離を広く認識するだろうと予測される。

世代効果仮説に従えば、外交・防衛政策について政党スタンスが大きく異なった冷戦期に政治意識を形成した（社会化された）コーホートと、イデオロギーの収斂が見られる冷戦後の時期に社会化されたコーホートを対比して、前者のほうがイデオロギー分極度が大きいと認識していることになる。

加齢効果仮説に従うとすれば、政治的な議論や選挙キャンペーン――政党間の差異を力説し、過剰に表現する効果がある――に、高齢の有権者ほど長い期間、接触してきたという事実を重視することになる。さらに、各党が主張する政策がどのような帰結を生むのかということについては、高齢層ほど個人的な経験を豊富に持っているということによっても加齢の影響は補強される。

つまり、世代効果と加齢効果の2つの仮説は同じ方向で作用する。次節では、以下の2つの仮説について区別して検証する。

世代効果仮説：分極化された冷戦期に社会化されたため、高齢のコーホートであるほど、イデオロギー分極度の認識はより大きく、保守・革新イデオロギー上での各党の位置をより極端に認識している。

加齢効果仮説：政治的経験の豊富さと政党競争への接触の多さによって、高齢のコーホートであるほど、イデオロギー分極度の認識はより大きく、保守・革新イデオロギー上での各党の位置をより極端に認識している。

本章では、一般有権者の認識の変化を分析することに関心があるため、回答者に保守・革新イデオロギー尺度での各党の位置を尋ねた世論調査データを用いる。ＪＥＳⅠ（１９８３年、N＝1769、回収率70・1％）、ＪＥＳⅡ（第４波、１９９５年、N＝1529、回収率59・３％）、ＪＥＤＳ96（１９９６年、N＝1452、回収率69・１％）、ＪＥＳⅢ（第7波、２００４年、N＝1977、回収率76・８％）、Waseda-CASI 2010（N＝1433、回収率44・８％）という５つの調査データを分析する。[5]

従属変数は、回答者が認識する自民党の位置と共産党の位置の間の距離である。研究者は長らくこの２政党を保守と革新の両極と捉えてきたため、イデオロギー分極度の代理変数として機能するはずである。政党のイデオロギー位置の質問は以下のとおりである。「政治的立場を表すのに保守的や革新的などという言葉が使われます。0が革新的、10が保守的だとすると、次の政党はどこにいると思いますか」。ＪＥＤＳ96、ＪＥＳⅢ、Waseda-CASI2010 は0から10までの選択肢がある11件尺度となっているが、ＪＥＳⅠは１（革新的）から５（保守的）までの5件尺度、ＪＥＳⅡは１（革新的）から10（保守的）までの10件尺度となっている。本章では、各調査の回答は-5（革新的）から5（保守的）という指標に変換した。いずれのデータでも値が低いほうが革新側を意味する。[6]

当然のことではあるが、ここでいう分極度指標は、自民党と共産党が同じレベルで支持されていたことを示すものではない。自民党の得票率や議席率と比べて共産党はごく小さな勢力にとどまっているし、最大野党や連立政権政党という位置に迫ったこともない。しかし、この2つの政党が区切る空間に着目することに決めたのは、ここでの主要な関心が分極度についての仮説を検証することにあり、この2つの政党が保守と革新の両極を長らく規定してきたためである。さらに、時代を超えて比較することが可能になるという利点も挙げられる。次節の後半では、自民党と共産党の位置をそれぞれ別の従属変数として扱い、イデオロギー尺度の両極ともに、年齢が同程度の影響を与えているのかについて検証する。

主要な独立変数は年齢である。その他に、教育程度、政治関心、自己のイデオロギー強度（極端さ）を統制変数として投入する。[7] 多くの研究者が、政治知識の多さや関与の大きさを自己の態度の一貫性を促進する要素として挙げている（たとえば、Converse 2000; Federico and Schneider 2007）。[8] 使用する世論調査データでは、政策知識の質問項目はあまり聞かれていないものの、教育程度と政治関心の質問が含まれており、時代を超えて比較可能になるので、これらを知識と関与の代理変数として使用する。イデオロギーの強度は、保守・革新イデオロギー尺度における中点からの距離の絶対値を回答者ごとに計算した。イデオロギー位置が極端な回答者ほど、穏健な位置の回答者よりも政治システムの違いの大きさを認識しており、それゆえ、政党の分極化の度合いをより大きく認識していると考えたからである。自民党と共産党の政党位置をそれぞれ分析する際には、感情温度を統制変数に加える。なぜなら、その政党のことに好感を持っているほど、極端にその政党を見ている可能性があり、その影響を統制するためである。

5節　実証分析

イデオロギー分極度：自民党—共産党距離

年齢がイデオロギー位置認識に与える影響を検討するために、5つの世論調査における年齢と自民党‐共産党イデオロギー距離の関係を検討していく。表2・1は、各調査で回答者によって認識された自民党と共産党の距離の平均値を列挙したものである。全体として見れば、イデオロギー分極度は小さくなっており、有権者は自民党と共産党の差を小さく認識するようになっている。1980年代には6・74は離れていると認識していたのが、いまでは2・65と半分以下に減っているのである。

表 2.1　自民党と共産党の距離の認識（1983-2010 年）

年	平均距離	標準偏差
1983	6.74	4.54
1995	4.46	4.06
1996	5.25	3.39
2004	4.54	3.77
2010	2.65	3.64

データ : JES I, JES II, JEDS 96, JES III, Waseda-CASI 2010

先述したとおり、回帰分析の従属変数はイデオロギー分極度（自民党と共産党の間の距離）の認識であり、主要な独立変数として年齢、統制変数として教育程度、政治関心、イデオロギーの強度を投入した。分析結果でまず指摘すべきことは、それぞれの調査時期特有の政治環境があるにもかかわらず、日本の政党システムにおけるイデオロギー分極度の認識はつねに年齢に影響を受けているということである（表2・2）。高齢の有権者ほど、分極化の度合いを大きく認識する傾向がある。さらに、1980年代と比べると、それ以降の回帰係数の値は高くなっており、このことは自民党‐共産党

表 2.2　イデオロギー認識の分極度に関する回帰分析結果

	1983	1995	1996	2004	2010
年齢	0.04**	0.06**	0.06**	0.07**	0.06**
教育程度	0.69**	0.14	0.12	0.31*	0.57**
政治関心	0.30*	0.50*	0.48**	0.40*	0.57**
イデオロギー強度	1.34**	0.73**	0.43**	0.35**	0.32**
定数項	1.82*	-1.57*	1.21*	-1.72*	-4.32**
調整済み R2 乗	0.09	0.11	0.12	0.12	0.12
N	1194	885	857	1377	1020

** p< .01; * p< .05
データ : JES I, JES II, JEDS 96, JES III, Waseda-CASI 2010

イデオロギー距離についての世代ごとの相違が、最近になるほど大きくなっていることを示している。つまり、２０００年代や２０１０年代に比べれば、１９８０年代は異なるコーホートでイデオロギー認識をある程度は同じように共有していたといえる。この年齢によるギャップの拡大は、時代を経るにつれて一定のペースで進行したものではないかもしれないが、四半世紀の期間に起きたトレンドとしては指摘することができる。

年齢の他に、政治関心とイデオロギー強度も予測どおりの方向で統計的に有意な影響を与えている。政治に関心のある者ほど、自民党と共産党の距離をより明確に認識しており、保守だろうが革新だろうが極端な位置に自分がいると考えている者ほど、自分が中間に近い位置にいると考えている者に比べて、イデオロギー分極化の度合いは大きいと一貫して認識している。

年齢がイデオロギー分極度の認識を形成していることを確認したが、異なる世論調査データを別々に回帰分析するのでは、この結果が世代効果によるものか、加齢効果によるものかを検討するには十分ではない。この区別をするために、図２・１ではコーホートごとにイデオロギー分極度の認識（自民党 - 共産党イデオロギー距離）の平均値を計算し、そ

図2.1　イデオロギー認識の分極度：自民党と共産党の距離（1983-2010年）

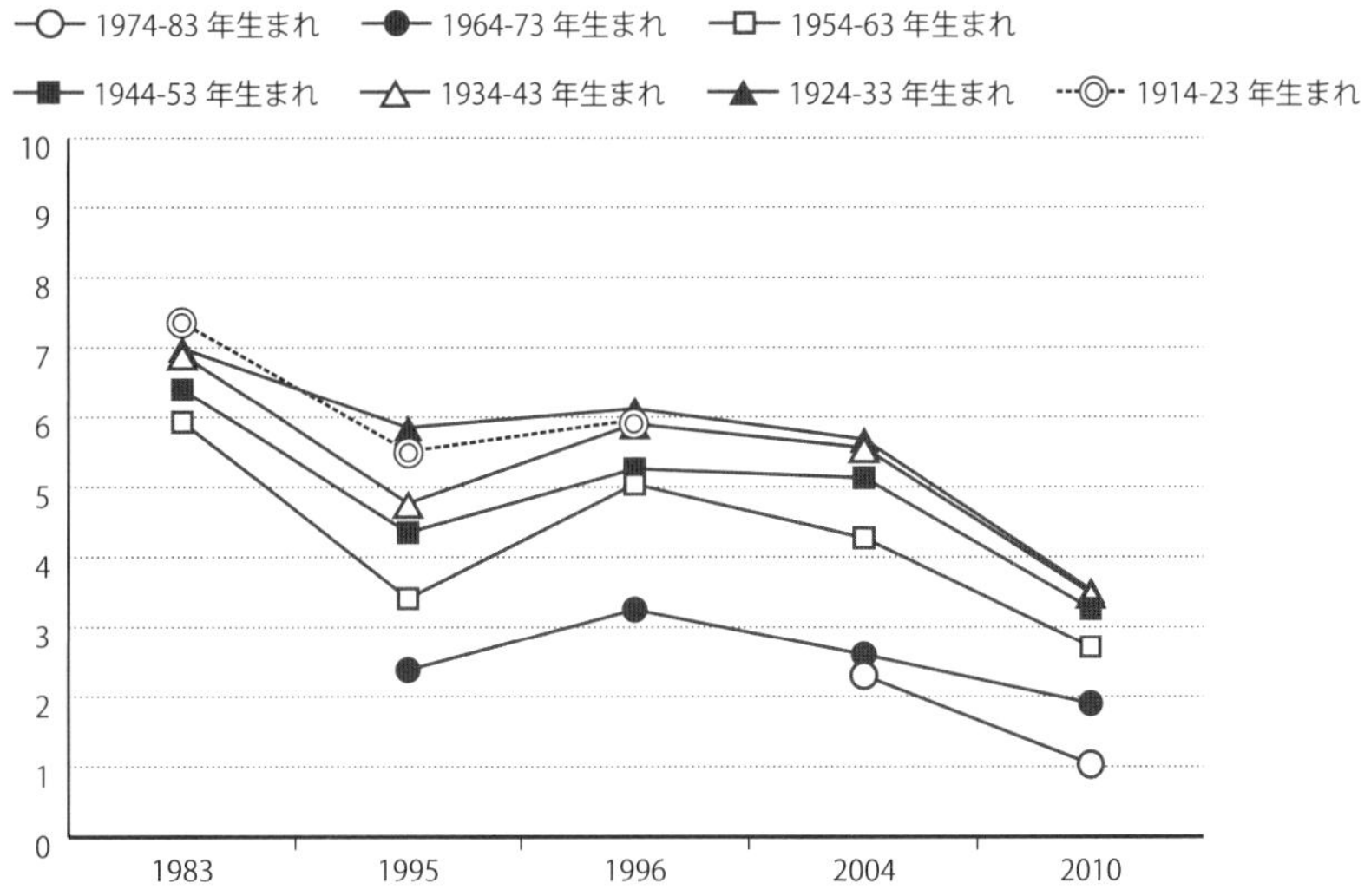

注：距離は 0-10 までの値をとる
データ : JES I, JES II, JEDS 96, JES III and Waseda-CASI 2010

れぞれのコーホートごとにそのトレンドを追跡した。[9] 縦軸は、自民党‐共産党イデオロギー距離を示しており、値が高いほど分極化の度合いが大きいことになる。

　それぞれの線は、コーホートごとの認識の変化を示している。5つのデータセットしか使っていないので、2つの仮説を区別することは簡単ではないが、一つの方法として、最も若い世代の有権者の認識がどの調査時点でも同じかを確認することが考えられる。それが一貫して異なっていることは、世代効果の存在を示唆している。

　第一に指摘できることは、自民党‐共産党イデオロギー距離の認識は、1980年代から2010年代にかけて全体的に低下する傾向にあるということである。コーホートごとに見ても、2つの政党は30年前と比べて今日では近づいて認識されている。とりわけ、2000年代後半以降、すべてのコーホートにおいてイデオロギー分極度が著しく低下しており、このことは、年を経るごとに上昇傾向を予測する加齢効果が、この期間に生じていないことを示唆する。むしろ二大政党化が進み、収斂化が見られるイデオロギー環境を反映するような、時勢効果――その時期の政治・経済・社会的状況がすべての有権者に一様に影響を与えるという3つ目のメカニズム――が起こっている可能性が示唆される。

第二にグラフが示唆しているのは、年齢の効果は加齢効果ではなく、世代効果のメカニズムを通じて作用している可能性である。たとえば、1974－1983年生まれのコーホートの20－29歳時点(2004年)での平均値は、1954－1963年生まれコーホートの20代時点(1983年)と比べてずっと低い。年長のコーホートと年少のコーホートが同じ年齢であるときを比べれば、ほとんどの場合、後者のほうがイデオロギー分極度を小さく認識している。つまり、この世代間のギャップは、時期を超えて継続しており、若いコーホートになるほど自民と共産の距離の認識は非常に小さくなっていくのである。

第三に指摘できるのは、世代間の明確な分かれ目は、1960年代中盤生まれの前後で見られるということである。1960年代中盤以降生まれは、冷戦期の終盤以降に社会化されていった。これ以降の世代は、それ以前に生まれたコーホートに比べて、自民党と共産党(その間の他党も)の区別を明確には認識していない傾向があるのである。

自民党と共産党のイデオロギー位置

先述の分析は、伝統的な理解に基づいたイデオロギー分極度の代理変数として、保守・革新イデオロギーの両端にいると想定される自民党と共産党のイデオロギー位置に着目してきた。この距離は、自民党の位置と共産党の位置という2つの要素から成り立っていることはいうまでもない。ここでは、自民党－共産党イデオロギー距離の変化についてさらに理解するために、この2つの政党の位置を別々に分析する。

自民党位置の認識と共産党位置の認識のそれぞれを従属変数として回帰分析を行ったところ、年齢は時代を超えて有意な影響を与えていることが明らかになった（表2・3、表2・4）。年齢が高い有権者ほど、自民党（共産党）をより保守的な（より革新的な）政党と認識している。表2・4において、年齢の回帰係数が負の値を示しているが、これは、高齢になるほど（年齢の数値が高いほど）、共産党を保守・革新イデオロギーの革新側の極のほうに（つまり、より低い値に）位置づけることを意味している。

年齢以外の変数だと、政治関心とイデオロギーの強度も一貫して自民党位置の理解に影響を与えている。共産党の位置認識については、政治関心が有意な影響を与えているが、１９９６年は他の調査と異なる質問文のためか、有意な結果とはなっていない。いずれの回帰分析でも、政党に対する好感度の影響を検証するために、それぞれの政党に対する感情温度を追加したが、その結果、２０００年代までは政党に好意的であるほど、その政党を穏健な位置に置く傾向があるということがわかった。

両党それぞれの位置についての認識に年齢が影響を及ぼしている一方で、自民党のイデオロギー位置認識に関する回帰係数（表2・3）に比べて、共産党のイデオロギー位置認識に関する回帰係数（表2・4）は大きい値を示しており、年齢が与える影響は共産党の位置認識において、より大きいことがわかる。特徴的なのは、過去30年で共産党の位置認識について年齢の効果が増大しているのに対して、同様の傾向が自民党の位置認識では見られないという点である。このことは、先述したイデオロギー分極度の低下が、共産党の位置認識の変化によって引き起こされていることを示唆する。

表 2.3　自民党イデオロギー位置の認識に関する回帰分析結果

	1983	1995	1996	2004	2010
年齢	0.03**	0.02*	0.01*	0.03**	0.01*
教育程度	0.45**	0.11	0.12+	0.27**	0.56**
政治関心	0.15+	0.25*	0.33**	0.11	0.23*
自民党感情温度	-0.02**	-0.01*	0.00	-0.01**	0.01+
イデオロギー強度	0.78**	0.45**	0.29**	0.28**	0.22**
定数項	1.36*	0.11	1.23**	-0.27	-1.48**
調整済み R2 乗	0.10	0.10	0.08	0.10	0.09
N	1286	904	883	1472	1163

** p< .01; * p< .05; + p< .10
データ : JES I, JES II, JEDS 96, JES III, Waseda-CASI 2010

表 2.4　共産党イデオロギー位置の認識に関する回帰分析結果

	1983	1995	1996	2004	2010
年齢	-0.02*	-0.04**	-0.04**	-0.04**	-0.05**
教育程度	-0.24*	-0.03	-0.02	-0.05	-0.06
政治関心	-0.15+	-0.23+	-0.10	-0.26*	-0.28*
共産党感情温度	0.01*	-0.01	0.01**	0.01**	0.01
イデオロギー強度	-0.60**	-0.32**	-0.19**	-0.08	-0.12*
定数項	-1.60**	1.36*	-0.46	0.75*	2.99**
調整済み R2 乗	0.06	0.06	0.11	0.12	0.11
N	1143	858	772	1312	1025

** p< .01; * p< .05; + p< .10
データ : JES I, JES II, JEDS 96, JES III, Waseda-CASI 2010

　コーホートによる分析を見ても、この推論は確認される。図2・2と図2・3では、縦軸に自民党と共産党の位置認識をとっている（11件尺度：-5が革新、0が中立、5が保守）。それぞれの線は、コーホートごとに見た、過去30年の両党のイデオロギー位置認識の変遷である。自民党の位置は、いつの時代も正の値（保守側）をとっており、経年の変化もそれほど大きくなく、いずれのコーホートでも安定的なパターンを示している。さらに、高齢の回答者ほど自民党を保守側に位置づけており、世代効果の存在を示唆している。他方で、年齢によるギ

図2.2　自民党のイデオロギー位置の認識（1983-2010年）

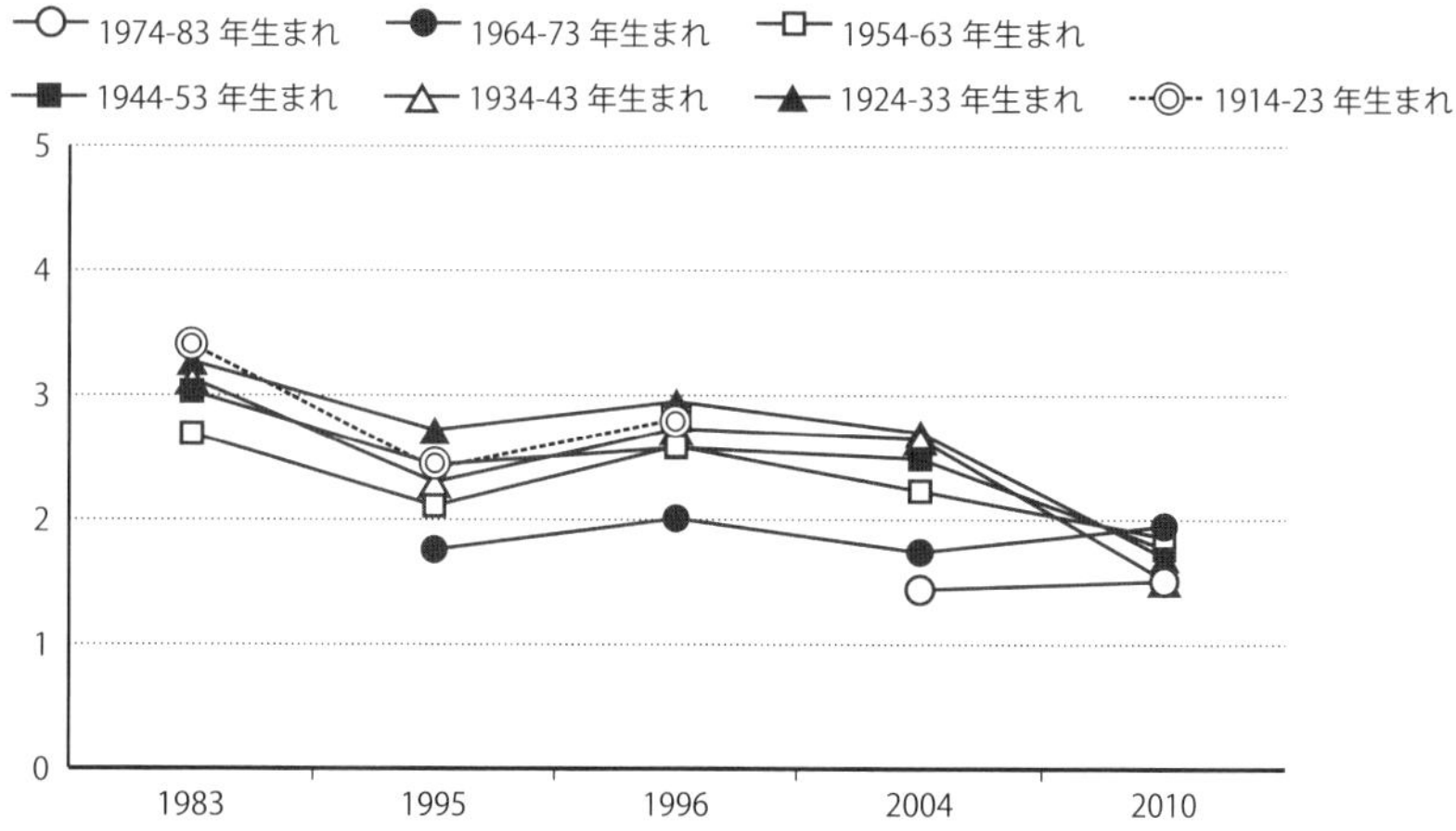

注：0= 保守・革新イデオロギー尺度の中点；5= 保守的
データ：JES I, JES II, JEDS 96, JES III and Waseda-CASI 2010

図2.3　共産党のイデオロギー位置の認識（1983-2010年）

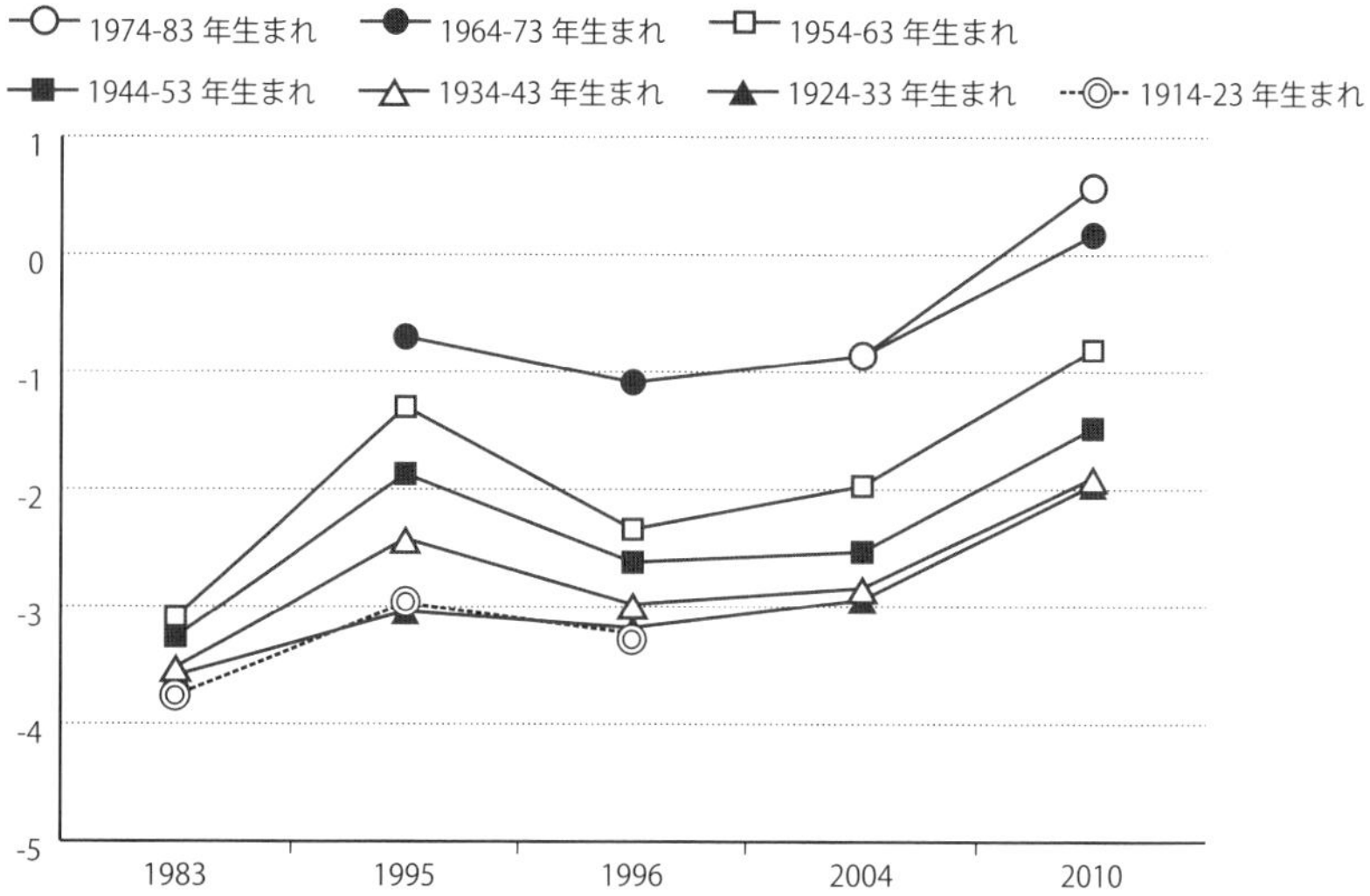

注：0= 保守・革新イデオロギー尺度の中点；-5= 革新的
データ：JES I, JES II, JEDS 96, JES III and Waseda-CASI 2010

ャップは比較的小さく、11件尺度で1ポイント分以下の違いしかない。

共産党の位置認識（図２・３）を見ると、年齢は明らかに強い影響を与えている。高齢の有権者ほど、共産党を革新側に位置づける。[10] どの年齢層でも、30年前より今日では共産党を穏健な方向で位置づけている。しかし、年齢によるギャップは１９８０年代では1ポイントだったのが、２０１０年代前半では２・5ポイントにまで拡大している。ここでも、１９５４－１９６３年生まれコーホートと、１９６４－１９７３年生まれコーホートの間で著しい差が見られる。この分断は、世代効果の存在を意味している。

このギャップが生じたプロセスは、１９８９－１９９０年の冷戦の終焉の前に始まっているということが示唆される。１９６９年生まれ（１９６４－１９７３年生まれコーホートの中央値）は１９８３年から１９９４年の間に社会化されているからである。冷戦終結以前にこのプロセスが始まっている原因の候補としては、国内政治要因が挙げられる。とりわけ、１９８０年代において左派政党が退潮し、「革新」というラベルも使われなくなっていったことが指摘できる。

したがって、イデオロギー分極度の認識の傾向、つまり自民党と共産党の距離の傾向は、異なるコーホートによる共産党位置認識の乖離によってもたらされているといえる。２０１０年の最も若いコーホートは、共産党を保守の側に置いてすらいる。このことは、共産党だけでなく社民党を含めた伝統的な革新政党の選挙での劇的な退潮を反映しているといえるかもしれない。実際、「革新」という用語自体、１９８０年代から90年代以降、政治言説から消えつつある。この時期は図２・１、図２・２、図２・３における年少の３つのコーホートが社会化された時期と重なる。

戦後期を通じた新聞メディアの見出し検索によってもこのことは確認できる。図２・４は、朝日新聞と

図2.4　新聞記事見出しにおける「革新」出現頻度（1945-2012年）

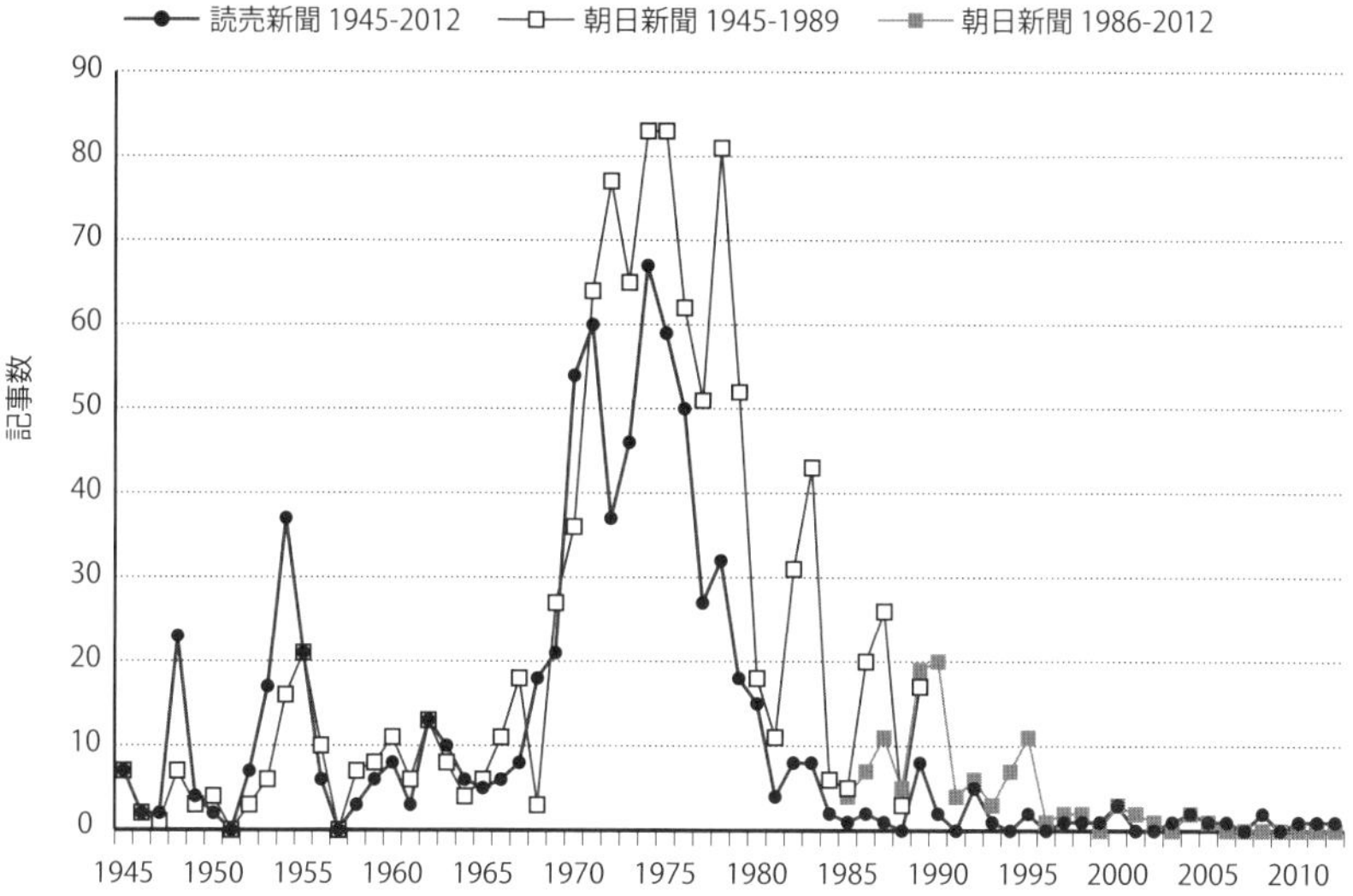

データ：ヨミダス歴史館、聞蔵IIヴィジュアル

読売新聞の政治欄の見出しにおける「革新」という言葉の出現頻度の傾向を表している。[11] 出現頻度は1970年代に読売新聞が平均45回でピークを迎え、1980年代に急激に下がり、4・9回になった。さらに1990年代に1・3回、2000年代に1・0回となった。同様の下降傾向は朝日新聞でも観察でき、2000年代までには「革新」についての言及はほぼ消滅する。世代効果の議論に沿っていえば、今日、最も若い層は、成長する過程において「革新」というラベルについてほとんど耳慣れていないので、そのラベルと特定の政党が伝統的に関連しているということにも慣れ親しんでいない。その代わり、次節で見るように、彼らは市場競争を擁護する政党とこのラベルを結びつけている。日本のメディアと研究者が広く共有してきたイデオロギー・ラベルの理解について、根本的な疑問が投げかけられているのである。

6節　結論

前節の分析は、日本におけるイデオロギー分極度の認識と、自民党と共産党の位置の認識の双方に、年齢が一貫して影響を与えていることを明確に示している。高齢の有権者ほど、若い有権者と比べて自民党と共産党の間の距離を幅広く認識しており、そのギャップは加齢効果というよりも世代効果の帰結であるといえる。

すべての年齢層で自民党が保守的な位置にいることについては合意があるが、この傾向は年齢によってやや強まる。しかし最も顕著な発見は、共産党に関するものである。高齢の有権者は共産党を最も革新的な政党と認識し続けている一方で、1960年代中盤以降生まれの有権者、すなわち、保守・革新の激しい対立の時代の後に社会化された有権者は、同様の考えを持っていない。

若い有権者は、共産党をイデオロギー尺度の中央に集まっている政党群の中の一つ程度にしか見ておらず、最も若い世代では尺度の保守側に位置づけることすらある。

2012年総選挙時に実施したウェブ調査は、さらに驚くべき結果を表している。[12] 図2・5は異なる年齢層の間での、各党のイデオロギー位置についての認識の平均値を示している。横軸は年齢層を、縦軸は保守・革新イデオロギー上の位置（-5が革新的、0が中間、5が保守的）を表している。40代以下の若い有権者が今日の日本政治において最も「革新」側に位置していると考えているのは、共産党ではなく、日本維新の会やみんなの党といった新党であった。[13] これらの政党は規制緩和や、より積極的な外交政策を支

図2.5　2012年衆院選各党における各党のイデオロギー位置の認識

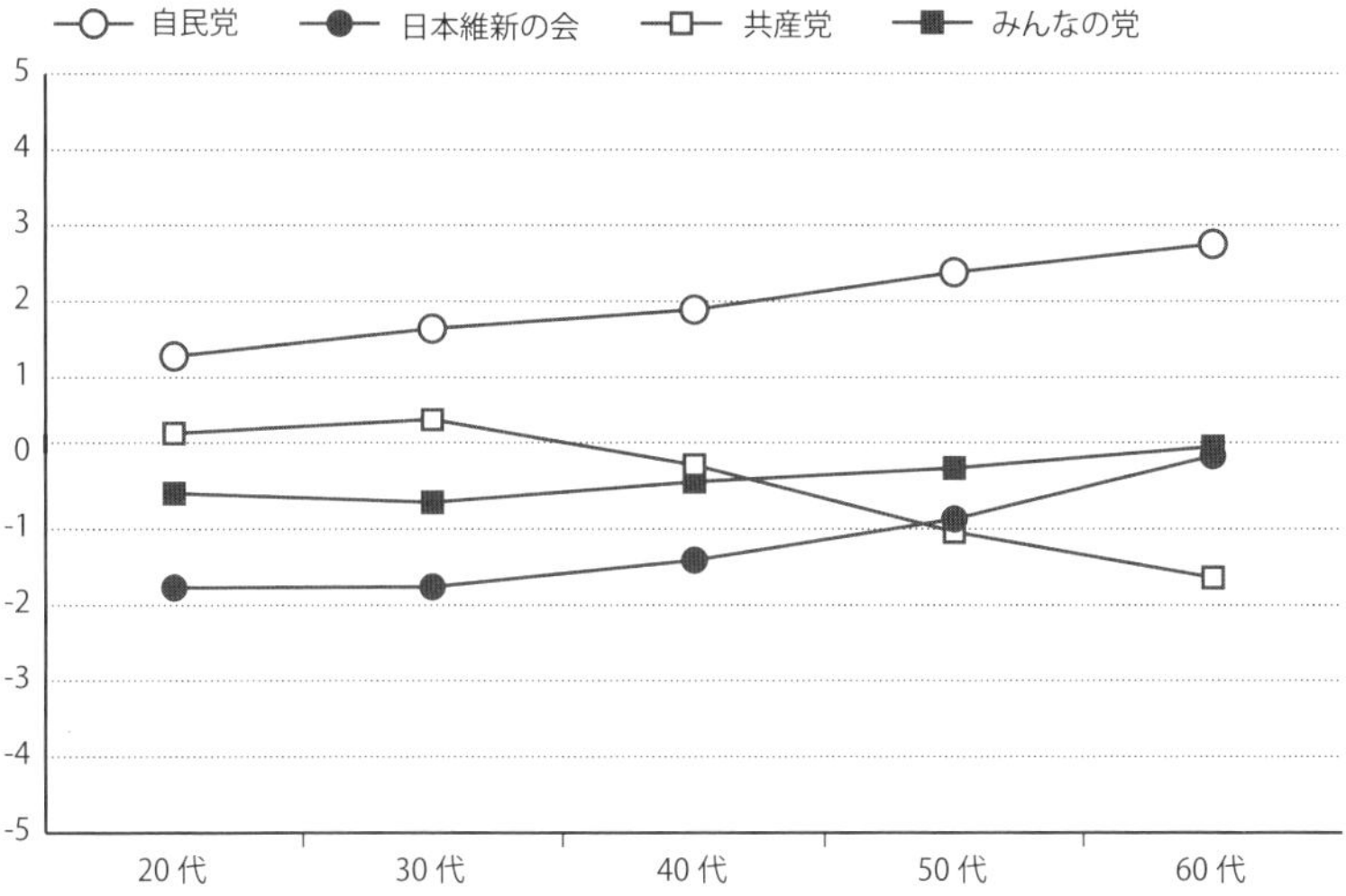

注：-5=革新的、5=保守的
データ：Waseda-Web2012

持しており、他のコンテクストでは保守や右派として考えられているにもかかわらず、である。

このことは、日本の政党政治についての研究に重大な課題を突きつけている。学術的にもジャーナリスティックにも共有されてきた、政党や政策に関する保守・革新イデオロギー上の相対的な位置への合意は、中高年の有権者の心の中には存在しているが、過去30年間に有権者となった若い世代にはいまや適用できない。時が経つにつれ、世代交代の進展によって、現在の通説と一般の有権者の認識は乖離し続けるだろう。日本維新の会やみんなの党のような新党が、今後も政治的な舞台にとどまって役割を果たしていくか、忘却の彼方に沈んでいくかは本章の議論の範囲を超えているが（事実、みんなの党はすでに解党されてしまった）、明らかなのは、若い有権者が抱いているイデオロギー分極度についての考えは、年長者のものとは大きく違うという点である。

若い世代によって理解される新しい形態のイデオロギー分極度は、デフレや中国の台頭といった課題にいかに対処するかという政策ベースの「対立」争点をめぐるものではなく、伝統的な「日本モデル」の維持を目指す政党と、それの解体を目指す政党という、ある意味で「合意」争点をめぐるものと推察できるかもしれない（蒲島・竹中 2012, 276–80）。

政策争点態度や投票行動に対する、イデオロギーの影響に関する膨大な文献によれば（Conover and Feldman 1981; Jacoby 1991; Knutsen 1995a, b）、本章が示した年長層と年少層のイデオロギー認識の捻れは、イデオロギー自己位置を投票決定要因として用いることに疑問を投げかける。次章では、異なる年齢層の相違を考慮しながら、イデオロギー投票についての傾向を探究することで、政治的態度と行動の間の関連を明らかにする。

最後に、本章で報告された発見から導かれる、比較政治学における含意について触れておきたい。過去四半世紀において、多くの研究者は、先進産業諸国における左右の伝統的な定義を補完し、ときに挑戦するような新しい政策次元――脱物質主義的価値観のような――の出現を議論してきた（e. g. Inglehart 1990; Kriesi 2010; Hooghe et al. 2002）。顕現性の高い政策争点の性質、あるいは、政治エリートによって追求される戦略は各国によって異なるが、イデオロギーについての年齢層ごとの理解についても、各国ごとに顕著に異なるのかという疑問を本章の分析結果は投げかける。とりわけ、先進産業諸国の若い有権者は、伝統的に左側の極に位置する政党と比較して、現状維持を打破することを約束する新党をイデオロギー尺度のどのあたりに位置づけるだろうか。この点は、詳細な検討が必要とされるトピックであろう。

第3章　イデオロギーと投票行動

1節　はじめに

多くの民主主義国家において、政策論議はしばしばイデオロギーによって枠づけられており、投票選択はイデオロギーによって影響を受けているとされてきた。他方で、研究者たちは半世紀前から「イデオロギーの終焉」を議論してきた（Aron 1968; Bell 1960; Rejai 1971）。より最近の研究では、新たな競争次元を特定し（e.g. Hooghe et al. 2002; Inglehart 1990）、その新たな次元が長期的に支配的であった「左右」イデオロギーを補足しているのか、あるいは取って代わりさえしているのではないかと疑問を投げかけている（Inglehart 1997; Knutsen 1995a）。さらに、「左右」を超えるような、新たなイデオロギーを形成しようとする理論的・政治的試みもあった（Giddens 1994, 1998; Studlar 2003）。これらの議論が示すように、イデオロギーが投票選択の決定に際して、適切で有用な役割を果たし続けているのかという問いはいまだに重要なままである。

多くの先行研究が、「ほとんどの国における市民の左右志向と投票選択の間に密接な関係がある」（Dalton and Anderson 2011, 144）ことを確認している。投票決定時の手がかりとして、イデオロギーの重要性がどのように変化してきたかを追跡するだけでなく、イデオロギーの影響の大きさはすべての有権者で同一なのか、それとも異なる層では影響が大きかったり小さかったりするのかという点も重要である。驚くことではないが、抽象的なイデオロギーは、教育程度の低い有権者にとっては投票選択の手がかりとしては有用ではない（Jacoby 1991; Klingemann 1979）。

一方、教育程度の高い有権者が、Converse（1964）の言うところの高レベルでの概念化（a high degree of conceptualization、様々な政策争点についての態度が一つの体系として整理され理解されているような状態）を保持しているのであれば、高等教育が普及した現代では、若い有権者はおしなべて教育程度が高いため、投票選択の手がかりとしてイデオロギーを用いる傾向がより強いだろう。しかし、若い世代はたいてい政治的には孤立し、投票にも行かない傾向がある（Blais et al. 2004）。そもそも、若い世代は年長の世代よりも、政策争点や政党についての経験は少ない。この2つの要素の組み合わせが含意するのは、年齢が独自の影響を及ぼしているかぎり、若い有権者はイデオロギー投票をあまりしていないということである。

そこで疑問として残るのは、年齢が上がるほどイデオロギー投票をしているのは加齢効果によるのか、それとも、新たな世代になるほどイデオロギーが重要ではなくなっていくという世代効果によるのかという点である。

この問題に答えるために、本章では、イデオロギーを用いた投票行動に対して、年齢と教育がそれぞれどのような影響を与えるか、長期的な視点から検討する。具体的には、四半世紀を超える期間の世論調査データを用いて、主要政党に対する投票がどの程度イデオロギーに動機づけられていたかについて、その継続と変化を分析する。年齢と教育程度の相違も含めて、イデオロギーの投票選択に対する影響に関しては膨大な先行研究があるが、次節で簡単なレビューをする。3節では、日本におけるイデオロギーと投票選択についての先行研究をレビューする。4節では、この分析で用いるデータセットと検証する仮説を紹介する。5節と6節では、生年コーホートと教育程度に注目しながら、投票決定におけるイデオロギー自己位置の影響について、さらに有権者個々人と政党との近接性の影響について、それぞれ実証分析の結果を示す。7節では分析結果の要約とその含意を議論する。

2節　イデオロギーと投票選択

これまでも触れてきたように、欧米諸国において、イデオロギー次元は主に経済的な次元を基礎としており、政府が市場経済に介入する程度（Downs 1957; Lipset 1960）や社会的平等（Bobbio 1996; Inglehart 1984）といった政策争点によって枠づけられてきた。これらの政策争点はエリートレベルにおいても市民レベルにおいても、イデオロギー志向を構築する際の基礎である。

しかし、半世紀の間に生じた、両イデオロギー陣営の間の激しい対立とその減退は、「イデオロギーの終焉」（Aron 1968; Bell 1960; Shils 1968）についての議論をもたらした。近年、研究者が指摘しているのは、「物質主義」対「脱物質主義」（Inglehart 1990; Kitschelt and Hellemans 1990）や、「権威主義」対「リバタリアン」（Evans et al. 1996; Flanagan and Lee 2003）といった新しい価値観を基にした次元であり、それらは経済的亀裂を横断する。ポスト産業社会において、職業の多様性が増したことは政党競争空間を変化させた可能性があり（Kriesi et al. 2006）、そのため、イデオロギーと投票選択の間のつながりが弛緩したのではないかという疑問が投げかけられている。

しかし、イデオロギーはその重要性を失ったわけではない。左右スキーマは新しい政策争点を吸収できることを研究者は指摘してきた（Inglehart 1984; Knutsen 1999）。たとえば、Fuchs and Klingemann（1990）

は、「新しい政治」次元の出現はイデオロギーの退潮を招くというより、むしろ、その意味空間を拡張すると論じている。つまり、Ray and Narud（2000）が示すように、かつて直交していた左右の亀裂と中央周辺の亀裂は次第に重なりつつある。左右次元はいまだ、「それがなければ複雑なままである政治的リアリティに、意味と形を与えているように見える」とMair（2007）は結論づけている。つまり、イデオロギーは政治的内容について要約し、コミュニケートする道具としていまだ機能しており、それゆえ投票選択にとって有用な手がかりとなっている。ここでは、各国で「左」「右」というラベルにつけられている特定の意味について深掘りはしないが、ほとんどの国での「政党の左右位置についての市民の認識、政治専門家の認識、政党エリート自身の位置づけの間の著しく高い一致度」（Dalton and Anderson 2011, 131）という事実は決定的に重要である。

しかしながら、同様のことがすべての有権者についていえるわけではない。有権者の異なる層におけるイデオロギー洗練性のレベルに関して、フックスとクリンゲマンは「認識と理解の程度は、教育程度のレベルとともに上がる」（Fuchs and Klingemann 1990, 209）と述べ、Jacoby（1991）は教育程度の低い有権者はイデオロギーには依拠しない傾向があることを明らかにした。教育程度以外では、アメリカでは若い有権者ほどイデオロギーが投票選択に影響を与える傾向があることが報告されている（Holm and Robinson 1978）。

他方で、近年のイタリアの研究ではこれとは異なる結論が導かれており、イデオロギーと教育程度、年齢の関係は自明なものではないといえる。左右イデオロギーを認識し、意味を付与する能力について検討したコルベッタらは、「過去30年間にわたって、左右イデオロギーは市民にとって重要になってきて」おり、さらに、その重要性の高まりは、高齢者および教育程度の低い有権者に顕著であると結論づけている（Corbetta et al. 2009, 637）。Corbetta（2009）はイデオロギーと投票選択の関係を直接分析しているわけではないが、その研究が含意するのは、高齢層や教育程度の低い有権者は投票選択をするときの手がかりとしてイデオロギーを使うことができるだろうということである。

１９９０年代のイタリアの政党システムの劇的な転換を見れば、これらの知見は政党システム再編成のコンテクストに関連づけられる。イングルハートとクリンゲマンは、その高名な研究において、政党システムの大変動期では、左右イデオロギーは「有権者を旧政党から、新政党のうち最も近いであろう政党へ導く重要な手がかりを与え」（Inglehart and Klingemann 1976, 271）うるとしている。実際、投票時に新しくて見慣れない選択肢を前にして、長く保持してきた政党帰属意識に依拠できないとき、イデオロギーは、まさに情報のショートカットとしての重要な役割を発揮する。

このことは、年齢とイデオロギー投票の間の関係について含意を持つ。一方では、新たに結成された政党の場合、すべての年齢層の有権者にとって、その政党が何に依拠し、左右イデオロギーのどこに位置しているかを評価するのは難しい。他方では、高齢の有権者ほど、これらの疑問に答えるための政治的経験を豊富に利用することができるかもしれない。

イデオロギーと投票選択の関連の程度は、部分的には各国の政党分極化の程度に依存している（Freire 2008; Knutsen and Kumlin 2005）。たとえば、イデオロギー次元の両サイドの政党が福祉国家について合意に達しているとき、異なる階級において、その投票パターンは結果的にそれほど変わらないものとなる（Franklin et al. 1992）。四半世紀にわたる欧州５カ国（ドイツ、デンマーク、オランダ、ノルウェー、スウェーデン）比較研究は、「左右での政党間の分極度が高いほど、有権者の左右位置の（投票）選択への影響は強い」ことを明らかにしている（Van der Eijk et al. 2005, 178）。Dalton and Anderson（2011）もさらに多くの国のデータを使って同様の結論に達しており、イデオロギーと投票選択の分析におけるコンテクストの重要性を強調している。[1]

分極化によって、有権者は低コストでより洗練された選択が可能になるとすれば（Lachat 2008）、政党が似たようなスタンスをとるとき、イデオロギーに依拠して投票選択をすることは難しくなるだろう。主要政党の位置が収斂するとき、各党の「能力」のような合意争点に基づいて、有権者は政党選択をするようになる。というのも、有権者の心理の中で、政党のイデオロギー的側面はぼやけてしまうからである。

冷戦の集結と市場競争の承認による政党システムの脱分極化（収斂化）は、多くの研究者によって指摘され、その結果、投票の手がかりとしてのイデオロギーの重要性（あるいはその欠如）についても議論されている。その一方で、さらに踏み込んで、（脱）分極化の影響がすべての有権者に等しく当てはまるのか、有権者の異なる層で変わるのかについて、検討している研究は数少ない。次節以降、この間隙を埋めることを試みる。

3節　日本におけるイデオロギーと投票選択

日本政治におけるイデオロギーの役割の減退は、1994年、自民党と社民党という約40年間対立し続けてきた2つの政党が連立政権を結成したことで確認された。ただし、このことはイデオロギー対立が消滅したということを直ちに意味するわけではない。事実、自民党と共産党、さらに社民党は保守側と革新側の極をそれぞれ占め続けている。しかし、後二者はいまや政党競争の舞台で主要な役割を果たしてはいない。その代わりに、イデオロギー的には中央あたりに位置している（つまり、自民党よりは左側）民主党が、２０００年代には自民党の主要な競争相手として登場し、２００９年から２０１２年には政権を担当するまでに至った。

このような状況で、イデオロギー的な思考は投票決定の要因としては弱まっている。過去20年間で、自分のことをイデオロギー軸上に位置づけられない有権者の割合は増加しており、同時に、イデオロギー的に極端な位置にいると回答する有権者の割合も減っている（蒲島・竹中 2012）。この2つの脱イデオロギー現象は、教育程度と年齢と関連している。教育程度の高い有権者と高齢の有権者は、自分のイデオロギー位置を答えることができる傾向にある。さらに、高齢の有権者ほど、保守・革新イデオロギー軸において、自分の位置をより極端に答える傾向にある。

2章ですでに見たように、保守・革新イデオロギーの伝統的な理解は、いまやすべての世代によって共有されているわけではない。高齢の有権者は保守陣営の自民党と、革新陣営の共産党の対立を認識しているのに対して、若い有権者はいまや共産党を中道にしか位置づけない。その代わり、40代以下の有権者は、日本維新の会のような新しい政党を「革新」政党として認知している。このことが意味しているのは、イデオロギーの強さだけでなく、その定義も世代によって異なっているということである。

日本の有権者の間でも、イデオロギーの投票への影響は繰り返し確認されてきたが（三宅 1998；蒲島・竹中 2012）、その影響力は２０００年代前半には弱まってきている。蒲島・竹中（2012）は、自民党か、長期的に存続するマイナーな左派政党の社民党や共産党かを選択をするとき、イデオロギーが影響を与えていることを明らかにしている。しかし、このことは自民党と民主党という二大政党の選択の場合には当てはまらない。これまでの研究が、すべての有権者におけるイデオロギーの役割について検討しているのに対し、人口統計学的属性がイデオロギーと投票選択の関係に与える影響については、取り扱っている研究は数少ない。[2] そこで、次節以降では、年齢や教育程度といった属性とイデオロギー投票との関係に着目して分析を行う。

4節　仮説とデータ

左対右や保守対革新のようなイデオロギー・ラベルは、抽象的な概念を代表しているため、自分のイデオロギー位置に最も近い政党を選ぶという能力には、知識や経験が必要とされる。他のものがすべて等しいとしたとき、教育程度が高い有権者ほど政治知識が多いことを想定するのは自然なことである。それは、高等教育期間における特定のカリキュラム内容のためでは必ずしもなく、むしろ、批判的な思考能力や抽象的な概念を理解する能力が高まるためである。このことは、教育程度の高い有権者はイデオロギーに依拠して投票選択をする傾向があるだろうという予測をもたらす。

一方、年齢効果についてはやや曖昧な部分がある。若い有権者のほうが教育程度は高いため、イデオロギーを手がかりとして使いこなすという予測はできるかもしれない。しかし、高齢の有権者は政党や政策争点について長い経験を持っており、自分自身と各政党の位置について判断をするとき、教育の不足を補うことができる。それゆえ、以下の仮説をここで提出する。

仮説1：教育程度の高い有権者ほど、そうでない有権者に比べてイデオロギーに沿って投票をしている。

仮説2：高齢の有権者ほど、若い有権者と比べてイデオロギーに沿って投票をしている。

もし後者が正しい場合、単純な加齢効果として、つまり政党や政策争点についての経験の増加によって、イデオロギー投票が増大しているのか、あるいは（脱分極化された政党システムのときに社会化された）新しい世代は、過去の世代に比べてイデオロギー投票が見られないということなのか、を検討することが次の論理的なステップとなる。

この2つの説明はそれぞれ加齢効果と世代効果を指している。加齢効果は、個人が継続的に異なる環境や仲間、課題といったものに直面し、そのため新たな人生のステージに進んだときに態度や行動も変わるということを想定している。対照的に、世代効果は、青年期に形成された価値観が大人になっても継続されることを想定し、それゆえ社会化された時期の経験に着目する（より詳しい議論は、Alwin and Krosnick 1991; Jennings 1976 を参照）。

いずれの説明について妥当性があるか検証するために、以下の経時的な分析では、異なる時点における同じ年齢カテゴリー（コーホート）のイデオロギー投票の程度を比較し、その時間的な変化を追跡する。

冷戦の終焉は、かつて顕著だったイデオロギー的な亀裂を大きく減退させ、自民党にとっての主要なライバル政党は、明らかな左派グループや革新グループというより、中道的なグループである民主党になった。そのため、今日の日本の政党システムが、四半世紀前と比べて、かなりの程度収斂していることは、学術的にもジャーナリスティックにも共通した見解である。

イデオロギー投票の程度は政党分極度に影響されるため（Dalton and Anderson 2011; Lachat 2008）、この収斂によってイデオロギー投票の減退が予測される。

さらに、その影響の大きさは政党によっても変わりうる。明白に保守色や革新色の強い政策（やレトリック）を志向する支持者にアピールする政党は、投票時にイデオロギーを手がかりに考える有権者を引きつける傾向がある。対照的に、中道政党はイデオロギー次元の中央に密集しており、それゆえイデオロギー以外の（あるいは、少なくともそれに加えた）何か他の要素を基にして、支持を訴える必要がある。つまり、長期的な低落傾向にもかかわらず、イデオロギー投票は、中央から離れた政党においてよく見られる、という仮説も導かれる。

これらの仮説を検証するために、ＪＥＳⅠ（１９８３年）、ＪＥＳⅡ（１９９５年）、ＪＥＳⅢ（２００４年）、Waseda-CASI2010（２０１０年）という、１９８３年から２０１０年にかけて行われた４つの世論調査データを分析する。これら全国規模の世論調査では、回答者に自分自身と各政党について保守・革新イデオロギー上の位置が尋ねられている。[3]

さらに、参院選での投票行動についても尋ねられている。ここでは参院選の比例代表における投票を取り上げる。そのため、衆議院の選挙制度改革の直接的な影響を避けることができ、より容易にイデオロギー投票を長期的に比較することができる。[4] 従属変数は、自民党、社会党、民主党、共産党への比例区投票である。たとえば、「自民党投票」という変数は、比例区で自民党に投票していたら1、他の政党に投票していたら0とコード化される。[5]

主要な独立変数は、保守・革新イデオロギー上の回答者の自己位置である。回答は-5（革新的）から5（保守的）までの尺度に変換した。[6] つまり、正の回帰係数の場合、保守的な有権者ほどその政党に投票していることを意味する。

2つの媒介要因は教育程度と年齢である。教育程度について、回答者を3つのグループにカテゴリー化した。すなわち、義務教育（中卒まで）だけを受けたグループ、高卒のグループ、それ以上のグループである。年齢カテゴリーについては、生年コーホートに分割した（後述）。

統制変数として、性別、世帯収入といった社会経済的要因を投入した。さらに、日本の投票行動において非常に影響力のある政党支持については、各党への感情温度（0が最も冷たい、100が最も温かい）を用いた。

5節　イデオロギー自己位置と投票選択

イデオロギーの投票決定への影響が過去四半世紀で減退しているかという疑問から始めよう。表3・1は、自民党、最大野党（1983年、1995年は社会党、2000年代からは民主党）、共産党という3つの政党カテゴリーについてのロジスティック回帰分析の要約である。[7]

この期間を通して、自分を保守的と位置づける有権者は自民党に投票する傾向がある（表3・1）。こ

表 3.1　投票選択モデルにおけるイデオロギー自己位置のロジスティック回帰係数（まとめ）

	1983	1995	2004	2010
自民党投票	0.31**	0.23**	0.29**	0.14*
社会党／民主党投票	-0.25**	-0.26**	-0.28**	-0.04
共産党投票	-0.21*	-0.22*	-0.17+	-0.12

** p < .01; * p < .05; + p < .10
データ：JES I, JES II, JES III, Waseda-CASI 2010

の結果からも、有権者心理における自民党の保守政党としての評判が確認された。もしもっと早い時期からデータがあれば、同じ結果が見られたであろう。

同様に、長らく確立していた政策志向のとおり、自らを革新側に位置づける有権者は社会党に投票している。この傾向は２００４年の民主党にも適用されるが、２０１０年はそのかぎりではない。

２０１０年は民主党の政権期であったため、民主党の支持がイデオロギーによらないという説明が、保守・革新両サイドに対する幅広いアピールのためか、それとも政権党のパフォーマンスに対する革新側の有権者の失望のためか、という点については疑問が残るだろう。また、政策スタンスの一貫性にもかかわらず、共産党投票は２０００年代になるとイデオロギーに基づかなくなるということも留意すべきである。

つまり、個々人のイデオロギーは、比較的分極化していた55年体制の最中と、その直後の１９９０年代には投票選択の重要な決定要因となっていた。しかし、２０１０年までには、保守側の政党への投票ではイデオロギーの影響が残る一方で、革新側には見られないという異なるパターンが観察されている。

民主党は社会党と比べると穏健だと見られる一方で、２００４年の結果が示すように、民主党が台頭することでイデオロギー競争が終焉を迎えたということとは必ずしもいえない。さらに、蒲島・竹中（2012）の指摘とは対照的に、革

表 3.2　投票選択モデルにおけるイデオロギー自己位置のロジスティック回帰係数（まとめ）：教育程度ごと

	1983	1995	2004	2010
自民党投票				
教育程度：低	0.35**	0.19	0.10	0.08
教育程度：中	0.29**	0.27*	0.34**	0.10
教育程度：高	0.27*	0.18	0.39**	0.29*
社会党／民主党投票				
教育程度：低	-0.28**	-0.26+	-0.29*	-0.06
教育程度：中	-0.28**	-0.23*	-0.27**	0.02
教育程度：高	-0.22*	-0.47*	-0.31**	-0.09
共産党投票				
教育程度：低	-0.06	-0.15	-0.06	-0.12
教育程度：中	-0.40*	-0.11	-0.14	-0.17
教育程度：高	-0.16	-0.48*	-0.29+	-0.15

** p< .01; * p< .05; + p< .10
データ : JES I, JES II, JES III, Waseda-CASI 2010

新側の極に位置する共産党への投票でさえ、イデオロギー的な動機が徐々に薄くなってきている。

つまり、これは、イデオロギー投票が中央から離れた政党ほど顕著であるという仮説を支持するような分析結果ではない。また、この結果は共産党投票者のサンプルサイズが小さいことに、部分的には起因していると考えられる一方で、「革新」についての認識の変化を示唆しているのかもしれない。この点については最後の節で触れる。

教育程度と年齢がイデオロギー投票のレベルにどのように影響を与えているかについて、分析結果を表3・2と表3・3に示した。[8] まず教育程度について見ると、仮説1のとおり、義務教育のみの有権者よりも大卒以上の有権者では、投票選択の際にイデオロギーはしばしば重要な要因となる（表3・2）。「中程度の教育程度」カテゴリーの結果は大卒グループに近い。つまり、イデオロギー投票における教育程度の閾値は高卒あたりのよ

表 3.3　投票決定モデルにおけるイデオロギー自己位置のロジスティック回帰係数（まとめ）：生年コーホートごと

	1983	1995	2004	2010
自民党投票				
1914-1928 年生まれ	0.25*	0.01	0.37*	
1929-1943 年生まれ	0.31**	0.29*	0.30**	0.27*
1944-1958 年生まれ	0.34**	0.20	0.40**	0.08
1959-1973 年生まれ		0.10	0.23*	0.22+
1974-1988 年生まれ			0.42	0.00
社会党／民主党投票				
1914-1928 年生まれ	-0.37	-0.33*	-0.30*	
1929-1943 年生まれ	-0.11	-0.24*	-0.36**	-0.01
1944-1958 年生まれ	-0.25*	-0.24+	-0.21*	-0.10
1959-1973 年生まれ		0.18	-0.21*	0.09
1974-1988 年生まれ			-0.95*	-0.20+
共産党投票				
1914-1928 年生まれ	-0.02	0.30	-0.12	
1929-1943 年生まれ	-0.30+	-0.29*	0.04	-0.36
1944-1958 年生まれ	-0.25	-0.08	-0.15	0.01
1959-1973 年生まれ		-0.96*	-0.30	-0.68*
1974-1988 年生まれ			NA	0.09

注：2004 年の 1974-1988 年生まれグループには共産党へ投票した回答者がいない
** p< .01; * p< .05; + p< .10
データ : JES I, JES II, JES III, Waseda-CASI 2010

うである。

　教育程度が低い有権者では、1980年代以降、イデオロギーは自民党への投票に影響を与えておらず、共産党投票に至っては一度も影響を与えていない。1983年から2010年にかけて、イデオロギーの影響力の減退がほぼすべてのグループにおいて生じている。これは、脱分極化の傾向によって、教育程度の高い有権者の自民党投票以外で、イデオロギーが投票決定要因となっていないということを意味する。

　表3・3は、コーホートごとの分析結果であり、社会化の効果を観察できる。なお、分析可能なサンプルを確保するために、前章よりも年齢幅を広げ、15歳区切りとした。

1929年から1943年生まれのコーホートが社会化されたのは戦後すぐであるが、冷戦によって分極化された政治環境はその時期に形成された。1944年から1958年生まれのコーホートは55年体制の初期に青年期を過ごし、戦後史で最大規模の抵抗運動を生んだ。このコーホートは、日米安保条約改定をめぐる1960年代の激動について鮮明な記憶を有しているだろう。少なくとも二大政党のうち一つへの投票に関していえば、政治競争が激しく対立的でなくなってからも、仮説どおりに、これらのコーホートはイデオロギー投票をしていることが明らかになった。

他方で、分析期間における最年少のコーホート（1974年から1988年生まれ）の分析結果はもっと曖昧である。このコーホートが育ったのは、冷戦期の最後の10年もしくは冷戦終焉後、つまりそれ以前の政党システムを分かつような政策争点が重要性を失っていく時期であった。したがって、本章の仮説が予測するのは、このグループではイデオロギー投票があまり見られないという傾向である。実際、自民党と共産党については仮説どおりであるが、民主党投票についてはそのかぎりではない。

表3・3に関して、その時々の最年少のコーホートの結果を比較することからも解釈を加えることができる。1983年当時の最年少のコーホートは、イデオロギー志向を一貫して利用して投票先を決定していた。その後の最年少のコーホートでは同様のことはいえない。しかし、新たな世代が有権者になるたびに、仮説のようにイデオロギー投票が単調に減退する傾向が見られるわけではない。加えて、高齢の有権者になるほど、政党間の相違についてよく知るようになって、イデオロギー投票をするようになるという命題についても十分な証拠はない。実際に、イデオロギーがかつては重要な投票決定要因であったが、いまではイデオロギーを基に投票をしていないというコーホートも多く存在する。

すなわち、教育程度と年齢に関する仮説について、実証的な分析が導くのは、教育程度のイデオロギー投票への影響についての仮説は妥当であるという結論である。義務教育を終えただけの有権者は、高卒以上の有権者と比べれば、保守・革新の自己位置に従って投票はしていない。他方で、年齢の効果については、最年少のコーホートが一貫してイデオロギー投票をしない傾向があるという分析結果ではなかったこともあり、結論を引くのはやや難しい。

6節　有権者――政党のイデオロギー近接性と投票選択

投票の空間理論を検証するときに広く使われている方法は、単純な近接性（proximity）のアイディアに基づいている。近接性とは、有権者は自分のイデオロギー位置に近い政党に投票する傾向があるというものである（Downs 1957; Enelow and Hinich 1984）。イデオロギー的な距離よりも、イデオロギーの方向性をより重視するモデル（たとえば、「距離が近くても中点をまたいで反対側のイデオロギーの政党」よりは、「距離が遠くても同じ側のイデオロギーの政党」に投票をする）を他の研究者が提案した一方で(Rabinowitz and Macdonald 1989)、その後の研究は従来の近接性モデルがいまだに妥当で有用であるということを確認している（Blais et al. 2001; Pierce 1997; Westholm 1997)。

そこで、ここではさらに、イデオロギーの近接性がどの程度、政党への投票に影響を与えているか、その程度は時期によって変化しているかについて検討する。

近接性投票の検討のために、回答者自身と投票先の政党とのイデオロギー距離について測定方法を検討する必要がある。近接性投票は個人レベルで起こるので、有権者自身が認知している自分自身と政党の位置こそが重要であるという議論に従って、「有権者自身が位置づけた政党の位置」を単純に分析に用いる研究者もいる。

しかしながら、有権者の認知バイアス、すなわち、自分にとって好ましい政党については、客観的な位置づけよりも、自分に近い位置にいると主観的に判断してしまう傾向を指摘する研究は多数ある（Gerber and Green 1999; Granberg and Holmberg 1988; Page and Jones 1979）。この「同化」（あるいは「投影」）効果に加えて、Merrill et al.（2001）は、自分が支持しない政党を実際よりも遠くに位置していると認識してしまう「対照」（contrast）効果も指摘している。

そのため、より「正確な」政党位置を得るために、研究者は各国の専門家調査を用いたり、政党公約をコード化したりしている。しかし残念ながら、いずれについても日本においてはこの分析期間全体をカバーするデータは利用可能ではない。

本節では、調査時点ごとに、各党の位置づけについてすべての回答を平均した値を用いることとし、そうすることで先述のバイアスは相殺されるということを仮定する。

この方法の妥当性を検討するため、それぞれの調査に近い時期の専門家調査を用いて、イデオロギー上の政党の位置を比較した。[9] １９８０年代についてはデータがないが、１９９５年と２００４年の有権者による政党位置の平均値と、１９９６年の専門家調査の評価の間の相関係数はそれぞれ０・９０５と０・９８２であった。しかしながら、２０１０年の世論調査と同年に測定された専門家調査の間の相関係数は０・６２３と下がった。

この急落は有権者と専門家の間の見解の相違を示している一方で、詳しく見れば、この場合でも前述した教育程度と世代のギャップが存在することがわかった。教育程度が中程度と高程度の有権者では相関はかなり高く、50歳以上とそれ以下ではまた相関関係は大きく異なる。[10]

表3・4は自民党、社会党／民主党、共産党の位置の平均値と有権者全体の位置の平均値を列挙したものである。サンプル全体の自民党と共産党の平均を見てみよう。イデオロギーの保守の極と革新の極に位置していると従来から見られている2つの政党の間の主観的な距離が、過去30年間で6・5ポイント（11件尺度）からたったの2・6ポイントに縮小している。この数値は日本の政党システムの脱分極化の記述を補強するものである。

異なる教育程度やコーホートでサンプルを分割したとき、すべてのグループで同じ傾向が見られる。顕著なのは、自民党と共産党の距離が義務教育のみの有権者よりも大卒以上の有権者において一貫して大きく離れており、教育程度の高い有権者のほうが政党対立を明確に認識しているという点である。

さらに、いずれの時点でも、高齢のコーホートほど、若者よりも自民党と共産党の距離が離れていると認識している（第2章参照）。たとえば、2004年では、1914年から1928年生まれの有権者の間での、自民党と共産党の主観的な距離は5・6であったのに対して、若いグループになるほど単調に縮まっていき、1974年生まれから1988年生まれの有権者の間では2・2に過ぎなかった。

次に、「回答者のイデオロギー位置」を「回答者自身とその政党の間の距離」に変えて、前節と同様の分析を行った。分析結果は表3・5に示した。その政党とのイデオロギー距離が近いほど（数値が小さいほど）、その政党に投票をする（1＝投票した）ため、負の回帰係数が想定される。前節と同様に、イデオロ

表 3.4　イデオロギー位置に関する認識（平均値）（1983-2010 年）

		1983	1995	2004	2010
サンプル全体					
自己		0.40	0.01	0.40	0.28
自民党		3.11	2.35	2.30	0.10
社会党／民主党		-2.05	0.04	0.31	1.70
共産党		-3.46	-2.08	-2.17	-0.91
教育程度ごとにサンプル分割					
自己	教育程度：低	0.63	0.30	0.67	0.48
	教育程度：中	0.36	0.05	0.44	0.32
	教育程度：高	0.07	-0.19	0.18	0.15
自民党	教育程度：低	2.85	2.23	2.42	0.83
	教育程度：中	3.05	2.36	2.15	1.59
	教育程度：高	3.68	2.51	2.41	2.14
社会党／民主党	教育程度：低	-2.17	-0.14	0.54	0.48
	教育程度：中	-2.06	-0.10	0.26	0.14
	教育程度：高	-1.91	0.27	0.21	-0.11
共産党	教育程度：低	-3.40	-2.40	-2.72	-1.50
	教育程度：中	-3.44	-2.20	-2.26	-1.05
	教育程度：高	-3.66	-2.13	-1.86	-0.61
年齢ごとにサンプル分割					
自己	1914-1928 年生まれ	0.78	0.67	1.02	
	1929-1943 年生まれ	0.09	0.05	0.74	0.61
	1944-1958 年生まれ	0.17	-0.15	0.18	0.28
	1959-1973 年生まれ		-0.44	0.14	0.08
	1974-1988 年生まれ			0.09	0.00
自民党	1914-1928 年生まれ	3.39	2.61	2.74	
	1929-1943 年生まれ	3.14	2.42	2.66	1.46
	1944-1958 年生まれ	2.95	2.42	2.41	1.79
	1959-1973 年生まれ		1.81	1.90	1.93
	1974-1988 年生まれ			1.40	1.46
社会党／民主党	1914-1928 年生まれ	-2.44	-0.40	0.72	
	1929-1943 年生まれ	-2.17	-0.41	0.50	0.46
	1944-1958 年生まれ	-1.70	0.31	0.53	0.14
	1959-1973 年生まれ		0.78	-0.16	-0.10
	1974-1988 年生まれ			-0.18	-0.40
共産党	1914-1928 年生まれ	-3.77	-2.61	-2.89	
	1929-1943 年生まれ	-3.49	-3.01	-2.89	-1.90
	1944-1958 年生まれ	-3.22	-1.75	-2.45	-1.38
	1959-1973 年生まれ		-0.92	-1.14	-0.07
	1974-1988 年生まれ			-0.81	0.37

注 : -5= 革新的；5= 保守的
データ : JES I, JES II, JES III, Waseda-CASI 2010

表 3.5　投票選択モデルにおけるイデオロギー距離のロジスティック回帰係数（まとめ）

	1983	1995	2004	2010
自民党投票	-0.34**	-0.24*	-0.28**	-0.07
社会党／民主党投票	-0.36**	-0.16	-0.26**	-0.02
共産党投票	-0.17	-0.21	-0.16	-0.10

** p< .01; * p< .05; + p< .10
データ : JES I, JES II, JES III, Waseda-CASI 2010

ギー距離についての結果が単純に政党支持を反映するだけにならないように、政党感情温度（と他のデモグラフィック変数）を投入することで統制した。分析結果は、表3・1（83ページ参照）の結果とほぼ同じである。

分析の結果、二大政党に比べて、共産党への投票の回帰係数はいずれの時期においても一貫して統計的に有意ではなく、保守・革新の両極の政党については、イデオロギー投票がされやすいという仮説は再び支持されなかった。イデオロギー距離は、革新側で予測ほど大きな役割を果たしていない一方で、保守側では自民党の回帰係数が2004年までは統計的に有意であり、イデオロギー的に近接している有権者からの票を一貫して集めているといえる。

顕著なのは、3政党すべてにおいて2010年は係数が大幅に小さくなっており、統計的にも有意な影響は見られないことである。その理由は表3・4から垣間見える。つまり、過去と比べて政党位置（認知）が真ん中に寄り、脱分極化によって、有権者はイデオロギー的な違いを重視しなくなったのである。

独立変数を「イデオロギー自己位置」から「個々人の位置と政党との距離」に変えても、表3・2（84ページ参照）と表3・3（85ページ参照）の結果と同様の結果が表3・6と表3・7でも繰り返されている。[11]

教育程度ごとのグループでの違いについて見ると、自民党投票についての結果は、教育程度の高い有権者ほどイデオロギー投票を行っており、その傾向は

表 3.6　投票選択モデルにおけるイデオロギー距離のロジスティック回帰係数（まとめ）：教育程度ごと

	1983	1995	2004	2010
自民党投票				
教育程度：低	-0.36**	-0.13	0.06	-0.17
教育程度：中	-0.32**	-0.24*	-0.33**	0.09
教育程度：高	-0.31*	-0.33*	-0.48**	-0.31*
社会党／民主党投票				
教育程度：低	-0.42*	-0.93*	-0.41*	0.20
教育程度：中	-0.40**	0.01	-0.31*	-0.17*
教育程度：高	-0.26+	-0.13	-0.11	0.05
共産党投票				
教育程度：低	0.14	0.29	0.00	-0.64
教育程度：中	-0.46*	-0.23	-0.08	-0.13
教育程度：高	-0.03	-0.39	-0.31	0.08

** p< .01; * p< .05; + p< .10
データ：JES I, JES II, JES III, Waseda-CASI 2010

時を経るにつれて強くなっていっている。政党位置は収斂しており、義務教育のみの有権者はイデオロギー近接性に基づいて投票をしなくなっている。共産党投票においてはほとんど影響がないという結果も含めて、表3・2（84ページ参照）の結論と同様である。

しかしながら、社会党と民主党の分析結果は異なる。イデオロギー近接性は、教育程度の高い有権者がこの2政党に投票することにほとんど影響を与えていない。少なくとも2000年代までは、民主党は明確なイデオロギー的なスタンスは提示していなかったし、社会党の場合、かつての強固な左派的な要素が、自民党と連立を組んだ1990年代中盤までに減退し、その事実を、まず教育程度の高い有権者が理解したためであるとも推測できる。

表3・7が示しているのは、イデオロギー近接性を用いて投票選択をしているという関係は（共

表 3.7　投票選択モデルにおけるイデオロギー距離のロジスティック回帰係数（まとめ）：コーホートごと

	1983	1995	2004	2010
自民党投票				
1914-1928 年生まれ	-0.27*	0.03	-0.55*	
1929-1943 年生まれ	-0.34**	-0.37*	-0.15	-0.03
1944-1958 年生まれ	-0.42**	-0.18	-0.39**	-0.09
1959-1973 年生まれ		-0.17	-0.24+	-0.13
1974-1988 年生まれ			-0.69	-0.17
社会党／民主党投票				
1914-1928 年生まれ	-0.55**	-0.29	-0.20	
1929-1943 年生まれ	-0.22+	-0.16	-0.45**	0.16
1944-1958 年生まれ	-0.39*	-0.06	-0.22	-0.11
1959-1973 年生まれ		-1.33	-0.11	-0.01
1974-1988 年生まれ			0.10	-0.09
共産党投票				
1914-1928 年生まれ	-0.09	0.34	-0.68	
1929-1943 年生まれ	-0.11	-0.32	0.03	-0.37
1944-1958 年生まれ	-0.28	-0.69	-0.06	0.06
1959-1973 年生まれ		-0.32	-0.20	0.07
1974-1988 年生まれ			NA	-0.33

注：2004 年の 1974-1988 年生まれグループには共産党へ投票した回答者がいない
** $p < .01$; * $p < .05$; + $p < .10$
データ : JES I, JES II, JES III, Waseda-CASI 2010

産党投票については見られないもの）、高齢の世代にのみ認められるということである。１９５９年以降生まれのコーホートは、自分のイデオロギー位置に近い政党に投票する傾向はない。

さらに、２０１０年になると、激しい政党対立の時代に社会化された高齢のコーホートでさえもイデオロギー投票は見られない。表３・３（85ページ参照）と比べると、イデオロギー投票が減退しているという仮説はいまや確かに支持されている。高齢の世代ほど徐々に政治舞台から去っていくため、イデオロギー投票の現象だけでなく保守・革新イデオロギー自体も、日本の政党政治から廃れていく可能性がある。

そのような予測は、大政党が共産党よりも左側や自民党よりも右側に登場し、イデオロギーの収斂の傾向を止め、逆戻りさせることはないという未来を仮定している。

１９９０年代前半、多くの新党が競争に参入した一方で、ほとんどの政党が合併か選挙での大敗ですぐに退場していった。前章で見たように、２００９年に結成されたみんなの党は若い有権者に革新的な政党と捉えられたが、次の選挙サイクルには、新たに結成された日本維新の会によってその地位を取って代わられてしまった。みんなの党の創設者自身は、自らの政党を保守的であると公言し、その後、みんなの党は内部分裂を起こして解党された。

本章の分析結果に加えて、この事例は、イデオロギー・ラベルがいかに曖昧になっているかということ、そして、イデオロギー投票の減退という傾向は逆戻りしないだろうという予測に支持を与えるものである。

7節　結論

主要政党のイデオロギー位置が中央に収斂していくような政党システムの変化を背景としつつ、本章は、日本の有権者が投票先を決定する際にイデオロギーがいまだに重要であるのか、もし重要なら、その程度は教育や年齢によってどの程度異なるのかを検討した。「左」「右」と同様、「保守」「革新」のようなイデオロギー・ラベルは、政治情報を要約し投票選択を単純化するショートカットの役割を果たしうる。過去四半世紀にわたって、イデオロギーは自民党への投票の動機となってきた一方で、同じことは共産党への投票には当てはまらない。つまり、本章の分析結果は、イデオロギー投票は中央から離れた政党に対してよく見られるという仮説を支持しない。

また、本章では、投票選択の際にイデオロギーを手がかりとして利用できるかどうかは、一般的な認知能力に影響を受けるという予測を立てた。分析の結果、教育程度の低い有権者は教育程度の高い有権者ほど、イデオロギーの自己位置や近接性を用いて投票を行ってはいないことが明らかになった。

さらに、本章では、各党が異なる政策立場をとっていた冷戦期に社会化された有権者が、分極化の度合いの低い政治環境下で育った若い世代に比べて、投票選択に際してイデオロギーを考慮する傾向があるかを検証した。実証分析の結果は、この社会化仮説について、決定的というほどの支持を与えるものではなかった。

イデオロギーは戦後すぐの時期に社会化された世代では、多くの場合、影響を与えていたが、2010年ではそのかぎりではなかった。他方で、冷戦終結後に投票権を得たコーホートでは、二大政党のうちの一つでは、イデオロギーの自己位置は投票決定要因となっていた。この結果は、イデオロギー投票は「コーホートによって異なるが、『世代』効果と解釈できるほど体系的なものではない」、という西欧諸国の経時的な分析の知見とも整合的である（Van der Eijk et al. 2005）。

これらの分析結果を解釈するために、3つの変化について考えるべきである。

第一に、近年の多くの研究がイデオロギー投票における分極化の重要性を強調している（Dalton and Anderson 2011; Freire 2008; Lachat 2008）。政党や候補者のイデオロギー位置がお互いに離れていれば、有権者は選択肢を区別するのが容易になり、投票時にイデオロギーを手がかりとして利用するようになる。冷戦期においては、自民党が片方の極に、社会党と共産党がもう片方の極にいて、非妥協的に外交や防衛政策（経済政策や社会争点ではないにせよ）で反対の立場をとっており、ほとんどの有権者はこれらの政党のイデオロギー位置を特定するのに難しさを感じなかった。しかしながら、冷戦が終焉を迎え、かつて革新側の極にいた政党が衰えていったとき、政党競争は脱分極化し、イデオロギー投票の範囲が狭まっていったのである。

第二の変化として、政権交代可能な二大政党制の確立を目的とし、衆議院の選挙制度改革が１９９０年代前半に実施されたことが挙げられる。新しい小選挙区比例代表並立制が、どのようにこの目的を達成するかについての詳細についてはここでは触れないが、イデオロギー投票研究の文脈では、日本の選挙キャンペーンがより政党中心のものになった（候補者中心ではなく）、という点に触れることは重要である。２０００年代前半以降、政党がマニフェストを選挙前に提示するようになったという事実がこのことを裏づける。有権者が候補者の特徴より、むしろ政党の政策を基に投票するようになって、イデオロギーが大きな役割を果たすようになると予測されるかもしれない。しかしながら、それは政党が顕現性の高い政策争点において明確に特徴のある立場をとるかにかかっており、実際にはそのようなことは多くは起こらないのである。

第三に、保守・革新の意味自体が変化しているという2章の知見が挙げられる。自民党を保守、共産党を革新と記述することは、学術的にもジャーナリスティックにも広く共有されており、専門家調査でも実証的に確認されている（Kato and Laver 1998; 2003）。しかし、戦後のイデオロギー対立が、実際の経験というより歴史の教科書の一部である若い有権者の間では、このパラダイムが通用するかは疑問である。今日の若い有権者の間で、自分が革新であるという認識と、共産党に投票することに関連がないことについて、従来からの説明であれば、それは政治知識がないためであると論じるだろう。しかし、2章で指摘したとおり、若い有権者は「革新」という用語が何を意味するかについて異なる理解をしており、そのため共産党（と社民党）を革新とはみなさないという他の解釈も成り立ちうる。

これは、他の先進民主国家とは異なり、日本の共産党は若い有権者からは左翼勢力とは見られていないということを意味するのだろうか。それとも、「革新的」と「左派」は若い有権者にとって異なった意味を持ち、そのため左翼政党は革新政党ではなく、逆もまた同様なのだろうか。イデオロギー・ラベルの等価性をめぐる疑問については5章で詳細に検討する。

第4章　イデオロギーと政治参加

1節　はじめに

一般市民による政治的意思決定過程への参加は、民主主義を基礎づけ、向上させるものとして、長い間賛美されてきた。政治活動への参加は、有権者の政治的有効性感覚や政治に対する信頼を高めると研究者は断定し、民主主義の質と市民の政治的関与の程度を結びつける議論を展開してきた（Barber 1984; Pateman 1970）。代表的な参加形態である選挙では、多くの国で投票率が低下しているが（Blais et al. 2004; Franklin 2004）、このことは民主主義に対する幻滅の広まりを必ずしも意味しているわけではない。投票の代わりに、抗議活動のような、それほど一般的ではないが、より直接的な利益表出のチャネルに多くの人が向かっている（たとえば、Barnes et al. 1979; Dalton 2004; Norris 2002）。

政治参加に関する多くの先行研究は、政治に関わるようになるための個々人の意欲と能力に着目している。[1] 本章で特に取り上げるのは、政治参加を刺激するものとしてのイデオロギーの役割である。いくつかの研究は、個人のイデオロギーと政治参加、とりわけ抗議運動への参加の間に関連があることを指摘し、右派よりも左派の有権者のほうが、より抗議運動に関わりやすいことを示している（Barnes et al. 1979; Finkel and Opp 1991; Gundelach 1995）。しかしながら、近年の多くの研究が指摘するのは、極右支持者による参加の増大である（Grande and Kriesi 2012; Macklin 2013）。このことが示唆するのは、イデオロギーの影響は左派対右派という対抗だけではなく、穏健派対急進派という対抗でもありえるということである。

右に引用してきたほとんどすべての先行研究は、欧米の民主主義諸国の分析を基にしているが、これらの知見が、歴史的な軌跡や政治経済の発展の異なる他の国々に、どの程度適用可能であるかという疑問も生じる。本章では様々な形態の政治参加とイデオロギーとの間の結びつきについて、日本をケースとして検討することで、政治参加についての先行研究にも貢献する。その際、選挙制度と政党システムの変化を経験した時期のデータを分析することで、この関係の変化と継続を明らかにする。

本章の構成は以下のとおりである。次節で政治参加一般とイデオロギーの影響に関する重要な先行研究を紹介し、3節では日本の政治参加について関連する研究をレビューする。4節では分析に用いるデータと変数を紹介し、実証分析の結果は5節で示す。最後の節では結果をまとめ、その結果をより広いコンテクストに位置づける。

2節　誰が参加するか

競争しているエリートの中から誰かを選ぶということが、代議制民主主義における市民の役割であるという前提（Schumpeter 1942）に沿うと、政治参加は「政府の人員選択および／もしくはその人員がとる決定に対して、多かれ少なかれ影響を与えようとするような私的な市民による活動」（Verba and Nie 1972, 2）と伝統的に定義されてきた。しかし、ヴァーバとナイによる古典的な研究以降、この限定的な役割は、自らの意見を表明し実現を目指す利益表出について、もっと直接的な手法を包含するようになり（たとえば、Barber 1984; Gould 1988）、参加の「慣習的な」チャネルだけでなく、「非慣習的な」チャネルも含むようになった（Cain et al. 2003; Clarke et al. 2009）。Inglehart and Klingemann（1979, 209）は、非慣習的な形態の参加のことを「エリート挑戦」（elite challenging）行動と呼び、ボイコットやデモへの参加は「エリートへの対処法を知っており、エリートが望むものとは異なるものを欲するときに起こりやすい」と論じた。

他方、慣習的な形態の参加は、特定の政策やその実施について変化を求める一方で、それにもかかわらず既存の政治制度や政治過程の正統性を暗黙のうちに追求するような活動であり、「システム支持」（system-affirming）行動とも呼べる。例としては、コミュニティや近隣組織への参加、国政議員や地方議員への接触などが挙げられる。

政治参加の形態を分析するとき、様々な分類が使われてきた。Verba and Nie（1972）は、投票、選挙運動、接触、協力という分類を行った。Parry et al.（1992）はイギリスにおける参加に関する研究で、６つのカテゴリー（投票、選挙運動、接触、集合行動、直接行動、暴力）に分類した。Kornberg and Clarke（1992, 236）は様々な関与の形態を、（1）選挙―それ以外の活動、（2）言語志向―行動志向、抗議運動に関連して、（3）対立的―非対立的、という3つの次元で分類した。

これらの研究を考慮して、本章では、投票参加、選挙運動関連行動、システム支持行動、エリート挑戦行動の４つのカテゴリーを用いて分析を行う。

Verba et al.（1995）の有名な研究では、なぜ人々が政治参加をしないのかについて、（1）政治参加できない、（2）したくない、（3）誰も頼まないという3つの理由を挙げた。

１つ目は、しばしば議論されるが、社会経済的地位に起因する障害に関するものである（Verba et al. 1978; Wolfinger and Rosenstone 1980）。時間、財産、社会的つながりを豊富に有している人ほど、個人でもグループでも、行動するときに、これらのリソースを用いるだけの余裕がある。

3つ目の点（誰も頼まない）は、ネットワークや動員のことを指している。研究者は長い間、個人がどの程度参加するかは、その人が誰と関わっているかにかなり影響されうると指摘してきた（Giles and Dantico 1982; Huckfeldt 1979; Kenny 1992）。それは教会や労働組合、様々な市民組織による接触と勧誘のパターンとも関連している。さらに、政党は長い間、有権者を動員する重要な役割を果たしてきた（Karp et al 2008）。最も顕著なのは選挙のときだが、選挙のない時期でも、政党は様々な法案への賛否を集約し、表明するエージェントとしての役割も果たしている。

参加したくないという先述の2つ目の理由は、インセンティブの問題として捉えられる。政治学における最も有名な数式は投票の計算式である（R＝PB－C; Downs 1957）。自分が望ましいと思う政党や政治家が勝つことによって得られるであろう効用（B）と、自分が投票に行って選挙結果を変えられる確率（P）の積から、投票をすることのコスト（C、たとえば、政党や政治家に関する情報の収集、投票所までの移動コスト）を引いた数字に基づいて、投票に行くかどうかを有権者は決める、というものである。そこに、市民としての義務感や政治システムへの支持表明から来るような、投票参加という行為自体についての満足感（D）をこの式に付け加える場合もある（R＝PB－C＋D; Riker and Ordeshook 1968）。

他のモードの政治参加についても同様の計算は当てはまりうる。投票と比較して、これらの行動（政治家への接触や、署名集め、選挙運動でのボランティア、抗議運動への参加など）は、時間、労力、資金、組織といったリソースという点でより強い関与を必要とする。

そのため、参加のためには、より大きなインセンティブが必要だと考えられる。そのようなインセンティブは、イデオロギーによってしばしば要約されるような、深く根づいた価値観と確固たる政策選好から生じうる。右と左を分け隔てるような政策争点については多くの例があるが、イデオロギーの両極の急進派と、中央に位置する穏健派との間に対立をもたらすような要因が存在する可能性についても考察する価値があるだろう。これらの命題については以下で詳述し、検証する。

多くの研究が政治参加、とりわけ抗議行動に関して左右の相違を強調してきた。保守と革新が、それぞれイデオロギーの右と左と一致するかぎりにおいて、左派にとって抗議行動に参加するインセンティブが大きいのは、現状からの変化を志向しているという点からも当然のことであろう。左派の信条自体が抗議行動を規範的に容認しているので、左派は抗議行動に参加する傾向があるとFinkel and Opp（1991）は主張している。

他の研究も非慣習的な参加のチャネルと、リバタリアン的あるいは脱物質主義的価値観との関連を指摘しているが（Barnes et al. 1979; Gundelach 1995; Inglehart 1990）、これらの価値観は共通して左派と関連している。Hutter and Kriesi（2013）によれば、意見表出の方法について、右派が選挙というチャネルを好むのに対して、左派は抗議行動を頼りにしている。Torcal et al.（2016）による欧州26カ国の国際比較の結果、左派的な志向と抗議行動との間の密接な関連は、有権者個々人と政府のイデオロギー距離を統制して分析しても、統計的に有意なままであった。以上から、次のような仮説を導き出せる。

仮説1：現状点からの変更という要求から、左派的なイデオロギー志向を有する有権者は、右派的なイデオロギー志向を有する有権者よりも政治に参加する傾向がある。

しかしながら、積極的な政治行動は決して左派だけの専売特許ではない。いくつかの研究は、急進右派による政治参加の台頭について明らかにしているが（たとえば、Grande and Kriesi 2012; Van Aelst and Walgrave 2001）、これらの研究は、イデオロギーの左右と政治参加の間の関係が、左派であるほど政治参加の頻度が上がるという線形の関係ではなく、イデオロギー次元の両極における急進主義が、積極的な政治参加を促すというU字型の非線形の関係である可能性を提起している。

このことは抗議行動だけにとどまらない。先行研究が確認しているように、選挙運動（Miller et al. 1986）やイシューアドボカシー（特定の政策争点についての啓発広告行動、Scott and Schuman 1988; Verba and Brody 1970）との関連でも確認される。

近年の国際比較研究は、急進派は穏健派よりも投票以外の様々な行動において、実際に積極的に参加する傾向にあることを実証的に確認している（Van der Meer et al. 2009, 1439）。さらに、イデオロギーの左端だけでなく右端でも同様に、選挙以外の政治参加をすることを規範的に正当化するロジックが存在する（Grundy and Weinstein 1974）。これらから次のような仮説が導かれる。

仮説2：自らの信念に強いコミットメントを有しているため、イデオロギーの両極に位置する急進的な有権者は、穏健的な有権者よりも政治に参加する傾向がある。

本章では、イデオロギーの影響の他に、政治関心と政党支持の影響も検証する。政治に関心のある有権者が、より参加しやすいということは直感的に理解できるし、政治行動の全領域にも適用できるだろう。

政党支持はしばしばイデオロギーと部分的に重なるとはいえ、分析上は異なるものであるし、政策選好以外の理由から動機づけられているかもしれない。選挙過程において政党は最も大きな利害関係を有しているので、政党支持を有しているものは投票参加に動員され、選挙運動を手伝う傾向があると考えられる。

3節　日本における政治参加

日本における政治参加研究の対象は、投票参加に集中している（たとえば、蒲島 1988、例外として山田 2004；荒井 2014）。他の行動への参加が比較的少ないことを考えれば、このことは驚くべきことではないだろう。平野（2012）が述べるように、投票以外の参加形態は、普及しているとはいいがたい。それだけでなく、1970年代から2000年代の間で縮小傾向を示している。たとえば、世論調査における「政治家や官僚に接触した」という回答はこの期間、15％から6％に減っており、デモへの参加についても1970年代ですら8％に過ぎなかったのが、2000年代後半には1％以下となった。

このことはおそらく部分的には、政治参加忌避意識が広がったことに起因する（西澤 2004）。政治目的が明確でないような行動でさえ、しばしば党派的な関心と関連していると見られるため（境家 2013；山口他 2012）、多くの一般市民が参加を避ける。

これらの参加率の低さは、戦前から続いていた権威主義的文化の遺産というわけではない。平野が強調するのは、その時期に社会化した今日の高齢者は、いまでも積極的な参加者であり、それに比べて、その子や孫の世代では参加が減っているという事実である。

明らかな世代効果がここでは見られ、市民的関与に最も積極的であったコーホートは、１９７０年代には30代だったが、１９８０年代には40代、１９９０年代には50代、２０００年代には60代であった（平野 2012, 145-146）。日本では、すべての形態の政治参加において、若いコーホートが積極的でなくなっているが、他の先進民主主義諸国では若い世代の様々な形態の政治参加が増加していることとは対照的である。

日本において、イデオロギーが政治参加にどのように影響を与えているか、という問いはそれほど分析されていない。政党支持がいくつかの参加形態に影響を与えている一方で、イデオロギー自体は影響を与えていないと山田（2004）は報告している。野党を支持している層が請願書に署名したりデモに参加したりしていることから、この研究が示唆するのは、選挙における勝者対敗者というダイナミクスによって、政治参加は予測されるかもしれないということである。実際、池田（2007）は、党派性を統制しない場合、革新であるほど選挙以外の活動に参加する傾向にあるということを示している。さらに、政党支持とイデオロギーが完全には重なり合っていないということも留意すべきであろう。

秦（2015）はイデオロギー穏健派と急進派を区別し、急進派は自らの主張の強さと、組織的ネットワークを通じた動員の両方によって参加するように動機づけられるが、穏健派が参加を動機づけられるのは、動員を通じた場合だけであることを明らかにした。この研究はイデオロギーが投票参加に与える影響を線形ではなく、両極の急進派は高く、真ん中の穏健派は低いというU字曲線で捉える重要性を示しているが、１９９７年のデータのみに依拠し、一時点だけの分析に留まっている。

本章では、様々な政治参加形態について、右派対左派仮説および急進派対穏健派仮説の両者を検証する。さらに、調査データを過去四半世紀に広げ、経時的な変化についても捉えることを試みる。

4節　データと変数

先述の2つの仮説を検証するために、ＪＥＳⅠ（1983年）、ＪＥＳⅡ（1993年）、ＪＥＳⅢ（2003年）、ＪＥＳⅣ（2010年）を用いる。すべてのデータは面接調査で実施されたものである。

従属変数は4つの形態の政治参加について、それぞれ参加したか参加しなかったかのダミー変数とした。「投票参加」については、その調査が行われたときの選挙で投票をしたか、しなかったかを尋ねる質問を用いた。その他の3つのカテゴリーでは、様々な政治参加について過去5年間に参加したか否かを尋ねた質問を用いた。「選挙運動」カテゴリーには選挙運動の手伝い、政治集会への参加、政党や候補者への寄付が含まれる。政治家や地元の有力者への接触や請願や陳情の実施、自治会や町内会という近隣住民組織での活動といった既存のチャネルを通じて、自らの利益について表明するような選挙外運動については、「システム支持行動」とした[2]。住民運動や市民運動への参加とデモへの参加は、Inglehart and Klingemann (1979, 209) の定義に従って「エリート挑戦行動」と分類した[3]。

1993年総選挙まで用いられた中選挙区制下では、一つの選挙区で同一の政党の候補者が互いに票を奪い合うような選挙戦を行ってきたが、その遺産として、選挙区レベルでの政党支部（とりわけ自民党）は十分に組織されてこなかった（Krauss and Pekkanen 2011）。その代わり選挙運動の多くは、地域の利益や社会的、恩顧主義的なネットワークを基礎とした候補者の後援会組織に依拠してきた。日本の選挙運動規制は、選挙運動期間中の戸別訪問を禁じており、自分のことや政策について知らせるためには、候補者たちは政治集会を開く必要がある。選挙運動期間中、後援会のメンバーの多くは事務所スタッフとしてだけでなく、ポスターを貼るなど、路上においても選挙運動を手伝う。

近隣住民組織（町内会、自治会）への参加については「システム支持」と分類した。というのも、近隣住民組織は政府権力と近い関係にあるからである。[4] Pekkanen et al.（2014, 5–6）の詳細な分析によれば、近隣住民組織は「政策のスムーズな実行と地域の要求の表出について政府と協働していることに特徴がある」。長い間政府によって統制されていることと、本質的に規模とリソースに限界を抱えていることから、政府権力との対立ではなく協力という戦略は、近隣住民組織にとって論理的な帰結である。近隣住民組織への参加は、日本において最も一般的な市民参加であり、およそ30万の組織が日本中にあるが、ほとんどのメンバーは清掃やごみ収集の手伝い、地域の祭りの運営、回覧板の受け渡し以上の活動には参加していない。

市民運動や住民運動は政党や政治家とは結びつかないこともしばしばだが、既存の政策を変更したり新しい政策を作ろうとしたりするかぎりにおいて、このような運動への参加は政治的と特徴づけることができる。日本における初期の運動例として、公害運動や消費者運動が挙げられる。他にも、平和からジェンダー平等まで様々な目標が唱えられている。１９７０年代の市民運動のいくつかは、保守的な中央政府に対抗して革新首長への支援へと向かった。このことからも、市民運動への参加を「エリート挑戦的」とみなすことはできるだろう。

表４・１にそれぞれの参加の分布を示した。投票率の過大報告はほとんどの世論調査に共通の問題であるが、１９９０年代以降の選挙では、実際の投票率とそれぞれの世論調査における投票率が20％以上乖離

していることは留意すべきであろう。[5] 実際にはこの間、投票率は下がっている。しかし、不正確な記憶とイデオロギーとが相関しないかぎりにおいて、過大報告は従属変数の分散を減少させる以外、仮説検証にそれほど大きな影響を及ぼさない。

選挙運動およびエリート挑戦行動は、両方とも分析期間、参加が減少している。後者について1980年代は10％であったのが、2010年までにわずか3％にまで下がった。（過大報告された）投票率の他に、システム支持行動は参加者の割合が増えた唯一のカテゴリーである。近隣住民組織への参加の増大がかなりの程度、影響している。政治家や地元の有力者への接触はおよそ半減し（20％以上から10％へ）、請願書への署名は一貫して低い。[6]

この後の分析では、それぞれの参加の形態について、二分法（参加したか、しなかったか）でコードし直した変数を用いる。投票率はもともと投票した／しなかったの2値しかとらない変数であるため、ロジスティック回帰分析を行う以外に方法はないが、残りの3つの従属変数について、表4・1のように参加した「行動の幅」を従属変数とすることも考えられる。ただし、方法論的な一貫性から、本章では、それぞれについて参加したか否かというダミー変数として、ロジスティック回帰分析を用いることにした。

イデオロギーは、有権者の保守・革新イデオロギーでの自己位置質問への回答を用いる。他方、イデオロギー強度については中点からの距離を計算し、数字が高いほどイデオロギー急進派であるという指標にした。一般的に用いられる人口統計学的属性（性別、教育程度、世帯収入）に加えて、政治関心と政党支持も独立変数に含めた。[7]

政治への関心がある人や政党支持のある人はモチベーションも大きいだろうし、政党支持のある人はさ

表 4.1　政治参加の経験

	1983	1993	2003	2010
投票参加（%）	74.6	90.5	89.4	90.0
N	1767	2210	2264	1706
選挙運動の数				
0	66.7	82.3	75.6	79.0
1	18.1	11.3	15.9	15.2
2	11.3	4.9	6.2	4.2
3	4.0	1.5	2.3	1.6
N	1693	2264	2268	1707
システム支持行動の数				
0	72.0	83.8	63.4	59.1
1	12.8	9.3	25.7	32.5
2	6.8	4.2	6.0	4.8
3	5.6	2.1	3.6	2.7
4	2.8	0.7	1.3	0.9
N	1679	2263	2259	1707
エリート挑戦行動の数				
0	89.6	93.6	94.3	97.0
1	8.3	5.6	5.1	2.9
2	2.1	0.8	0.7	0.2
N	1714	2263	2268	1707

データ：JES I, JES II, JES III, JES IV

らに政治的に関与するように組織的なサポートを受けるだろう。年齢と投票率の相関はよく知られており、先進民主主義諸国においては、選挙運動やシステム支持行動でも同様であろう。というのも、高齢層ほど意見表出の経験が豊富で、政策形成の帰結に大きな利害関係を持ちやすいためである。他方で、若い有権者ほど抗議行動のようなエリート挑戦行動に関わる傾向があるかもしれない。

そのうえで、本章では、3章の後半の分析と同様に、回答者をコーホート（1914－1928年生まれ、1929－1943年生まれ、1944－1958年生まれ、1959－1973年生まれ、1974－1988年生まれ）ごとに分割して、それぞれについてロジスティック回帰分析を行う。統制変数についての分析結果については省略し、イデオロギー、イデオロギー強度、政党支持、政治関心の4つの独立変数の結果を中心に議論する。

5節　実証分析

従属変数について世代ごとにその分布を図示したのが図4・1である。表4・1とは異なり、投票参加以外の3つの参加形態についても、ダミー変数を用いて「参加率」を表示している。当然のことながら、最も若いグループは1980年代のデータには含まれない。最も高齢のグループも、2010年代のデータでは人数が少なすぎて分析ができない。なお、図の縦軸の尺度が「投票参加」のみ異なることに注意されたい。

まず投票率について見ると、どの時期においても、年配の有権者のほうが高く、投票率の差はいつも一番若い年代と他の世代の間に見受けられる。つまり、驚くことではないが、いつの時期でも最も若い年齢の有権者が最も投票をしないのである。

この図から、若い世代も年齢を重ねれば、投票率が上がる傾向があることに安心するかもしれない。この投票率の向上を見て、若者は投票習慣を素早く身につけると解釈するかもしれないが、その向上のペースは近年、スローダウンしている。たとえば、1944-1958年生まれは1983年から1993年の間に23%ポイントの増加が見られるが、1959-1973年生まれは1993年から2003年の間で5%ポイントしか増加していない。世論調査での投票率は実際の投票率よりもかなり高いので、実際の投票率もまったく同様の割合で起きているとはかぎらないが、実際の投票率でみてもこの傾向は確認でき

図4.1　コーホートごとの政治参加

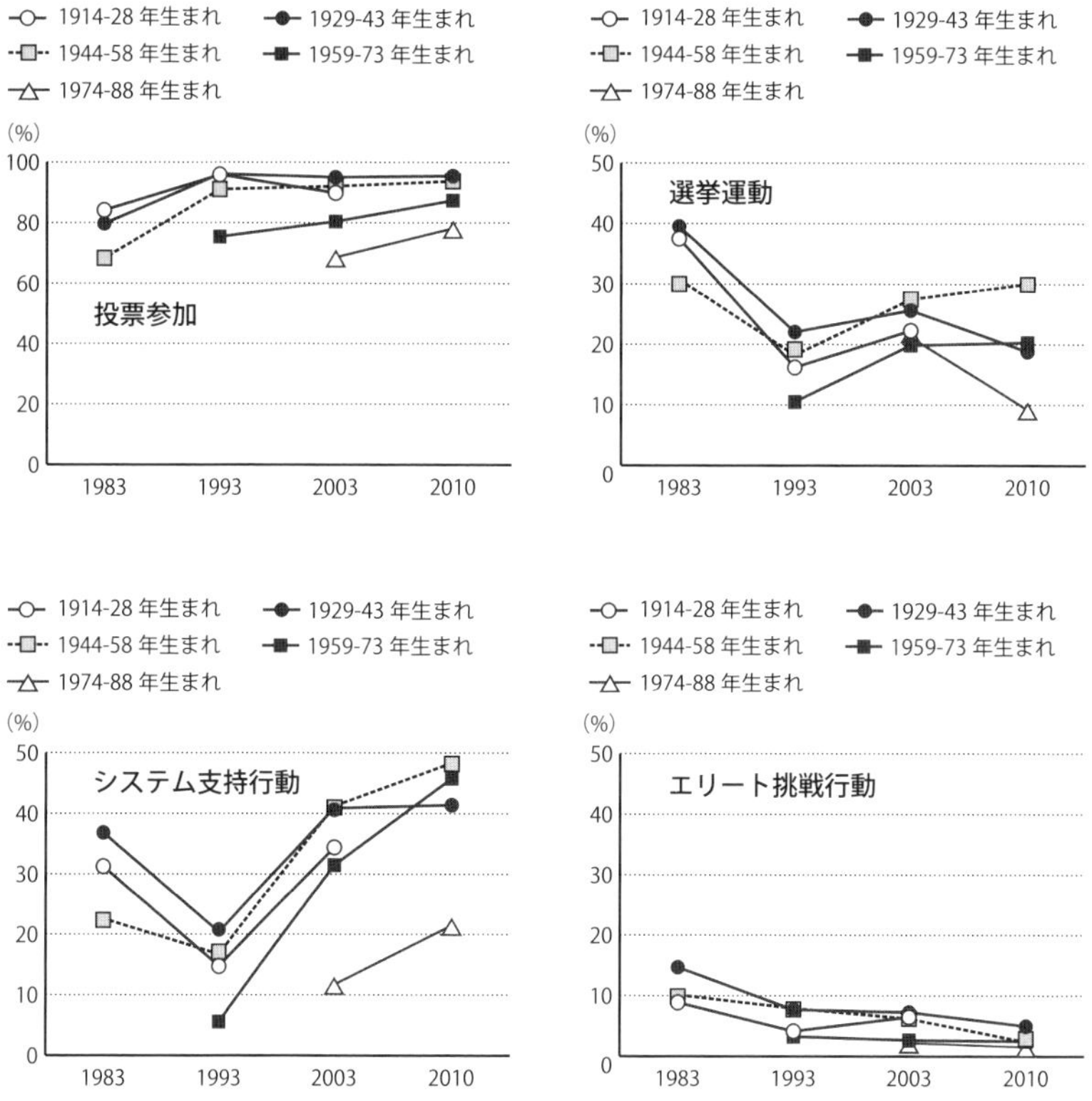

注：距離は 0-10 までの値をとる
データ : JES I, JES II, JEDS 96, JES III and Waseda-CASI 2010

る。

投票率と同様に、選挙運動についても年配層の参加率のほうが高い。投票率との最も重要な相違は、投票率の増加が成人期の最初の20年くらいで見られ、その後、比較的安定するのに対して、選挙運動については必ずしもそのようなパターンを示さないということである。たとえば、1929－1943年生まれについては、1983年には40％程度の参加率であったが、20年後には25％程度に低下する（身体的な負担もあり、2010年に20％以下にさらに低下する）。同様に、一番年少のコーホートでは、2003年に20％が参加したと回答しているのに対し、2010年にはその数字は半減している。顕著な増大が見られる唯一のコーホートは1959－1973年生まれであるが、その理由の一部は、初期の参加率が10％と他のコーホートよりも低いことにある。

システム支持行動の傾向は、それぞれのコーホートで年を経るごとに参加率が上がるという投票率のパターンと類似している。この活動がコミュニティでの交流によって成り立っていることを思い出せば、このことは理解しやすい。コミュニティに長期間、定着している人のほうが、このような活動に関わるインセンティブがあるといえよう。こうした説明は、当然ながら、在学中であったり仕事を始めたばかりであったりする若者よりも、中年や高齢の市民に当てはまりやすい。

1993年には、これらの活動について参加したと答えた1959－1973年生まれの人々は、5％しかいなかったが、10年後にはおよそ3分の1にまで増加しているのが最も劇的な例である。この変化は、このコーホートのほとんどが30代――多くの人が仕事も家庭生活も確立する時期――のときに起こっている。同様の増加は1974－1988年生まれでも観察でき、他の世代の経験も踏まえれば、加齢するごとにさらにこの手の参加は増えるだろう。

対照的にエリート挑戦行動は、いずれのコーホートも時を経るにつれて低下する。この種の活動について考えるとき、体力をその原因として考えるかもしれないが、それが主要な理由とはここでは考えない。それよりも、世代を超えた一貫した低下は政治的・社会的環境の変化を反映していると考えられる。参加者の数が少なくなりすぎて、図4・1の線を区別するのは難しいが、21世紀の初頭までは年配の層（特に1929－1943年生まれ）のほうがこのような活動に参加しやすい。この傾向を見れば、体力仮説は説得的ではないであろう。

また、他の国であれば抗議活動に積極に携わるような若いコーホートが、彼らの親や祖父母の世代と比べても、エリート挑戦行動に参加しない傾向があるということも注目に値する。こうした無関心が近い将来に反転するような兆候は見られない。

投票参加

次に、それぞれの参加を従属変数としたロジスティック回帰分析を行う。分析結果を解釈する際には、サンプルサイズが小さいために該当する活動に参加する回答者数も少なくなってしまい、従属変数の分散が限定的であることに注意が必要である。

表4・2によれば、全体的に、どの時点、どのコーホートをとってみても、保守・革新イデオロギーでの有権者の位置は投票参加傾向には影響を与えていないといえる（各年でサンプルをすべて合わせても同様である）。イデオロギー強度も、当初の予想と反して統計的に有意な影響を及ぼしてはいない。唯一の

表 4.2　投票参加に関するロジスティック回帰係数（まとめ）

	1983	1993	2003	2010
イデオロギー				
1914-28 年生まれ	0.02	0.00	0.08	
1929-43 年生まれ	-0.03	0.23	-0.04	-0.02
1944-58 年生まれ	-0.08	0.02	0.01	0.22
1959-73 年生まれ		-0.05	0.09	0.07
1974-88 年生まれ			0.04	-0.02
イデオロギー強度				
1914-28 年生まれ	0.20	0.33	-0.10	
1929-43 年生まれ	0.02	0.17	-0.13	-0.19
1944-58 年生まれ	0.11	0.39+	-0.20	-0.30
1959-73 年生まれ		-0.16	-0.17	-0.10
1974-88 年生まれ			-0.12	0.13
政党支持				
1914-28 年生まれ	0.67	2.70*	1.58+	
1929-43 年生まれ	0.30	1.05+	0.79	0.48
1944-58 年生まれ	0.81**	0.91*	1.04+	1.61**
1959-73 年生まれ		1.56**	1.20**	0.59
1974-88 年生まれ			-0.16	0.42
政治関心				
1914-28 年生まれ	0.07	0.23	0.46	
1929-43 年生まれ	0.53**	0.65*	0.25	-0.02
1944-58 年生まれ	0.33*	0.46+	0.95*	0.86*
1959-73 年生まれ		0.43+	0.49+	0.80**
1974-88 年生まれ			0.66	0.71**

** p< .01; * p< .05; + p< .10
データ：JES I, JES II, JES III, JES IV

例外は1993年における1944－1958年生まれである。つまり、イデオロギー的に穏健であるか急進的であるかといったことは、投票するか棄権するかということとは関係がないのである。

さらに興味深いのは、政党支持と政治関心が与える影響である。年齢で分けないときには、両方の変数ともに投票率に影響を与えるが、コーホートで分けて同じ分析をした場合には、世代によるバリエーションが出現する。

1993年には年齢にかかわらず、政党支持がある有権者のほうが投票参加をし、10年後もほとんどの年齢で同様である。しかし、2010年には、この影響は1944－1958年生まれにしか見られない。この世代は、55年体制が確立されていき、政党対立が最も定着した時期に社会化された世代である。対照的に1929－1943年生まれでは政党支持は投票参加に対して影響を及ぼしていない。この世代は政党システムが流動的な戦後直後に社会化された世代であり、1959－1973年生まれ、1974－1988年生まれは、政党が離合集散を繰り返した時期を比較的若い時期に経験している。政党システムの安定性によって、政党支持が投票参加のような政治行動の重要な要因となっていることが推測される。

ほとんどのコーホートで政治関心の高い者ほど投票をしているという結果は、驚くようなものではない。しかしながら、注意を要するのは、この明らかな関係に対する例外であろう。1914－1928年生まれでは、政治関心は投票参加に影響を与えていないし、1929－1943年生まれでも21世紀にはその影響が見られなくなった。これらの回答者は投票を義務と信じて社会化されたので、政治的な出来事をニュースでフォローしているか否かにかかわらず、投票所に足を運ぶのかもしれない。さらにいえば、特に地方に住んでいる年配の有権者は、社会的・組織的なつながりから動員されて、投票参加をするためであるとも考えられる。いずれの説明も、これらのコーホートがすべての選挙で高い投票率を誇ることとも一致する。

選挙運動

保守・革新イデオロギーにおける位置は、選挙運動には影響を与えていない（年齢層で分割しなくても同様である）（表4・3）。唯一の例外は1983年の1944‐1958年生まれである。

年齢層で分割しない場合、いくつかの時点でイデオロギー強度は影響を与えているものの、年齢層で分割する場合、1980‐1990年代では、影響を受けているのは1914‐1928年生まれだけで、2000年代には1944‐1958年生まれだけしかイデオロギー強度が影響を与えていないことは興味深い。言い換えれば、イデオロギーについての急進的な立場は、すべての年齢層に共通して影響を与えているのではなく、ある特定の年齢層だけに影響を与えている。また、2010年代にはいずれの年齢層でも影響が見られなくなることも注目に値する。

同様のパターンは政党支持と選挙運動の関係にも見られる。この2つの間には明らかに直接的な関係があるものの、その効果は特定のコーホートに限られる。

たとえば、政党支持は1914‐1928年生まれでは影響を与えたことはないが、1959‐1973年生まれでは一貫して影響を与えている。特に1959‐1973年生まれにおいて、政党支持は投票参加にはまったく影響を与えなかった一方で、選挙運動への関与についてはつねに影響を与えているとい

表 4.3　選挙運動に関するロジスティック回帰係数（まとめ）

	1983	1993	2003	2010
イデオロギー				
1914-28 年生まれ	0.01	-0.06	-0.09	
1929-43 年生まれ	0.04	0.02	0.01	-0.12
1944-58 年生まれ	-0.12*	-0.01	-0.05	-0.06
1959-73 年生まれ		0.09	0.02	0.01
1974-88 年生まれ			0.01	-0.12
イデオロギー強度				
1914-28 年生まれ	0.34**	0.32*	0.11	
1929-43 年生まれ	-0.01	0.08	0.00	0.01
1944-58 年生まれ	-0.02	0.08	0.19+	0.09
1959-73 年生まれ		-0.22	0.00	-0.21
1974-88 年生まれ			0.00	0.10
政党支持				
1914-28 年生まれ	-0.24	1.68	-0.39	
1929-43 年生まれ	0.56	0.67+	0.56	0.21
1944-58 年生まれ	0.73*	0.53	0.19	0.42
1959-73 年生まれ		0.94+	0.78+	0.93**
1974-88 年生まれ			0.64	0.49
政治関心				
1914-28 年生まれ	0.33	0.41	0.30	
1929-43 年生まれ	0.44**	0.22+	0.76**	0.69**
1944-58 年生まれ	0.31	0.46**	0.33+	0.16
1959-73 年生まれ		0.55*	-0.11	-0.15
1974-88 年生まれ			0.36	0.29

** p< .01; * p< .05; + p< .10
データ：JES I, JES II, JES III, JES IV

う対比は興味深い。

最後に、選挙運動に関するかぎり、政治関心は最も高齢のコーホート（１９１４‐１９２８年生まれ）と最も若いコーホート（１９７４‐１９８８年生まれ）で効果がない。しかし、１９２９‐１９４３年生まれではつねにかなりの影響が見られ、このコーホートは２０１０年になっても影響を受け続けている唯一のグループである。他のコーホートでは、若い頃は政治関心が選挙運動への関与のモチベーションであったが、年をとるとそうではなくなる。

システム支持行動

システム支持行動について見ると、イデオロギー位置はほとんど関係ないが、１９４４‐１９５８年生まれのみ、例外といえる（表４・４）[8]。投票と選挙運動では、加齢によってその影響が消えていくのに対して、この行動についていえば、効果は40代以降に表れる。それは、その頃に仕事や居住地に定着することと、それゆえ参加へのインセンティブとリソースが大きくなることと関係があるかもしれない。保守的な有権者ほどシステム支持行動に関わるというのは、政治的に有力な地位にある者を通じた参加という側面からは理解しやすいものの、なぜこの世代だけでこのような関係が見られるのかは明らかではない。

イデオロギー強度についていえば、最も興味深いのは、１９８３年には2つの高齢コーホートでシステム支持行動への影響が見られるのが、その影響の与え方が異なるという事実である。１９１４‐１９２８年生まれの場合、急進派のほうがこの行動に参加する傾向があるが、１９２９‐１９４３年生まれでは穏健派のほうが参加する傾向がある。

表 4.4　システム支持行動に関するロジスティック回帰係数（まとめ）

	1983	1993	2003	2010
イデオロギー				
1914-28 年生まれ	0.07	0.11	0.21+	
1929-43 年生まれ	-0.02	-0.07	0.08	0.04
1944-58 年生まれ	0.00	-0.02	0.10+	0.12+
1959-73 年生まれ		0.03	0.00	0.10
1974-88 年生まれ			0.00	-0.12
イデオロギー強度				
1914-28 年生まれ	0.19+	-0.05	-0.17	
1929-43 年生まれ	-0.16+	0.11	-0.02	-0.19+
1944-58 年生まれ	-0.10	0.12	0.05	-0.12
1959-73 年生まれ		-0.07	0.05	-0.01
1974-88 年生まれ			-0.19	0.10
政党支持				
1914-28 年生まれ	-0.07	0.03	0.35	
1929-43 年生まれ	0.85*	1.16*	0.19	0.17
1944-58 年生まれ	0.48	0.66+	0.26	0.22
1959-73 年生まれ		0.61	-0.34	0.25
1974-88 年生まれ			1.80*	0.38
政治関心				
1914-28 年生まれ	0.34	0.46+	0.62*	
1929-43 年生まれ	0.47**	0.43**	0.36*	0.45*
1944-58 年生まれ	0.35	0.36*	0.34*	0.28+
1959-73 年生まれ		1.10**	0.23	0.03
1974-88 年生まれ			-0.04	-0.53*

** p< .01; * p< .05; + p< .10
データ：JES I, JES II, JES III, JES IV

投票参加や選挙運動と比べると、システム支持行動に対する政党支持の影響が限定的であることは理解しやすい。というのも、このような活動は政党政治と必ずしも直接的には関係しないからである。影響は徐々に見られなくなるものの、２０００年代には、最も若い世代で政党支持を持つような有権者は、システム支持行動をとりやすいことがわかる。

世代の違いは、政治関心について見たときのほうが大きい。年齢の高いコーホート（１９５８年以前の生まれ）では、政治に関心のある有権者は、システム支持行動に参加する傾向がある。しかし、若い有権者ではそのかぎりではない。１９５９－１９７３年生まれでは、政治への関心の程度は若い頃には影響があったが、40代に達したあたりで見られなくなった。最も若い年齢層（１９７４－１９８８年生まれ）では、この変数は２０１０年代には影響を与えているが、想定とは反対に、関心がない者ほどシステム支持行動に参加している。

エリート挑戦行動

表４・５からは、２０００年代までは、サンプルを分割しない場合、革新であるほどエリート挑戦行動に参加しやすいという傾向が見てとれる。同時に、世代によって差異も見てとれる。

１９２９－１９４３年生まれと１９４４－１９５８年生まれでは、２０００年代まではこの変数が影響を与えているものの、若い世代ではその影響は見られない。つまり、国際政治における東西対立の激しかった１９５０年代、60年代に育った有権者では、革新的な立場は反体制的な行動と関連している。しかし、その下の世代ではイデオロギー的な立場にかかわらず、エリート挑戦行動は見られなくなった。

表 4.5　エリート挑戦行動に関するロジスティック回帰係数（まとめ）

	1983	1993	2003	2010
イデオロギー				
1914-28 年生まれ	-0.16+	-0.12	0.02	
1929-43 年生まれ	-0.34**	-0.19*	-0.05	0.00
1944-58 年生まれ	-0.37**	-0.35**	-0.35*	-0.25
1959-73 年生まれ		-0.39	-7.57	-0.44
1974-88 年生まれ			-0.19	0.10
イデオロギー強度				
1914-28 年生まれ	0.27	-0.24	0.02	
1929-43 年生まれ	-0.27*	0.01	-0.07	-0.05
1944-58 年生まれ	-0.11	-0.01	0.01	0.35
1959-73 年生まれ		-0.22	-7.26	-0.29
1974-88 年生まれ			1.32*	0.60
政党支持				
1914-28 年生まれ	0.63	0.39	-1.11	
1929-43 年生まれ	0.66	0.78	0.68	-0.01
1944-58 年生まれ	1.94*	1.28*	2.09*	-0.30
1959-73 年生まれ		1.15	-0.06	0.77
1974-88 年生まれ			1.32	0.67
政治関心				
1914-28 年生まれ	0.97*	0.41	0.49	
1929-43 年生まれ	0.43+	0.16	0.90**	0.43
1944-58 年生まれ	0.40	-0.12	0.68+	-0.28
1959-73 年生まれ		0.94+	-0.82	0.65
1974-88 年生まれ			-1.31	-1.32

** p< .01; * p< .05; + p< .10
データ：JES I, JES II, JES III, JES IV

イデオロギー強度はほとんど影響がないというのも興味深い（例外として1983年の1929－1943年生まれ）。エリート挑戦行動に参加する程度については、保守対革新の問題であって、穏健派対急進派という問題ではない。そして、この問題も若い世代になるほど重要ではなくなっていく。

サンプルを年齢ごとに分割しなかった場合、政党支持はエリート挑戦行動に長期にわたって影響を及ぼしてきたという印象を与えるが、年齢ごとの分析は、これが特定の年齢グループ（1944－1958年生まれ）にのみ当てはまるということを明らかにしている。いずれのコーホートでも、このカテゴリーへの参加者数が少なく、さらに低下傾向にあるため、従属変数の分散が小さく、この分析結果の解釈については、当然ながら注意が必要である。しかし、この注意点を考慮すれば、むしろ1944－1958年生まれにおける一貫した結果は注目に値するだろう。

最後に、政治関心がエリート挑戦行動に与える影響には、それほど一貫したパターンは見られない。1980年代と2000年代には、ある特定の層（その時点での40代以上）で影響を与えているが、1990年代と2010年代ではその関係は見られない。エリート挑戦行動についていえば、おそらく最も注意すべきは、2010年までにいずれの4つの要因も影響を与えなくなることである。つまり、抗議行動自体が少ないことにも関係するだろうが、この時期の抗議行動を説明する個人レベルの変数はこの中にはないのである。

6節　結論

本章は、日本における様々な種類の政治参加について、とりわけイデオロギーの方向性と急進主義との関連に着目しつつ、その規定要因を分析してきた。経時的な世論調査データの分析から、イデオロギーについては、イデオロギーが極端なほど選挙運動をしやすく、革新であるほどエリート挑戦行動に参加するという傾向が見てとれたが、これらの影響はすべての世代で共通しているわけではない。

本章の分析結果は、選挙制度改革が投票参加と選挙運動への参加に影響を与えている可能性について示唆する。１９９４年に導入された小選挙区比例代表並立制では、よく知られたダウンズの空間理論モデル――政党は勝利のために中位投票者の獲得を目指す――が適用される。社会党の急速な退潮と民主党の台頭は、まさにこのメカニズムが機能していることを示唆する。

二大政党への収斂は、２００３年には極端なイデオロギーを有する有権者に投票参加をためらわせ、さらに、少しだけかもしれないが、選挙運動に参加する可能性を高めた。しかしながら、この効果も２０１０年までにはなくなる。一つの理由は、これまでも見てきたように、保守・革新イデオロギーが異なって理解されていることが挙げられる。もう一つは、２００９年の民主党への政権交代である。自民党時代に政策形成に関わってきたアクターは、政権交代後はその特権的な地位を使えなくなり、その代わり、以前周辺部にいたような勢力が今度は声が届くようになった。このことは投票外参加のパターンにも影響を及ぼしているだろう。

多くの先進民主主義諸国において政治アクターや評論家、研究者は投票率の低下を嘆いており、日本もその例外ではない。しかしながら、他の国では、それと同時に、直接的な利益表出チャネルを通じた他の参加、特に若い有権者のそういった活動への参加が観察される。２０１０年までのデータでは、日本においても同じようなことが起きているとはいいがたい。どちらかといえば、世代間差異を見るかぎり、いまだに活動的な高齢のコーホートと顕著に受動的な若年のコーホートの間の差は広がっていさえする。

政治システムの機能に満足しているがために、政治参加がそれほど活発ではない、というわけではないことにも留意する必要があるだろう。実際、アジアの12カ国を比較したPark（2017）は、他の多くの国と比べて、自分の国の政治的自由と選挙競争について、日本の有権者の評価が芳しくないことを示している。もちろん、この結果を額面どおりに受け取る必要はない。経済的に発展していない国や権威主義体制下の人々は、政府が最低限の基準に達していれば高く評価するだろうし、日本の有権者は政府の質を判断するときに、他国より厳しい基準を用いているはずだからである。

さらに、政府に対する不満の種がなんであろうと、日本において民主主義の原則と制度が疑問視されてはいないということにも留意することが重要である。それにもかかわらず、他の多くの民主国家では市民の参加が活発なのに比べて、日本の有権者は投票以外の参加が少ない。そのため、要求を伝えたり政府に責任を持たせようと追及したりするような意思と能力については懸念を抱かせる。

とはいえ、この研究は２０１０年までしかカバーをしていないので、政治参加に影響を与えたその後の出来事について考慮をしていない。第一に、２０１１年の東日本大震災と原発事故である。原発のリスクや避難生活は、人々の意識を高め、普段であったら政治に関心を示さない多くの市民の集合行為を促進した。第二に、２０１５年には集団的自衛権関連の法案審議が大きな反応を生んだ。古い世代の反戦運動家だけではなく、大学生あるいは高校生ですら抗議運動において重要な役割を果たした。これらの活動は特定の出来事に反応して生じ、時間が経つにつれて下火になっていった一方で、個々人の有効性感覚が参加を通じて高まったり、運動を組織する人たちが動員と調整の経験をしたことは、今後の政治参加のパターンと頻度に対して長期的な影響を及ぼしうる。原発やとりわけ集団的自衛権の問題は日本のイデオロギー対立と深く関連しているため、イデオロギーが動員と参加に果たす役割は再生されるかもしれない。

第5章　イデオロギー・ラベルの比較

1節　はじめに

「右」と「左」は、イデオロギーに関する実証研究において、長らく使われてきたスタンダードなラベル（用語）であった。「右」「左」を使うという慣習は、1章の先行研究レビューで議論したように、しっかりした理論的な根拠に基づいている。そのため、国際比較世論調査の調査票で、この左右ラベルが用いられるのは自然なことである。

しかし日本においては、イデオロギー自己位置を尋ねるとき、「右」と「左」の代わりに、「保守的」と「革新的」というラベルがよく使われる。たとえば、世界価値観調査（World Values Survey）や選挙制度の効果に関する国際比較調査（CSES, Comparative Study of Electoral Systems）の初期などでも使われている。[1] というのも、メディアでも学術的な議論でも長く頻繁に使われてきたため、日本の有権者が「保守的」「革新的」というラベルに慣れていると思われてきたからである。

「保守的」「革新的」というラベルは、日本では政策や政党のイデオロギー的傾向を描写するときに用いる言葉として一般的である。そしてこれらのラベルが、日本以外の政治言説における「右」「左」と同じものを意味しているということが前提とされてきた。日本の先行研究では、左右というラベルを用いている研究もあるが、その数は比較的少ない。[2]

より重要なのは、世論調査では通常、この2組のラベル（「保守的」「革新的」と「右」「左」）のいずれかだけを尋ねているということであり、それぞれを直接的に比較することは難しい。そのため、一般有権者の中では、この2組のラベルが同一のものとして理解されているという前提について、確認することも反駁することも難しい。このような問題は、わざわざ一つの章を割いて扱うようなものではなく、脚注に入れるべき小さな技術的な問題と思うかもしれない。しかしながら、本書では先述した前提を実証的に検討することが重要であると考えており、そのような検証を可能にするような調査実験を設計した。

2節　イデオロギー・ラベルの実験的検証

有権者の政治的な立場を描出するのに、最も適したイデオロギー・ラベルはどれかという疑問を持ったのは本書が最初ではない。2007年に朝日新聞が実施した世論調査（朝日新聞3000人世論調査）では、4組のイデオロギー・ラベルについて、その適切さを有権者に評価してもらっている。すなわち、「保守」対「革新」、「右」対「左」、「タカ派」対「ハト派」、「抵抗勢力」対「改革派」である（前田 2007）。

最初の3組のイデオロギー・ラベルは、55年体制下でしばしば使われてきた表現であった。他方で、最後のラベルは、小泉純一郎元首相のお気に入りのフレーズであり、小泉政権下（2001－2006年）の改革の試みへの支持者と反対者を指している。調査の結果、政治競争のダイナミクスを捉えるものとして、有権者全体で広く受け入れられているラベルはないということが明らかになった。

ただし、この4組のうちでいえば、「保守」「革新」ラベルを「適切」だと回答したのは30％で、最も多くの支持が見られた。その次に支持されたのは「抵抗勢力」「改革派」（28％）であり、他の2つのラベルはずっと支持が少なく、「タカ派」「ハト派」が19％、「右」「左」が18％であった。

本章では、イデオロギー・ラベルについて有権者がどのように評価するかだけでなく、それぞれのラベルを用いて回答者に政党の位置を尋ねることで、このラベルの（個々の有権者が理解しているところの）意味がどのくらい重なり合っているのかを探究する。現代の政治対立を説明するのに、こういったラベルは重要ではないと、たとえほとんどの有権者が言ったとしても、これらのラベルが、実際に政党競争の輪郭を摑むために、いまだ一貫性のある手がかりを与える役割を果たしているかどうかを知りたいのである。

本章では、「保守的」「革新的」、「保守的」「リベラル」、「右」「左」という3組のラベルを検討する。[3] 保革、左右というラベルの重要性は、すでに明らかであろう。それに加えて、「保守的」「リベラル」軸も検討するのは、国内的な文脈（特に１９９０年代以降）と国際的な文脈の両方で、政策選好の一部分を表現している可能性があるからである。エリートの言説においては、「リベラル」という言葉は、左派政党やときには自民党内のハト派議員を指すことすらある。

このような目的から、２０１４年2月にウェブ調査実験を実施した。[4] ウェブ調査の回答者３４１０名に対して、「保守的」「革新的」、「保守的」「リベラル」、「右」「左」という3組のイデオロギー・ラベルのうち、一組だけランダムに割り当てて、そのラベル上での回答者自身と各政党（自民党、民主党、日本維新の会、公明党、みんなの党、共産党、結いの党、生活の党、社民党）の位置を尋ねた。回答は0から10の間の11件尺度とし、値が大きいほど保守的／右派的な政策位置を示す（以下の分析では-5から5の値に変換した）。回答者には、「わからない」と「こたえたくない」という選択肢も提示された。最後に、政治的な対立を描出するのに、それぞれのラベルが適切と思うかどうかを尋ねた。

2章で説明したように、「保守的」「革新的」は、戦後日本政治における重要な政治用語であるが、１９

80年代以降、「革新」という言葉のメディアでの使用頻度は急激に減少した。それに代わって、ここ数十年は、「リベラル」というラベルが日本政治において浮上してきた。このラベルのみ、他とは異なり英語の音訳である。メディアだけでなく多くの政治家自身も含めて、伝統派と差別化をするためにこの表現を採用した。そのため「リベラル」が「革新的」の新たな表現という印象を作り出したが、この2つのラベルがどの程度重なり合うのかは、理論的にも実証的にも探究されていない。

「左」「右」というラベルについては、新しい用語ではなく、海外の政治展開を論じるときに頻繁に使われている。国内政治に適用するときは、しばしば「極」という形容詞とともに用いられ（「極右」「極左」）、多くの一般市民にとってみれば、急進的な意味合いが含まれたように受け止められている。

本章の関心は、政党のイデオロギー位置の認識が世代で異なっている可能性の検証にあるので、他の章と同様に、10歳ごとのコーホートに回答者を分割して分析する。分析結果の解釈を簡潔にするために、ここでは、自民党、民主党、共産党、日本維新の会、みんなの党という一部の政党のみを取り上げる。自民党と民主党は当時の二大政党であり、共産党は伝統的な「左派」勢力を代表し、反対勢力という自己規定した役割を常に果たし続けている。日本維新の会とみんなの党は、選挙の舞台に新たに登場したアクターで、地方分権や市場競争の重視という政策を通じて、政治的な現状維持点を打破することを公約にしていた。以下の分析では、これらの政党のメッセージを、それぞれの世代の有権者がどのように受け取っているかを明らかにする。

まずは伝統的な「保守的」「革新的」ラベルから見ていこう。図5・1は、回答者の年齢ごとに各政党を位置づけた平均値を図示したものである。おおむね2章の図2・5（69ページ参照）と同様の結果である。

図5.1　「保守的」「革新的」ラベルにおける各党のイデオロギー位置の認識

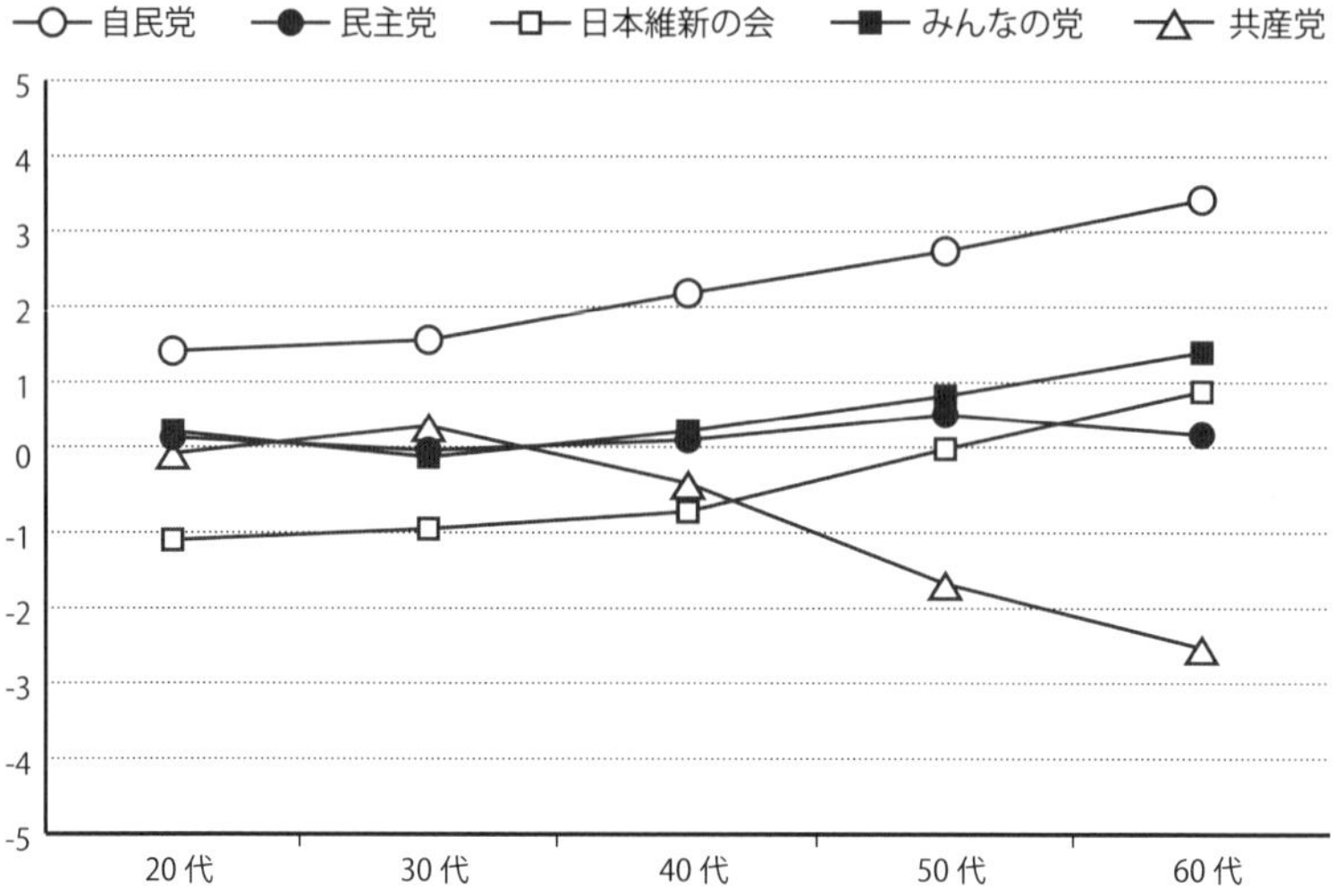

注：-5= 革新的；5= 保守的
データ：地域と市民生活に関する世論調査

図に表されたパターンから3つのことを指摘できる。第一に、高齢層ほど、最も保守的な場所に位置づけた政党と、最も革新的な場所に位置づけた政党の間の幅が広い。つまり、高齢層ほどより大きく分極化された政党システムを認識しており、若年層ほど政党の位置を明確に差別化できていない。第二に、保守的志向の程度に違いこそあれ、自民党が最も保守的な政党であるということに関しては、世代を超えた合意が存在する。第三に、革新の側では、明白に世代間の差異が見られる。高齢層は共産党を最も革新的な政党と見ているが、若年層では日本維新の会を最も革新的と見ている。みんなの党の位置は日本維新の会の位置とパラレルであり、明らかな世代間差異があることにも注意を要する。この2つの新しい政党の両方とも「改革派」であり、既得権益に挑戦することを基礎に、有権者にアピールしているのである。

何かを「保守する」というよりは、「変える」ことを目指すこの2つの政党のスタンスを、若年層は「革新的」として解釈したのだろう。「革新」を「変化」と同様に解釈する見方は、これらの新しい政党が約束する変化の方向性については、考慮していないのかもしれないが、「革新的」というラベルを「誤解」していることを、必ずしも意味しているわけでもない。

政治的な言葉は、おそらく他の種類の言葉よりも、社会経済環境の変化によって新たな意味が付与されやすい（もしくは、少なくとも古い定義が捨て去られやすい）。1章ですでに、「保守」「革新」イデオロギーが外交・安全保障政策によって長年規定されてきたことを示した。その観点からいえば、冷戦の最終盤やソ連の崩壊以後に社会化された世代が、共産主義、より特定していえば、共産党について異なる（そして、おそらく弱まった）見方をするのは驚くことではない。

自衛隊の合憲性のように、20世紀後半に自民党と共産党を鮮明に分け隔てた議論は、40代以下の有権者にとっては重要なものではないのだろう。なぜならば、そういった論点がほとんど議論されなくなった時期に育った世代だからである。若年層が、主要な政治対立を、日米安保推進の自民党と日米安保反対の共産党としてではなく、現状維持志向の自民党と反既得権益の日本維新の会として解釈することは、先述のようなメカニズムから説明できるのではないか。

同様のパターンは、「保守的」「リベラル」ラベルでの回答者の政党位置認識においても観察できる。[5] 図5・2は図5・1と類似しているものの、日本維新の会と共産党の位置の逆転がやや若い層で起きている。図5・1と図5・2における、日本維新の会の位置それぞれを比べると、維新はすべての年齢層、特に40代と50代で、リベラルというより革新的と見られていることは注目に値する。

図5.2　「保守的」「リベラル」ラベルにおける各党のイデオロギー位置の認識

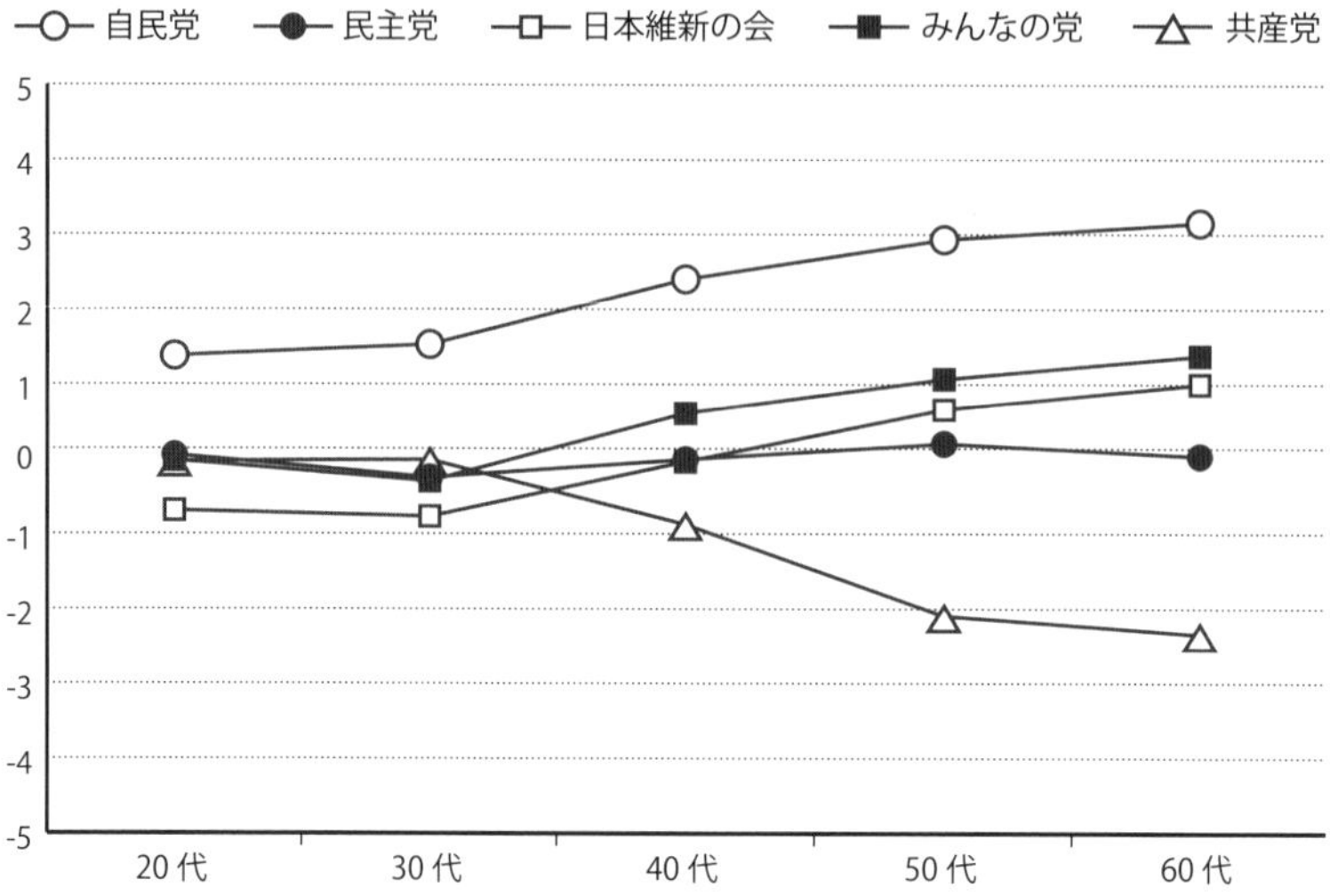

注：-5＝リベラル；5＝保守的
データ：地域と市民生活に関する世論調査

興味深いことに、これらの2つの年齢層では、政党システムの分極化の度合い（保守とリベラルの両極にいる政党間の距離）は、「保守的」「革新的」ラベルでの距離と比べて0・5ほど大きいのである。他方で、60代の有権者はそうではない。40代と50代の有権者は「リベラル」という用語をよく理解し、より敏感だとも推察できる。

次に、「右」「左」の政党位置に目を向けると、これまで見てきた結果とは異なり、共産党と日本維新の会の位置の捻れは見られない（図5・3）。その代わり、すべての年齢層の回答者が、自民党を最も「右」に、共産党を最も「左」に置き、同じ順序で政党を位置づけている。これは、メディアや学術的な議論において、広く共有された政党システムと整合的である。

さらに注目に値するのは、図5・1と図5・2の民主党の線の傾きが比較的平らで、世代間での認識がほとんど変わらなかったのに対して、図

図5.3　「右」「左」ラベルによる各党のイデオロギー位置の認識

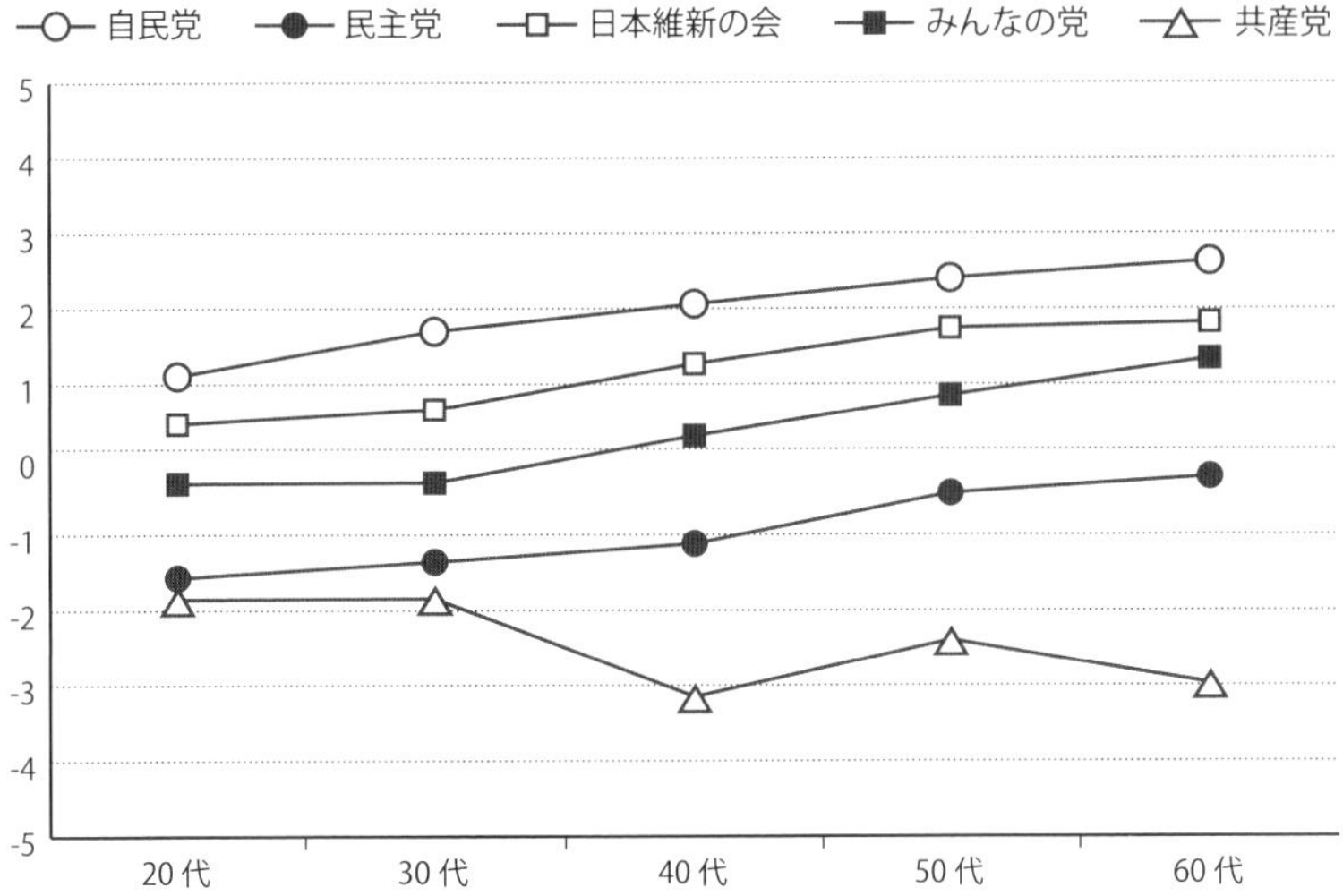

注：-5＝左；5＝右
データ：地域と市民生活に関する世論調査

5・3では左下がりの傾きを示している。これは、若い有権者ほど民主党を「左」側の政党と位置づけていることを意味する。高齢層においては明らかに中道左派に位置づけられており、「保守的」「革新的」ラベルではほとんどの場合、ちょうど真ん中に位置づけられているのとは対照的である。

さらにいえば、どのラベルかにかかわらず、つねに高齢層ほど政党間の距離を広く認識しているものの、「右」「左」ラベルのときには、20代から40代であっても、他の2組のラベルのときと比べて政党システムが分極化しているように認識している。共産党が「革新的」や「リベラル」としてよりも、「左」派として特定されているためである。

皮肉なことに、40代以下で最も革新的で最もリベラルと認識されている政党（日本維新の会）は、すべての年齢層において中道右派と見られている。このことが含意するのは、「左」というラベルに対する40代以下の有権者の理解は、「革新的」や「リベラル」というラベルの（その世代自身による）定義とは大きく異なっているが、この相違は年齢層が高くなれば消えてなくなっていくということである。

分析結果の簡潔さのために、5つの政党の位置だけをこれまで示したが、すべての政党の位置をプロットすると、保守的とみなされる政党の数は、革新やリベラルとみなされる政党よりも多い一方で、左派とみなされる政党の数は、右派とみなされる政党の数よりも多い。このことからも、「右」「左」というラベルは、他のイデオロギー・ラベルからは区別されるのである。

この2つの認識のパターンは、もちろん独立したものではなく、実際にかなりの程度重なっている一方で、「すべてのラベルは同一のものを指しており、そのためにそれぞれ代用可能である」という前提に疑問を付すには十分なくらいかけ離れている。

3節　どのイデオロギー・ラベルが望ましいか

ここで、現在の政治を描写するときに、どのラベルを用いるべきなのかという疑問が生じる。各政党の並ぶ位置順が、世代を超えて一貫していることと、その位置が中央に収斂せずに両極に比較的、離れているという点から、世界中の多くの民主主義国家と同様、日本においても「右」「左」ラベルこそが政治ダイナミクスを把握するときに最適なラベルだといえるかもしれない。

しかし、そのような結論を導く前に注意すべき点がある。回答者に直接、どのラベルが最も適切だと思うか尋ねたところ、「保守的」「革新的」を挙げた割合（45・7％）は、「保守的」「リベラル」（31・1％）、「右」「左」（29・1％）を挙げた割合を大きく上回る。[6] この結果は、今回の数字のほうが高いとはいえ、先述した朝日新聞の調査結果とも整合的である（前田 2007）。40代までの有権者は、同じくらいの割合が「保守的」「リベラル」と「右」「左」を選んだが、年齢が高くなると、「右」「左」というラベルは顕著に受け入れられなくなる。いずれにせよ、すべての年齢層で「保守的」「革新的」が好まれており、どの年齢層においても2位とは10％ポイント以上の開きがある。

先述のような主観的な選好に加えて、日本政治の議論に「右」「左」ラベルを採用するのがためらわれる理由として、市民がそのラベルをどの程度知っているのかということが挙げられる。それぞれのラベルについて、「わからない」という回答の割合と年齢の間には、負の関係が観察される。つまり、年齢が下がるほど、「わからない」という回答の割合は増加する。中でも「右」「左」ラベルは、若い年齢層において「わからない」という回答が多いという傾向がある。最も若い年齢グループの回答者を例とすると、「保守的」「革新的」ラベルと「保守的」「リベラル」ラベルの自己位置の質問で、「わからない」という回答はそれぞれ24・6％と27・0％であるが、「右」「左」ラベルだと自分の位置が「わからない」という回答は45・6％にまで跳ね上がる。[7]

ウェブ調査では、「タカ派」「ハト派」というラベルについても尋ねた。この用語は、政治家や政党の外交・安全保障政策のスタンスを論じるときにしばしば使われ、55年体制下の自民党議員と野党議員を区別するためだけでなく、自民党議員の中での区別にも使われる。この用語を好む回答者の割合（27・1％）も、「保守的」「革新的」を好むものよりも少なく、実際、冷戦後に政治的社会化を経験した40代以下の世代には、ほとんど意味をなしていないようである。前章までの分析結果と同様、有権者がどのように政治を見て、解釈しているかについて世代間ギャップが存在している例といえよう。

4節　政策争点態度とイデオロギー自己位置

先述したイデオロギー・ラベル間の相違、とりわけ各党のイデオロギー位置の認識についての世代間の相違があるとすれば、次の論理的なステップは、どの政策争点が「保守的」「革新的」ラベル、「保守的」「リベラル」ラベル、「右」「左」ラベルを基礎づけているのか、若年層と高齢層では同じように関連づけているのかということを検討することであろう。このことは1章での取り組みの繰り返しのように思われるかもしれないが、ここで分析するウェブ調査は多くの政策争点質問を含み、さらに重要なことに、本章の冒頭で述べたイデオロギー・ラベルの代用可能性について、さらに詳細な分析を可能にする。

本節では、イデオロギー・ラベルについて無作為に割り当てられた3つのグループに分けたうえで、15の政策争点に対する賛否と（それぞれのラベルの）イデオロギー自己位置との相関分析をそれぞれ行った[8]。政策争点に対する賛否は、大きな値ほど賛成を表すように変換しているので、相関係数が正の値であれば、保守的／右であるほどその政策意見に賛成しているということを意味し、相関係数が負の値であれば、革新的／リベラル／左であるほど賛成しているということを意味している。なお、「わからない」「こたえたくない」という回答は分析から除外した。

2節の図5・1、図5・2、図5・3は3組のイデオロギー・ラベルがある程度重複していることを

表 5.1　政策争点態度とイデオロギー自己位置の相関：イデオロギー・ラベルごと

	「保守的」「革新的」	「保守的」「リベラル」	「右」「左」
外交・安全保障争点			
自衛隊の拡充	0.27**	0.30**	0.40**
集団的自衛権	0.25**	0.35**	0.43**
在日米軍の維持	0.21**	0.24**	0.30**
国防軍の保持	0.25**	0.35**	0.36**
憲法改正の発議要件	0.23**	0.28**	0.34**
首相による靖国神社公式参拝	0.29**	0.34**	0.31**
経済争点			
財政出動	0.11**	0.16**	0.23**
公共事業	0.12**	0.11**	0.15**
TPP への参加	0.10**	0.05	0.13**
消費税の社会保障目的化	-0.09**	-0.11**	0.05
社会争点			
移民受け入れの促進	-0.14**	-0.20**	-0.14**
永住外国人の地方参政権	-0.25**	-0.31**	-0.27**-
夫婦別姓	-0.20**	-0.22**	-0.24**
同性婚	-0.14**	-0.10**	-0.10**
その他の争点			
原発再稼働	0.22**	0.27**	0.25**

** p< .01; * p< .05
データ：地域と市民生活に関する世論調査

示唆してきたが、様々な政策争点についての相関分析の結果は、この傾向をさらに確認するものである（表5・1）。1章の結果を見た後では、外交・安全保障政策争点（自衛隊の拡充、集団的自衛権、在日米軍の維持、国防軍の保持、憲法改正の発議要件、首相の靖国神社公式参拝）が、いずれのラベルにおいても最も高い相関を示していることに驚きはないだろう。

対照的に、経済的な政策争点（財政出動、公共事業、TPPへの参加、消費税の社会保障目的化）についての個人のスタンスは、統計的に有意な相関係数を示しているものの、相関係数が大きくはなく、いずれのラベルのイデオロギー位置とも強い相関を示していない。先行研究の多くや、本書のこれまでの実証分析の結果と整合的である。社会争点（移民受け入れの促進、永住外国人の地方参政権、夫婦別姓、同性婚）についていうと、夫婦別姓に関する意見は同性婚に関する意見よりもイデオロギー位置と強い相関がある。同性婚は多くの先進民主主義諸国においてイデオロギー上で分断される政策争点であり、しばしば社会における宗教的な集団と世俗志向の集団を対立させる。このような倫理をめぐる政策争点でイデオロギーとの関連が弱いという事実は、日本政治では宗教がそれほど前面に出ていないことを反映している。

多くの先進民主主義諸国で激論を生むトピックである移民争点は、「保守的」「リベラル」ラベルだとより強く関連するものの、他の2つではそれほどでもない。日本においては、移民の全体的な規模が他国と比べてずっと小さい。それだけでなく、より大規模な移民受け入れの見込みが、文化的な同化やナショナル・アイデンティティのような問題としてではなく、少子化の進展による労働力（とりわけ単純労働者）の補充と税収減のテコ入れという技術的な問題として扱われており、この時点では、他国と同様の情熱を生みそうにはなかった。なお、7章では移民に対する極右的な態度についてより詳細に分析する。

ほとんどすべての政策争点では、相関係数の符号がラベルごとに異なることはなかったが、相関の強さの違いが観察できるものもある。「右」「左」ラベルでの財政出動や、「保守的」「リベラル」ラベルでの移民はその例であるが、自衛隊の拡充、集団的自衛権、在日米軍の維持、国防軍の保持、憲法改正といった外交・安全保障施策では、最も強い相関は「右」「左」ラベルで見られる。このことが示唆するのは、いずれのイデオロギー・ラベルでも、その位置は外交・安全保障の方向性の議論によって、強く拘束されているということ、さらに、これらの政策争点は他の2組に比べて、「右」「左」イデオロギーをかなり強く規定していることである。

外交・安全保障政策以外では、原発の再稼働と地方選挙での外国人参政権という、2つの政策争点への意見もイデオロギー位置に影響を与えている。エネルギー生産資源を豊富には有していない日本において、原発は広く受け入れられてきたが、2011年の東日本大震災での原発事故以降、政治的に顕現性の高い政策争点となった。表5・1は、この政策争点への意見が短期間でイデオロギー対立に沿って結晶化されたことを明らかにしている。

外国人参政権は、「保守的」「リベラル」ラベルでの自己位置において特に重要である。外国人参政権については、影響を受ける人数が比較的少ないという観点からいうと、強い相関は予想外かもしれないが、保守もしくは右派的な志向と、排外主義的な感情が関連していることを示している。とりわけ、在日韓国人・朝鮮人コミュニティに対し、近年、極右による排斥運動が観察される。このコミュニティへの一般的な不信が、外国人参政権への敵意を大きく説明するのかもしれない。

5節　政策争点とイデオロギー・ラベルの関係の世代間差異

前節では、回答者全体についての分析結果を見てきたが、図5・1、図5・2、図5・3が示唆するのは、それぞれのイデオロギー・ラベルの自己位置と政策争点態度の関係が、世代を超えて一貫していないという可能性である。表5・2、表5・3、表5・4は、有権者を5つの年齢層に分けて、表5・1と同様の相関を再計算したものである。

表 5.2　政策争点態度と「保守的」「革新的」自己位置の相関

	20 代	30 代	40 代	50 代	60 代
外交・安全保障争点					
自衛隊の拡充	0.17*	0.23**	0.21**	0.19*	0.54**
集団的自衛権	0.22*	0.21**	0.22**	0.16*	0.46**
在日米軍の維持	0.16	0.06	0.20**	0.30**	0.41**
国防軍の保持	0.15	0.16*	0.26**	0.27**	0.43**
憲法改正の発議要件	0.24**	0.13	0.22**	0.18*	0.42**
首相による靖国神社公式参拝	0.23*	0.23**	0.32**	0.19*	0.48**
経済争点					
財政出動	-0.02	-0.05	0.22**	0.14	0.33**
公共事業	-0.02	0.04	0.24**	0.04	0.32**
TPP への参加	0.18*	-0.03	0.06	0.19*	0.16
消費税の社会保障目的化	0.09	-0.18**	-0.11	-0.19**	0.10
社会争点					
移民受け入れの促進	-0.04	-0.13	-0.09	-0.11	-0.33**
永住外国人の地方参政権	-0.12	-0.20**	-0.25**	-0.29**	-0.41**
夫婦別姓	-0.06	-0.19**	-0.10	-0.34**	-0.27**
同性婚	-0.01	-0.18**	-0.15*	-0.20**	-0.19*
その他の争点					
原発再稼働	-0.01	0.14*	0.26**	0.24**	0.42**

** p< .01; * p< .05
データ：地域と市民生活に関する世論調査

「保守的」「革新的」ラベル（表5・2）では、ほとんどの政策争点の相関は60代の年齢層で最も高くなる。例外は、イデオロギーとあまり関係のない政策争点（たとえば、消費税の社会保障目的化、TPP参加、同性婚）である。対照的に、20代と30代では、首相の靖国神社公式参拝を除いて、ほとんどの政策争点で弱い相関しか示していない。このことは、高齢層のイデオロギーのほうが政策争点に対する態度に基づいている、というこれまでの知見を再確認するものである。これはおそらく、長く政治議論に触れる機会があり、様々な政策争点についてもよく知るようになるためであり、他の先進民主主義諸国と一貫した傾向である。[9]

「保守的」「革新的」ラベルと同様に、

表 5.3　政策争点態度と「保守的」「リベラル」自己位置の相関

	20 代	30 代	40 代	50 代	60 代
外交・安全保障争点					
自衛隊の拡充	-0.03	0.20**	0.46**	0.37**	0.42**
集団的自衛権	0.02	0.25**	0.47**	0.46**	0.48**
在日米軍の維持	-0.11	0.17*	0.35**	0.42**	0.36**
国防軍の保持	0.16	0.22**	0.36**	0.54**	0.45**
憲法改正の発議要件	-0.05	0.13	0.41**	0.46**	0.42**
首相による靖国神社公式参拝	-0.03	0.22**	0.42**	0.49**	0.44**
経済争点					
財政出動	-0.13	0.07	0.33**	0.25**	0.27**
公共事業	-0.03	0.00	0.26**	0.20*	0.19*
TPP への参加	-0.10	-0.10	0.24**	0.14	0.21**
消費税の社会保障目的化	-0.15	-0.12	-0.04	-0.12	0.01
社会争点					
移民受け入れの促進	-0.05	-0.15*	-0.23**	-0.23**	-0.34**
永住外国人の地方参政権	-0.04	-0.35**	-0.23**	-0.39**	-0.41**
夫婦別姓	-0.16	-0.24**	-0.17*	-0.22**	-0.29**
同性婚	0.02	-0.04	-0.13	-0.14	-0.31**
その他の争点					
原発再稼働	0.01	0.14*	0.28**	0.33**	0.53**

** p< .01; * p< .05
データ：地域と市民生活に関する世論調査

「保守的」「リベラル」ラベル（表5・3）でも、高齢層において政策争点態度とのより強い相関が見られる。20代での相関は、表5・2と比べても低く、いずれの政策争点も、「保守的」「リベラル」自己位置と関連がないことが示されている。表5・2と表5・3で最も大きな違いは、後者の分析で、40代と50代の相関がより強い点にある。このことは、おそらくこの年代が政治的な手がかりとして、「リベラル」という言葉を最も意識的に適用できているという主張を再確認するものである。

他の2つのラベルと対照的に、表5・4は「右」「左」ラベルの位置と政策争点の関係について、明白な世代間の差異は見られない。外交や安全保障

表 5.4　政策争点態度と「右」「左」自己位置の相関

	20代	30代	40代	50代	60代
外交・安全保障争点					
自衛隊の拡充	0.28**	0.35**	0.41**	0.42**	0.48**
集団的自衛権	0.47**	0.35**	0.44**	0.48**	0.48**
在日米軍の維持	0.30**	0.13	0.34**	0.33**	0.44**
国防軍の保持	0.42**	0.19*	0.34**	0.43**	0.48**
憲法改正の発議要件	0.54**	0.12	0.34**	0.29**	0.50**
首相による靖国神社公式参拝	0.31**	0.30**	0.29**	0.37**	0.38**
経済争点					
財政出動	0.25*	0.21**	0.17*	0.26**	0.30**
公共事業	0.35**	-0.04	0.16*	0.19*	0.19**
TPP への参加	0.12	-0.02	0.09	0.15	0.29**
消費税の社会保障目的化	0.03	0.17*	-0.07	-0.05	0.04
社会争点					
移民受け入れの促進	-0.27**	-0.16*	-0.12	-0.09	-0.13
永住外国人の地方参政権	-0.32**	-0.39**	-0.18*	-0.30**	-0.18*
夫婦別姓	-0.24	-0.23**	-0.26**	-0.22**	-0.29**
同性婚	-0.10	-0.05	-0.13	-0.13	-0.07
その他の争点					
原発再稼働	0.14	0.17*	0.31**	0.23**	0.40**

** p< .01; * p< .05
データ：地域と市民生活に関する世論調査

といったいくつかの政策争点について、高齢層で強い関係が見られるだろうと予想していたが、20代でも強い相関が見られる。換言すれば、政治的経験の長さや政治的議論への接触の多さは差を生まないということである。

とはいえ、表5・4をよく見ると、年齢層による違いはいくつか存在はする。たとえば、原発の再稼働は高齢層においてのみイデオロギー色を帯びた政策争点であり、外国人参政権は60代よりも20代と30代で左右を分けるような政策争点である。やはり、「右」「左」ラベルは、「保守的」「革新的」ラベルや「保守的」「リベラル」ラベルと同じような政策争点によって形成されているものの、微妙な違いがあるため、これらの言葉を等価のものとして使うことには再考が必要である。

表5・5は、それぞれのイデオロギー・ラベルによる自己位置と価値次元の関係をまとめたものである。価値次元としては、政治制度への信頼、権威主義、エリート主義、多元主義、ポピュリズム、ナショナリズム、排外主義（7章で詳しく検討する）を取り上げた。それぞれの指標の詳細は補遺に掲載している。[10] ここでも年齢層ごとに分析をした。一見してわかることは、この3つのラベルの理解はかなりの程度重なっているということであろう。ほとんどの場合、相関係数の方向性は3つのラベルで同じ方向を示している。

他方で、ラベル間ではいくつか相違も存在する。たとえば、「保守的」「革新的」ラベルと「保守的」「リベラル」ラベルでは、排外主義はかなりの年齢層で関連があるのに対して、「右」「左」ラベルでは20代を除いてほとんど関係がないようである。

また、いくつかの世代間差異を指摘することもできる。表5・2、表5・3、表5・4の傾向と同様、総じていえば、若年層に比べて50代と60代でのほうが多くの関連が見られる。

とりわけ明白な例は、ポピュリズムとの相関である。いずれのラベルでも20代ではイデオロギーと相関がないが、高齢層では強いつながりを示している（「革新的」「リベラル」「左」と結びついている）。また、表5・5は、イデオロギーに対する価値観の重要性の程度も示している。個人のイデオロギーは、ナショナリズムやポピュリズム（20代を除く）によって強く形成されているが、エリート主義や多元主義とはそれほど強い関係にはない。7章では、ポピュリズム、ナショナリズム、排外主義と極右への支持との関係を詳しく分析する。

表 5.5　政治的態度・価値観とイデオロギー自己位置の相関

	20 代	30 代	40 代	50 代	60 代
政治制度への信頼					
保守的ー革新的	-0.09	0.06	0.26**	-0.03	0.26**
保守的ーリベラル	0.14	0.01	0.17*	0.14+	0.02
右ー左	0.26*	0.20*	0.18*	0.16*	0.09
権威主義					
保守的ー革新的	0.21*	0.22**	0.27**	0.20*	0.15+
保守的ーリベラル	0.14	0.06	0.22*	0.34**	0.33**
右ー左	0.35**	0.02	0.15	0.27**	0.25**
エリート主義					
保守的ー革新的	-0.03	-0.10	-0.18*	-0.11	-0.12
保守的ーリベラル	-0.16	-0.08	0.07	0.12*	-0.02
右ー左	-0.05	-0.24*	-0.13	0.00	0.01
多元主義					
保守的ー革新的	-0.04	-0.02	-0.17*	-0.19*	-0.23*
保守的ーリベラル	-0.03	-0.04	-0.16	-0.21*	-0.04
右ー左	-0.03	-0.06	-0.25	-0.06	0.01
ポピュリズム					
保守的ー革新的	-0.14	-0.12+	-0.21*	-0.23**	-0.40**
保守的ーリベラル	0.04	-0.17*	-0.24	-0.35**	-0.31**
右ー左	0.14	-0.28	-0.20*	-0.18*	-0.23**
ナショナリズム					
保守的ー革新的	0.22*	0.24**	0.39**	0.34**	0.44**
保守的ーリベラル	0.10	0.29**	0.42**	0.49**	0.45**
右ー左	0.38**	0.17*	0.32**	0.34**	0.52**
排外主義					
保守的ー革新的	0.17+	0.26**	0.01	0.17*	0.23*
保守的ーリベラル	0.02	0.28**	0.17	0.22*	0.24*
右ー左	0.27*	0.09	0.12	0.14	0.08

** p< .01; * p< .05; + p< .10
データ：地域と市民生活に関する世論調査

6節　結論

本章では、日本を含む多国間比較研究で当然視されている、「左」「右」をイデオロギーのラベルとして用いるという慣習について、他のイデオロギー・ラベルと比較しながら実証的に検討した。これまでの調査では、イデオロギーを定義し測定する「右」「左」というラベルと「保守的」「革新的」ラベルは同義であるが、日本の有権者は「保守的」「革新的」というラベルに親しみがあるので、世論調査ではこれを使用してきたと推測される。本章のウェブ調査実験結果は、日本の政治対立について描くときには、「保守的」「革新的」ラベルが最適であると、有権者自身も考えていることを明らかにした。

その一方で明らかになったことは、どのラベルを用いても同じようなイデオロギーを測定できるわけではないということである。「保守的」「革新的」、「保守的」「リベラル」、「右」「左」という3組のラベルは、かなりの程度、重なり合っているものの、特に「右」「左」ラベルと他の2組のラベルの間では、その理解が異なっていることが明らかになった。この相違は、政党のイデオロギー位置の認識だけでなく、回答者自身のイデオロギー位置と様々な政策争点態度の関連においても見られる。

いずれのイデオロギー・ラベルにおいても、どの年齢層でも、自民党は保守の側に位置づけられるのに対して、「革新的」「リベラル」の側については世代間差異が存在する。若年層は日本維新の会を最も革新的でリベラルと認識しているが、高齢層においてはその位置は共産党が占めている。興味深いことに、「右」「左」というラベルでは、どの年齢層でも自民党と共産党が空間の両端を占めている。

イデオロギー位置と政策争点態度の相関についても同様のパターンが見られる。外交・安全保障および近年、大きな対立になっている原発再稼働という政策争点と、「保守的」「革新的」ラベル、「保守的」「リベラル」ラベルでの位置との関連は、高齢層では観察できるものの、20代、30代ではそうではない。対照的に、「右」「左」ラベルでは、若年層でも高齢層でも同様に政策争点態度との関連が見られる。

本章の結果から、「保守的」「革新的」(あるいは「リベラル」)ラベルと「右」「左」ラベルは、多国間比較分析や経時的な分析をするときに、それぞれ代用可能であるという前提は問題視される。そのうえで、さらに「右」「左」ラベルと、それ以外のラベルがなぜ異なるのかを推測したい。右と左の対立は、おそらくまだ55年体制の遺産と冷戦のコンテクストによって形成され、深く固定されている。表5・1の相関が、外交・安全保障政策でつねに高く、特に「右」「左」ラベルで最も強く見られるということからも、このことは推測される。つまり、有権者は「右」と「左」が何を表しているのかということに関して、固定観念を有していて、それは社会経済環境の変化にも比較的影響を受けないということを意味している。

20代と30代がこの概念を学ぶかぎり、その理解は高齢層とは変わらない。しかし、そのような学習は若年層の中でもかぎられた人のみでしかなされていない。というのも、本章の分析結果は「右」「左」という質問に答えられた人だけを対象としており、「右」「左」の自分の位置が「わからない」半数近い人たちは、分析から除外されているのである。他の多くの人は、抽象的な空間を示す「右」「左」という表現が表すものの意味を知らず、おそらく興味もないままであるという点に注意が必要なのである。

他方で、「保守的」「革新的」「リベラル」のような表現には、そもそもの言葉の意味があり、それゆえ、とりわけ冷戦下のイデオロギー競争の定義が意味をなさなくなってしまった時代の若い有権者にとっては、新しい解釈や変化を呼びやすくなる。これらのラベルの意味はもちろん不変であるというわけではないし、自分たち自身の理解の仕方（日本維新の会が「革新的」で「リベラル」な政党というように）を作り上げることもありえる。その理解の仕方が、高齢層の政治的常識と必ず一致する保証もない。

「保守的」「革新的」「リベラル」といったイデオロギー・ラベルについて、若年層が不正確にしか理解していないとか、誤解しているといったことをここで言いたいわけではない。むしろ強調しておきたいのは、社会経済環境の変化によって生じる、新たなアイディアや政策争点を取り込んでいくことができるからこそ、イデオロギーは政治コミュニケーションの有用なツールであり続けられるのであり、その柔軟性があるからこそ、有権者にとってイデオロギーは価値があるという点である。

補遺5・1　政策争点態度と価値観に関する質問項目一覧

政策争点態度

- 自衛隊の拡充：「自衛隊の人員・装備・予算を拡充する」
- 集団的自衛権：「集団的自衛権の行使を可能にする」
- 在日米軍の維持：「在日米軍による抑止力を維持する」
- 国防軍の保持：「内閣総理大臣を最高指揮官とする国防軍を保持する」
- 憲法改正の発議要件：「憲法改正の発議要件を、両議院のそれぞれの総議員の『三分の二以上』の賛成から、『過半数』の賛成に緩和する」
- 首相による靖国神社公式参拝：「首相が靖国神社に公式に参拝する」
- 財政出動：「景気対策のために財政出動を行う」
- 公共事業：「自然災害に備え、事前防災・減災対策のための公共事業を行う」
- TPPへの参加：「TPP（環太平洋パートナーシップ協定）に参加する」
- 消費税の社会保障目的化：「消費税は、全額、社会保障に充てる」
- 移民受け入れの促進：「海外からの移民の受け入れを進める」
- 永住外国人の地方参政権：「永住外国人の地方参政権を認める」
- 夫婦別姓：「夫婦別姓を法律で認める」
- 同性婚：「同性同士の結婚を法律で認める」

- 原発再稼働：「安全と判断された原発を再稼働させる」
選択肢：1賛成、2（選択肢文言なし）、3どちらともいえない、4（選択肢文言なし）、5反対、6わからない、7こたえたくない

政治制度への信頼

- 国会は国民の声を反映している
- 選挙は国民の声を反映している
- 政党は国民の声を反映している

権威主義

- 権威ある人々にはつねに敬意を払わなければならない
- 伝統や慣習に疑問を持つ人は、問題を引き起こす
- この複雑な世の中では、指導者や専門家に頼るのが一番である
- 町内の人が集めている寄付には、その趣旨にあまり賛成でなくても、近所づきあいを保つため、だまって出した方がよい
- 人の長になるような人は優れた人なのだから、その人の意見に尊重するのは当然だ
- 日本の国をよくするためには、すぐれた政治家が出てきたら国民が互いに議論をたたかわせるよりは、その人に任せる方がよい

エリート主義

- ビジネスにおける成功者に重要な決定が委ねられたら、この国の政治はよくなる
- 第三者の専門家に重要な決定が委ねられたら、この国の政治はよくなる

多元主義

- 民主主義において、異なる見解の間で妥協することは重要である
- 自分とはちがうグループの人の意見を聞くことは重要である

ポピュリズム

- 重要な政策決定は、政治家ではなく国民がおこなうべきである
- 人々の間の意見の違いより、国民と政治家の間の違いのほうが大きい
- 職業専門家よりも、市民に代弁してもらいたい
- 政治家は口先だけで行動を起こさない

ナショナリズム

- 国旗・国歌を教育の場で教えるのは当然である
- 日本人であることに誇りを感じる
- 学校教育ではもっと愛国心を教えるべきである

排外主義

・あなたが生活している地域に中国人が増えることに賛成ですか

・あなたが生活している地域に韓国人が増えることに賛成ですか

選択肢（「政治制度への信頼」から「排外主義」まで共通）：1そう思う、2どちらかと言えばそう思う、3どちらとも言えない、4どちらかと言えばそう思わない、5そう思わない、8わからない、9こたえたくない

第6章　改革志向と保守・リベラルから見る政党対立

1節　はじめに

２０１７年の総選挙は突然、「保守」「リベラル」というラベルをめぐる選挙となった。地域政党・都民ファーストの会を率いて、７月の都議選で自民党に対して圧勝を果たしていた小池百合子都知事は、９月に衆議院の解散が告げられると国政進出を目指し、希望の党を結党した。野党第一党の民進党は急転、希望の党との合併を決定したものの、「寛容な改革保守」と自らを標榜する希望の党側は、安保政策への立場にこだわり、その立場が異なるものとの合流を拒否した。その結果、民進党内の「リベラル」系議員が合流を果たせず、立憲民主党を結党するに至る。そして総選挙の結果、自民党は圧勝し、立憲民主党が野党第一党に躍り出た。

この選挙は、「保守」「リベラル」というラベルを自らに、あるいは相手に貼って、政党の立場の相違を強調しようとした選挙でもあった。しかし、その前提として、有権者はどのようにそれぞれのラベルを理解しているかを確認しておく必要があった。アメリカとイギリスで「リベラル」の意味が異なるように、日本において「保守」「リベラル」が意味するものについては、政治エリートと有権者とで、その理解は異なっている可能性がある。

これまで指摘したように、若い世代では、革新やリベラルは、「現状からの変化」という意味で「改革」と捉えられている可能性がある。２０１２年総選挙以後の世論調査を追っていくと、20代に最も保守的な政党とみなされているのは自民党ではなく公明党で、自民党の位置は徐々に中央に寄っていっているように思われる。つまり、アベノミクスや安全保障関連法案など安倍内閣の様々な政策によって、現在の自民党も「改革」政党のように思われているのではないか。

本章では、2017年総選挙の3カ月前に行われた読売新聞・早稲田大学共同世論調査データを基に、有権者がどのように政党対立を認識しているのかについて、「保守」「リベラル」イデオロギーだけでなく、「改革志向」もあわせて検討する。

2節　日本政治における改革志向

これまで見てきたように、安全保障や憲法といった政策争点をめぐる対立が日本のイデオロギーの基礎をなしてきた。ただし、これらの政策争点以外の政策次元も徐々にイデオロギーと重なるようになり、1980年代には経済・福祉次元の政策争点が、2000年代以降には、日本型システム次元がこの対立に加わったとされている（蒲島・竹中 2012）。

日本型システム次元とは、与党・自民党や政官関係を基礎とした利益分配システム、およびそれを支える財政出動をめぐる対立を指し、これに対抗した規制緩和や民営化を志向する新自由主義的な路線が他方の極として考えられた。1980年代から自民党の内部にも新自由主義の信奉者は存在したし、いまでも自民党内で日本型システムの維持という政策志向と、それに対抗する反日本型システム的志向は共存している。しかし、蒲島・竹中（2012）による2000年代の世論調査データ分析によれば、日本型システムをめぐる政策次元は、日本の保守・革新イデオロギーの一側面として、この時期に立ち現れた。

この第三の政策次元の出現は、「改革志向」がイデオロギーの一部に組み込まれている可能性を示唆する。55年体制の崩壊をもたらしたのが、政治改革をめぐる議論であったことは象徴的であるが、１９９０年代以降、様々な「改革」が政治的な議論の俎上にのせられてきた。選挙制度改革や政治資金制度をめぐる改革、省庁再編を伴う行政改革、規制緩和、地方分権を志向する様々な改革、日本道路公団や郵政３事業の民営化などである。「改革」を進めるか否かが、新たな政治対立として有権者の間で定着をしていたとしても不思議ではない。

ただし、先述の第三の政策次元、すなわち、日本型システムに対する志向性は、あくまで経済的な利益分配を中心とする新自由主義的改革への志向性に連なるものである。他方で、「改革」への姿勢が「現状点からの変化」だけを意味するのであれば、その変化の方向は必ずしも経済的な意味での新自由主義にかぎらないかもしれない。１９９０年代の政治改革が新自由主義だけを指し示すわけではないように、先述の日本型システムにとどまらず、憲法改正や集団的自衛権の容認など、「現状からの変更」という政策についても、「改革」志向に含まれるかもしれない。本章では抽象的かもしれないが、方向性を定めない変化への志向性として「改革志向」を取り上げ、これを基に現代の政治対立について異なる角度から分析を加える。

有権者が各政党の改革志向についてどのように認識してきたかについて、これまで十分に関心が払われてきたとはいいがたい。例外として、１９９０年代中盤において、各政党の保守・革新イデオロギーと改革志向を、有権者がどのように認識してきたかを明らかにした蒲島（1998）の研究がある。

１９９５年に実施されたＪＥＳⅡ第４波では、回答者自身および自民党、新進党、共産党の３党について、保守・革新イデオロギー上の立場と、「現状維持 - 改革推進」上の立場を、それぞれ1から10までの10件法で尋ねている。[1]「現状維持 - 改革推進」について、具体的な質問文は「戦後続いてきた日本の政治・経済体制にひずみが生じているので、これを根幹から改革すべきだという意見と、今の体制は優れているので現状維持のほうがいいという意見があります。あなたの意見は次の番号のどこにあたりますか。1が改革推進、10が現状維持を示しています」というものであった。

保守・革新イデオロギーと「現状維持 - 改革推進」について、それぞれの政党の平均値を算出したところ、自民党は「保守」かつ「現状維持」と位置づけられ、新進党は「やや保守」かつ「やや現状維持」と認識されていた。さらに、共産党は「やや革新」かつ「やや改革推進」と認識されている。

すなわち、2つの質問によって2次元での政党配置を試みたものの、この3つの政党は、「保守・現状維持」対「革新・改革推進」という1次元で対立していると認識されていたのである。「保守・現状維持」の端に自民党、「革新・改革推進」の端に共産党、その間に新進党がやや「保守・現状維持」として位置づけられていたというのが、1995年当時の有権者が認識する政党配置であった。

結局のところ、政党配置が1つの次元に回収されるのであれば、「現状維持 - 改革推進」という次元を考慮する必要はなかったのであろうか。興味深いのは、有権者自身の立場を平均すると、「やや保守」かつ「やや改革推進」と自らを位置づけている点である。つまり、先述のとおり、政党対立は1次元上で存在していると認識されているものの、その対立軸上に有権者自らは位置していないという構図となっている。有権者の位置は、政党政治レベルでの対立からは乖離している。「現状維持 - 改革推進」という軸を追加して、2次元で政治対立空間を描き出すことの重要性がここに認められるのである。

1995年時点で、自民党は社会党と新党さきがけと連立政権を組むことによって政権への復帰を果たした。そもそも1993年総選挙における自民党敗北のきっかけは、政治改革を訴えて離党したグループ（新生党、新党さきがけ）によるものであったのだから、自民党が現状維持志向の政党であると認識されていたことは自然なことであった。その後20年以上が経過したが、この認識は変わらないのだろうか。

3節　改革志向と保守・リベラルから見た政党対立認識

1995年の調査以降、各党のイデオロギー位置について尋ねることはあっても、その改革志向について位置づけさせる質問はされてこなかった。そのため、有権者のイデオロギー理解について変化が見られ、「保守」対「革新」イメージを、「守ること」対「変えること」と捉えるようになったという推測についても、直接的に検証することはできなかった。

この点を検討するために、2017年7月に実施した読売新聞・早稲田大学共同世論調査（読売早大調査）では、「保守的」「リベラル」というラベルでイデオロギー位置を尋ねるのと同時に、「改革志向」についても11件法で測定した。回答者は自分自身の保守・リベラル位置、改革志向度を尋ねられるだけでなく、5つの主要政党と「無党派層」についてもそれぞれの位置を尋ねられた。この調査は全国の有権者から無作為に抽出された調査対象者に対し、郵送自記式で実施され、回収率は65・4％であった。[2] ウェブ調査とは異なり、サンプルの代表性は確保されていると考えてよい。なお、保守・リベラルイデオロギーについては、以後、その具体的な質問項目は以下のとおりである。

解釈を容易にするため、回答を反転し保守的を10、リベラルを0として分析している。

［保守・リベラル］

政治的立場を表すために、「保守的」とか「リベラル」という言葉が使われます。10がリベラル、0が保守的だとして、あなたの政治的立場はどこにあたりますか。また、5つの政党と、無党派層と呼ばれる人々の政治的立場はどこにあたると思いますか。それぞれ、最も近いと思う数字を○で囲んで下さい。

項目：あなた、自民党、民進党、公明党、共産党、日本維新の会、無党派層

［改革志向］

あなたご自身と5つの政党、無党派層について、改革志向の度合いはそれぞれどれくらいだと思いますか。最も強い場合を10、最も弱い場合を0、中間を5として、それぞれ、最も近いと思う数字を○で囲んで下さい。

項目：あなた、自民党、民進党、公明党、共産党、日本維新の会、無党派層

この2つの次元を用いて政党対立構造に関する有権者の認識を確認しよう。これまで見たように、有権者の間の政党対立認識の断絶は40代と50代の間にあると考えられるので、年長層（50歳以上、図6・1）と年少層（49歳以下、図6・2）を分けて分析を行い、それぞれが認識している各党位置の平均値を図示した。横軸は保守・リベラルイデオロギーを表しており、右に行くほど保守的、左に行くほどリベラルと

図6.1　保守・リベラルと改革志向から見た政党対立（50歳以上）

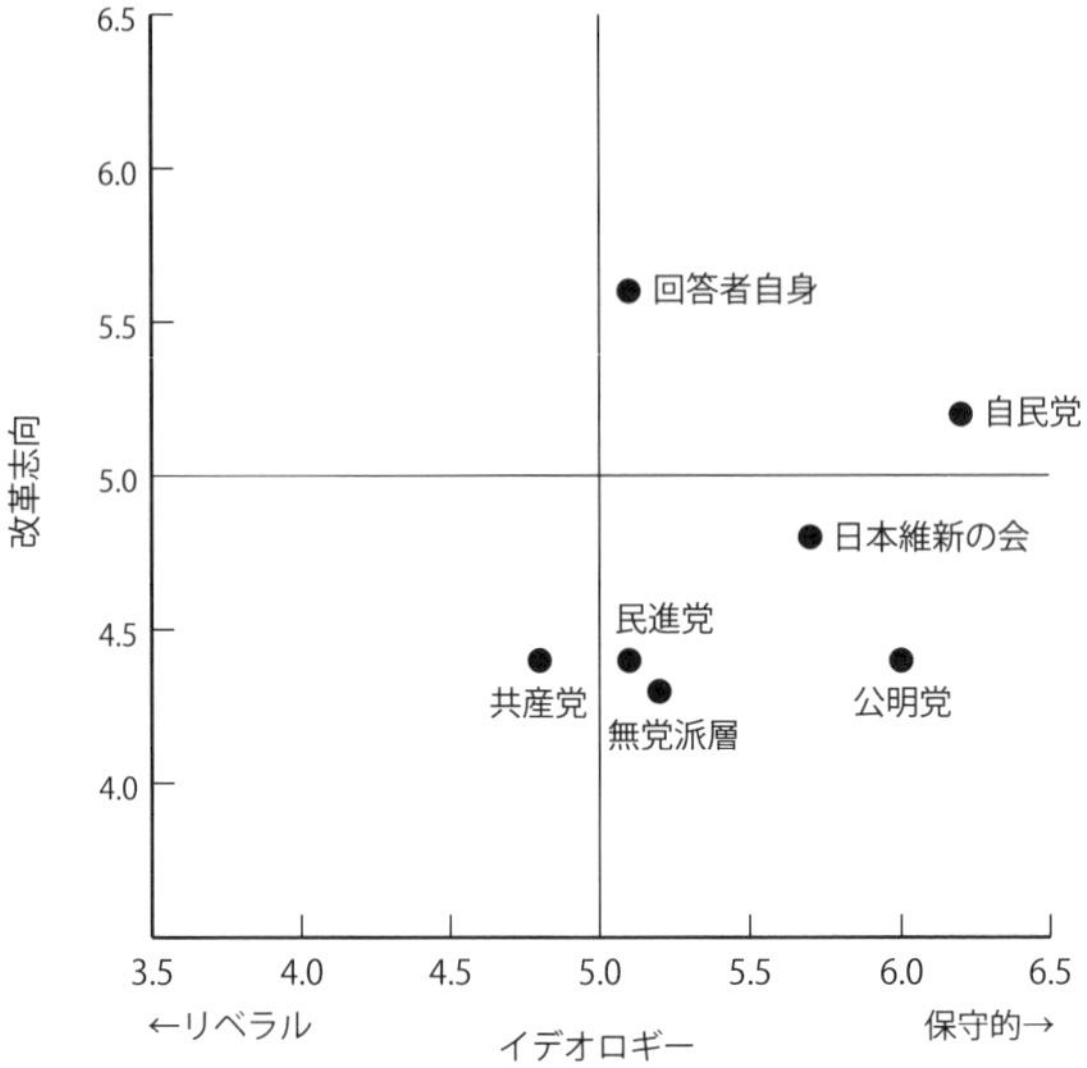

データ：読売早大調査（2017年7月）

図6.2　保守・リベラルと改革志向から見た政党対立（49歳以下）

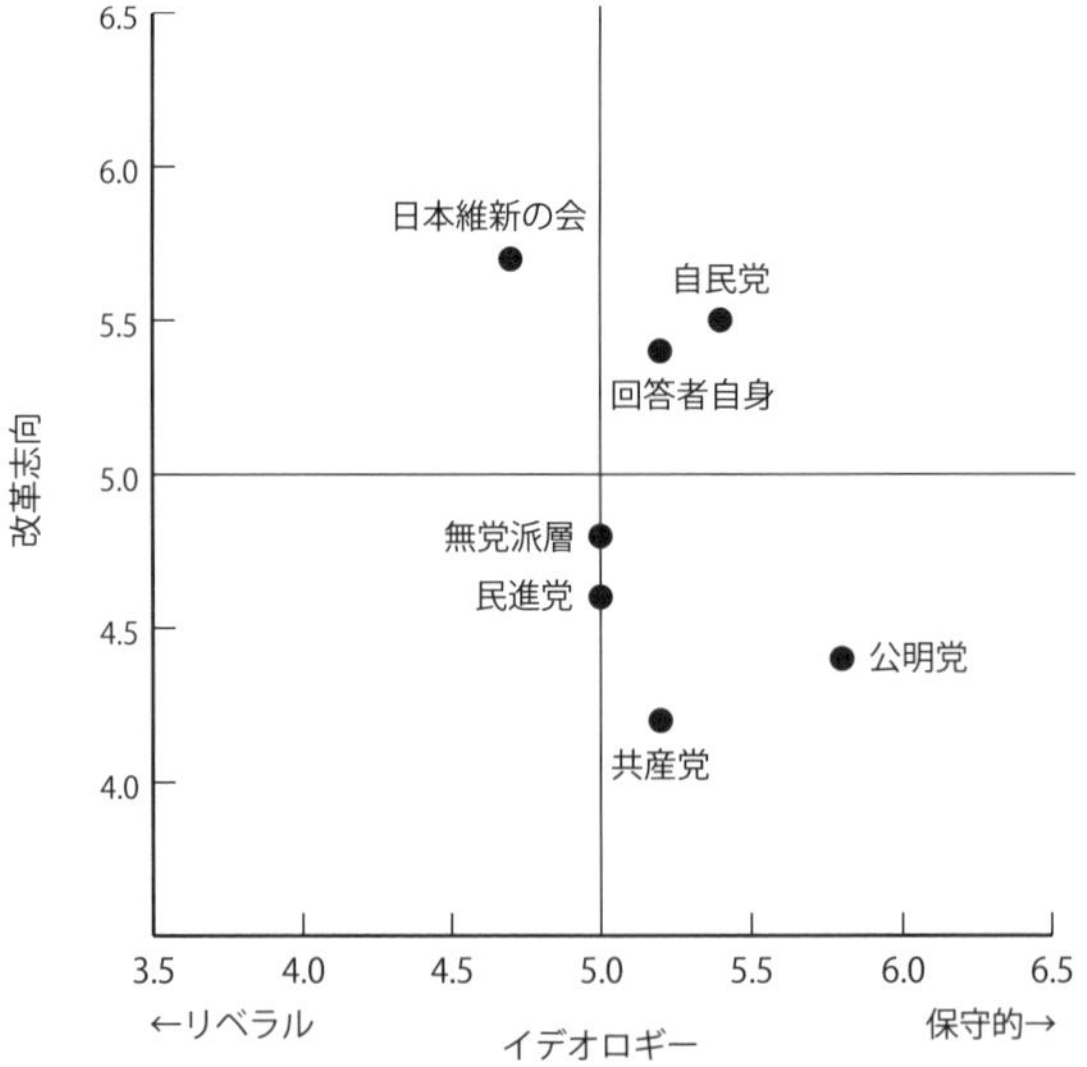

データ：読売早大調査（2017年7月）

認識されている。縦軸は改革志向で、上に行くほど改革志向が強く、下に行くほど改革志向が弱いことを示している。いずれも5は「中間」を意味している。

年長層における政党対立認識について、まず横軸（保守・リベラル）から見ていく（図6・1）。最も保守的なのは自民党、その次に公明党、日本維新の会と続き、ほぼ中間に無党派層と民進党が位置づけられ、共産党もリベラル側ではあるがほぼ中間に位置づけられている。概して、これまで見てきたような、従来型のイデオロギー理解に沿った結果といっていいだろう。回答者自身は民進党とほぼ同じで、中間より少しだけ保守側に位置している。次に、縦軸を見ていくと、改革志向が最も強い政党は自民党で、次に日本維新の会、共産党、民進党と続き、公明党が改革志向の最も弱い政党とされている（無党派層はさらに改革志向が弱いと認識されている）。1995年には現状維持の政党と考えられてきた自民党は、20年以上を経て、改革に最も積極的な政党とみなされるようになったのである。

ここで指摘すべきは以下の3点である。第一に、各党の散らばりを見ると、横軸の幅（自民党から共産党の距離＝1.40）は縦軸の幅（自民党から公明党の距離＝0.94）よりもずっと広い。このことが意味するのは、年長層の有権者では、各党の対立を認識するうえで改革志向という軸より保守・リベラルというイデオロギー軸を用いているということである。保守・リベラルイデオロギーはこの年齢層では基軸の位置を占めているのである。

第二に、公明党がやや外れているものの、自民党、日本維新の会、民進党、共産党という並びはほぼ一直線として結ぶことができる。つまり、1995年の調査と同様に、イデオロギー軸は改革志向をほぼ組み込んでおり、この2次元で見ても、政党対立は1次元で捉えられているということが示唆される。

ただし、1995年との重大な相違も指摘されるべきであろう。1995年は保守と現状維持、革新と改革推進が結びついて1次元をなしていたのに対して、2017年になるとそれぞれの軸の結びつきが逆転する。保守と改革志向、リベラルと現状維持が結びつく1次元をなしているのである。この図でいえば、1995年は右下がりの直線だったのが、2017年には右上がりとなった。この反転は、20年間のうち徐々に起きたものというよりは、自民党の政権復帰と第2次安倍政権における新しい経済政策や安保政策によるものではないだろうか。政党対立の基軸はあくまでイデオロギー軸にあるので、その時々に自民党がどのような政策をとるかによって、この政党対立の直線もその角度を変えている可能性がある。

第三に、1995年と同様に、この年齢層の有権者は自分自身の位置を政党対立の1次元上に置いていない。回答者自身の位置は、どの政党よりも改革志向が強く、保守・リベラルイデオロギー上ではやや保守側の中間である。年長層が政党対立を（1次元の）従来型のイデオロギー配置で認識していることを確認できたとはいえ、ここでもこの2次元によって政党対立を捉えることの重要性が確認できる。平均的な有権者はどの政党からも距離が遠いということが見てとれるだろう。

それでは従来型のイデオロギー認識を有していない年少層は、どのような政党対立構造を描いているだろうか（図6・2）。横軸（保守・リベラルイデオロギー）を見ると、最も保守的な政党は公明党で、次に自民党と共産党が保守側に位置し、中間軸上に無党派層と民進党、リベラル側に日本維新の会という配置である。もはや共産党は保守側で、中道側に寄った自民党とかなり近い位置にいるという対立認識である。縦軸（改革志向）についていうと、改革志向が最も強いのは日本維新の会で、僅差で自民党が次点である。「中間」を挟んで、無党派層、民進党、公明党、共産党という順番で改革志向が弱くなっていく。

年長層の政党対立構造と対照させながら、年少層の政党対立認識について3つの点から論じていこう。

第一に、各政党の配置を見ると、年長層とは異なり保守・リベラルという横軸（公明党と日本維新の会の距離=1.03）よりも改革志向という縦軸（日本維新の会と共産党の距離=1.43）のほうが幅が広い。縦軸の幅は、年長層の保守・リベラル軸の幅と同程度となっている。つまり、年少層においては保守・リベラルというイデオロギー軸よりも、改革志向という軸のほうが政党間の差異を認識するためには有用であるということがこの図からわかる。

第二に、この2次元上の図の中において各政党の位置は散らばっており、年長層のそれのように各政党を結ぶ直線を引けるような単純な構図を示していない。自民党の位置は保守かつ改革志向、日本維新の会はリベラルで改革志向、公明党と共産党は保守で現状維持志向、民進党は中間で現状維持志向となっており、年長層のように保守と改革志向、リベラルと現状維持志向が結びつくということはない。つまり、保守・リベラルと改革志向の2次元については収斂していないのである。

第三に、平均的な有権者の位置がどの政党とも距離のあった年長層とは異なり、年少層の平均的な有権者は各党の散らばりの中に位置している。図を見てわかるように、平均的な有権者はやや保守的でやや強い改革志向を示しているが、そこに最も距離の近い政党は自民党である。有権者から見ると、自民党や日本維新の会は自分たちよりも改革志向が強い政党と見えていることも興味深い。有権者平均が最も強い改革志向を示しており他の政党の改革志向を物足りなく見ている年長層とは対照的である。

興味深いことに、回答者自身の保守・リベラルイデオロギーと改革志向の位置の相関係数をとると、年長層は −0.42、年少層は −0.47 といずれも統計的に有意なレベルで負の相関を示している。つまり、保守的であるほど改革志向が弱く、リベラルであるほど改革志向が強いのである。日本維新の会をリベラルと位置づけるという現象は、やはりこの「改革志向」の存在に裏打ちされていることが示唆されるのである。他方で、年長の有権者自身のイデオロギーと改革志向の関係については、１９９５年当時と同様の１次元の構造（保守ほど現状維持志向）にあるものの、２０１７年に認識している政党対立構造はそれとは反転（保守ほど改革志向）しているのである（図6・1）。年長層が慣れ親しんできた政治対立構造は、政治的態度としては内面化されてきているものの、現代の政党対立はそれとは異なるものとして認識されているのである。

4節　政治アクターへの評価との相関

保守・リベラルイデオロギーと改革志向をあわせて検討することによって、政党対立構造に関する有権者の認識が年齢層ごとに根本的に異なっている可能性が前節でも示唆された。次に検討すべきは、保守・リベラルイデオロギーと改革志向のどちらが、政治アクターに対する評価や政策争点態度と関連しているのかであろう。

前節において、50代以上の有権者は保守・リベラルイデオロギーを政党対立認識の基軸とし、40代以下の有権者は改革志向によって政党位置を判断していると推論した。ここでは、各政党および様々な政党リーダーについての感情温度との相関関係を分析することによって、保守・リベラルイデオロギーと改革志向のいずれが有権者の政党・政治家評価を規定しているかを検討する。

読売早大調査では、感情温度質問によって各アクターへの評価を尋ねている。感情温度質問とは、1章でも取り上げたように、それぞれのアクターに対する気持ちを温度にたとえて、最も温かい場合を１００度、最も冷たい場合を0度、温かくも冷たくもない中立の場合を50度として、0から１００度の間で数字を回答してもらう形式の質問である。政党としては、自民党、民進党、公明党、共産党、日本維新の会の

5政党について尋ね、次に「無党派層と呼ばれる人たち」についても尋ねた。

さらに、政治家としては現職の政党リーダーだけでなく、過去の政党リーダーも含めて尋ねた。現職の政治家としては、自民党からは麻生太郎、安倍晋三、石破茂、岸田文雄、小泉進次郎を、公明党からは山口那津男を挙げた。野党側では、民進党の蓮舫、共産党の志位和夫、日本維新の会の松井一郎、都民ファーストの会（当時はまだ国政に進出しておらず）の小池百合子を挙げた。また、過去の政党リーダーとして自民党の小泉純一郎、民主党の鳩山由紀夫、日本維新の会の橋下徹の3人を含めた。合計13名の政治家は50音順に並べられ、肩書は記さなかった。

表6・1に各アクターへの感情温度と保守・リベラルイデオロギーおよび改革志向との相関係数（単相関）を、年齢層ごとにまとめた。保守・リベラルイデオロギーと改革志向は、それぞれ回答者自身の位置に関する回答を用いている。保守・リベラルについては値が高いほど保守を示しているので、保守であるほど好感度が高ければ正の係数、リベラルであるほど好感度が高ければ負の係数を示す。同様に、改革志向については値が高いほど強い改革志向であるので、改革志向が強いほど好感度が高ければ正の係数、改革志向が弱いほど好感度が高ければ負の係数を示す。

政党への評価から見ていこう。傾向が明白なのはやはり年長層のほうである。5つの政党すべての評価と保守・リベラルイデオロギーの間には相関がある。保守的であるほど自民党と公明党と日本維新の会への感情温度が高く、リベラルであるほど民進党と共産党への感情温度が高いという傾向は、従来型のイデオロギー認識に沿っていると考えてよいだろう。他方、改革志向については、各党に対する感情温度と相関していないという点も重要である。年長層の有権者はやはり保守・リベラルイデオロギーのみで政党を

表 6.1　政党・政治家感情温度と保守・リベラル／改革志向の相関

	49 歳以下		50 歳以上	
	保守・リベラル	改革志向	保守・リベラル	改革志向
自民党	0.09*	0.10*	0.25**	0.05
民進党	-0.06	-0.07	-0.19**	-0.03
公明党	0.03	0.03	0.09*	0.00
共産党	-0.08*	-0.02	-0.24**	0.00
日本維新の会	-0.03	0.16**	0.09*	0.04
無党派層	-0.13*	0.11*	-0.05	0.00
麻生太郎	0.05	0.12*	0.16**	0.02
安倍晋三	0.07	0.13**	0.24**	0.02
石破茂	-0.06	0.13**	0.05	0.15**
岸田文雄	0.04	0.15**	0.09*	0.11*
小池百合子	-0.12*	0.10*	-0.06	0.05
小泉純一郎	-0.06	0.00	0.01	0.06
小泉進次郎	-0.03	0.08*	0.05	0.09*
志位和夫	-0.12*	0.05	-0.22**	0.02
橋下徹	-0.06	0.15**	0.08*	0.06
鳩山由紀夫	-0.01	-0.04	-0.10*	-0.07*
松井一郎	0.01	0.13*	0.10*	0.01
山口那津男	-0.04	0.08*	0.00	0.06
蓮舫	-0.04	-0.06	-0.19**	-0.04

** p< .01; * p< .05
データ：読売早大調査（2017 年 7 月）

判断しているのである。

年少層に目を転じてみると、政党への評価は散発的に両方の軸と関連しているようである。保守・リベラルイデオロギーについていえば、保守であるほど自民党への感情温度が高く、リベラルであるほど共産党への感情温度が高いという関係にある。そういった意味では従来型のイデオロギーの機能と整合的であるものの、他の３つの政党の感情温度とは関連がないというのが特徴である。

改革志向についていえば、改革志向が強いほど自民党と日本維新の会への感情温度が高いという関係が見られるものの、他の政党について相関は見られない。つまり、政党を評価する際に1つの軸だけを用いるのではなく、2つの軸から判断をしている可能性が示唆される。

なお、無党派層について見てみると、年長層においては保守・リベラルも改革志向も相関が見られないのに対して、年少層においてはリベラルであるほど好感度が高く、また、改革志向であるほど好感度が高いという関係にある。あえて「無党派」であることが政治的立場としての意味を持つという点において、田中（1997）のいう積極的無党派層のようなイメージが年少層の間では持たれているのかもしれない。

次に、政党リーダーへの評価について見てみると、年長層においては政党への評価ほど明確なパターンは確認できないものの、イデオロギーがやはり重要な役割を果たしていることがわかる。保守・リベラルイデオロギーは、麻生太郎、安倍晋三、岸田文雄、橋下徹、松井一郎への評価と正の相関を、志位和夫、鳩山由紀夫、蓮舫への評価と負の相関を示している。前者は保守ほど感情温度が高く、後者はリベラルほど感情温度が高い。これらの政治家を並べると概ね伝統的なイデオロギー対立のようにも見える。

他方で、改革志向は石破茂、岸田文雄、小泉進次郎への評価と正の相関を、鳩山由紀夫への評価と負の相関を示している。改革志向が強いほど前者の感情温度が高く、鳩山への感情温度は低い。とりわけ石破、岸田、小泉進次郎の3人は、将来の首相候補と目されており、「現在からの変化」という意味で支持がなされているのかもしれない。また、小池百合子、小泉純一郎、山口那津男はいずれの軸とも関連をしていないということも指摘しておくべきであろう。小池百合子、小泉純一郎は改革志向と関連しそうに思われるが、年長層においては両者の支持には結びつかないようである。

年少層においては一転して明確な傾向が認められる。政治リーダーを評価する際に重要なのは改革志向であり、麻生太郎、安倍晋三、石破茂、岸田文雄、小池百合子、小泉進次郎、橋下徹、松井一郎、山口那津男がすべて正の相関を示している。現役の政治リーダーのうち、改革志向と相関が見られなかったのは志位和夫と蓮舫の左派リーダー2名のみであった。志位和夫と小池百合子に対する好感度は保守・リベラルイデオロギーと相関しており、リベラルであるほど評価されているが、蓮舫はいずれの軸とも関連が見られなかった。同時に、小泉純一郎と鳩山由紀夫という2名の元首相もいずれの軸とも関連がなかった。

政党および政治リーダーとの相関分析から、年長層は保守・リベラルイデオロギーを用いて政治アクターを判断しているという点が明らかになった。政党評価においてはそれが明確であり、政治リーダー評価についても概ねそのような傾向が見られるといっていいだろう。他方で、年少層では、政党については両方の軸と関連が見られるものの、政治リーダーへの評価との関連を見ると、改革志向こそが政治アクターの判断の軸として使われていることが示唆される。ただし、改革志向が弱い場合に支持を獲得する傾向のある政治家がいないという点において「対立」軸として根づいているとまで言い切ることはためらわれる。

5節　政策争点態度との相関

最後に、政策争点態度との関連を分析することで、それぞれの年齢層の有権者において「保守・リベラル」「改革志向」が何を意味しているかを検討したい。

読売早大調査では、全部で11項目の政策意見に関して回答者に賛否を問うている（章末の補遺6・1参照）。たとえば、「日本の防衛力をもっと強化すべきだ」という防衛力強化に関する意見について、「賛成」「どちらかといえば賛成」「どちらかといえば反対」「反対」の4つの選択肢のうち1つを選択してもらう。調査では「賛成」が1で「反対」が4であるが、ここでは解釈を容易にするために数字が大きくなるほど賛成を意味するように数字を反転させて分析を行った。

読売早大調査では様々な分野の政策意見を含めた。安全保障政策（「防衛力強化」「自衛隊海外派遣」）が日本のイデオロギーの基礎をなしていることは、これまで繰り返し確認してきた。さらに、近年、原発政策への意見（「原発再稼働」）もイデオロギーと強い関連を見せるようになってきた。社会的な価値観争点といえる「女性社会進出」「夫婦別姓の容認」「外国人労働者受け入れ」は、イデオロギーとの関連性が考えられる。そして、欧米ではイデオロギーと強く結びつく経済次元に、「経済競争制限」と「税金負担の軽減」を含めた。最後に、２０１６年に世界を席巻したポピュリズムの波が日本でも見られるのかを検討するために、「国際協調より自国利益」「政治リーダーは妥協が必要」「政治家は世論をリードすべき」を加えた。

なお、ここでは詳述しないが、これらの政策意見に対する賛否を因子分析したところ、世代にかかわらず、有権者は3次元の政策争点態度構造を有していることが明らかになった（詳しくは遠藤他 2017）。3次元とは、伝統的なイデオロギー対立である安全保障争点に原発争点を加えた安全保障・原発軸（「防衛力強化」「自衛隊海外派遣」「原発再稼働」）の他、社会的価値観軸（「女性社会進出」「夫婦別姓の容認」「外国人労働者受け入れ」）とポピュリズム軸（「税金負担の軽減」「国際協調より自国利益」）である。

政策争点態度と保守・リベラルイデオロギー、改革志向との相関分析の結果は表6・2にまとめた。こ

表 6.2　政策争点態度と保守・リベラル／改革志向の相関

	49 歳以下		50 歳以上	
	保守・リベラル	改革志向	保守・リベラル	改革志向
防衛力強化	0.07	0.04	0.18**	0.05
自衛隊海外派遣	0.00	0.10*	0.13**	0.07*
原発再稼動	0.10*	0.01	0.18**	0.00
女性社会進出	-0.10*	-0.03	-0.11*	0.07*
夫婦別姓の容認	-0.06	-0.01	-0.16**	-0.03
外国人労働者受け入れ	-0.02	-0.09*	-0.11**	0.03
経済競争制限	0.02	0.01	-0.11*	-0.04
税金負担の軽減	0.01	-0.07*	-0.02	-0.05
国際協調より自国利益	0.05	0.03	0.03	-0.02
政治リーダーは妥協が重要	-0.06	-0.02	-0.09*	0.03
政治家は世論をリードすべき	0.06	0.03	0.07*	0.02

** p< .01; * p< .05
データ：読売早大調査（2017 年 7 月）

こでも年長層では明確な特徴が表れている。保守・リベラルイデオロギーの自己位置は、ほとんどの政策争点態度で統計的に有意な相関関係が認められる。つまり、保守であるほど、防衛力強化や自衛隊海外派遣、原発再稼働に賛成する。これは伝統的なイデオロギー理解そのものといえる。さらに、保守であるほど、女性社会進出の推進や夫婦別姓の容認、外国人労働者受け入れに反対する傾向があり、保守・リベラルが社会的価値観軸とも関連していることが示されている。さらに経済的要因のうち経済競争制限とも関連しており、想定どおり保守であるほど自由な経済競争を制限することに反対しやすい。また、保守であるほど政治リーダーの妥協を嫌い、政治家は世論に従うのではなくリードすべきであると考えている。他方、「税金負担の軽減」「国際協調より自国利益」というポピュリズム次元の政策意見とは関連していないことは興味深い。

それと比べて、改革志向はほとんどの政策争点態度とは関連が見られない。「自衛隊海外派遣」と「女性社会進出」のみが改革志向との有意な相関係数を示している。つまり、改革志向が強いほど、これらの政策意見に賛成をしている。

それでは年少層ではどうだろうか。政治アクター評価の相関分析からは、政策争点態度についても改革志向が強く相関することが予想されるが、実際にはそうではない。改革志向が統計的に有意なレベルで相関しているのは3つの項目だけであり、先述の3つの政策軸（遠藤他 2017）のいずれかに偏っているわけでもない。

改革志向が強いほど自衛隊海外派遣を拡大すべきであると考え、外国人労働者は受け入れるべきではないと考えている、というところまでは右派的な政策パッケージと共通のようにも思われる。ただし、改革志向が強いほど税金負担の軽減に反対するという関係についてはこれとは一貫しない。「税金負担の軽減」の文言は、「社会保障などの行政サービスが多少手薄になっても、国民の税金負担は小さい方がよい」というものであり、改革志向の強い年少層は新自由主義的な志向を有しているというよりも、福祉サービスについても重視している可能性がある。

他方、保守・リベラルイデオロギーについては、年少層ではほとんどの政策争点態度を規定していないが、「原発再稼働」と「女性の社会進出」についてだけは統計的に有意な相関がある。保守ほど原発再稼働に賛成し、女性の社会進出の推進に反対しているのである。これまでイデオロギーの基盤をなしてきた安全保障政策についてはもはや関連がなく、改革志向のほうで関連が見られる（「自衛隊海外派遣」）。

6節　結論

2章ですでに明らかにしたように、有権者のイデオロギーに対する理解は年齢によって異なる。本章で試みたのは、そこに改革志向という補助線を引くことによって、年齢層ごとの政党対立認識の相違をより明確に描くことであった。というのも、日本維新の会を保守とは対極（革新であれ、リベラルであれ）に置くという現象は、「現状からの変化」志向としての政治対立の可能性を示唆したからである。

政党対立をイデオロギーという1次元だけで描くのではなく、改革志向という縦軸を増やして2次元として描くという本章の試みによって、有権者の政党対立認識の相違は鮮明になった。他の章でも確認してきたように、50歳以上の有権者において、保守・リベラルイデオロギーはこれまでと同様の役割を果たしており、政党対立を規定している。イデオロギーと改革志向の関係は20年前とは反転するものの、政党の位置は「保守・改革志向」対「リベラル・現状維持志向」という1次元に収斂する。ただし、有権者自身は改革志向が最も強く、政党対立の直線からは遠く離れており、エリートレベルでの政治との乖離が示唆される。さらに、保守・リベラルイデオロギーは政党や政治家に対する評価とも明確に関連し、政策争点態度とも想定どおりの相関関係があることが明らかになった。

他方で、49歳以下の年少層では、保守・リベラルイデオロギーよりも改革志向のほうが、有権者の政治認識のあり方や態度形成において役割を果たしているようである。年少層では、改革志向で各党を位置づけるときに、政党間の相違をより明確に捉えている。さらに、年長層とは異なり、年少層では政党の配置は一直線とはならず、保守・リベラルイデオロギーと改革志向の2次元上で各党は散在する。2次元上に政党が散らばっている状況において、年少層の有権者の平均的な自己位置に最も近いのは、自民党（保守かつ改革志向）である。さらに、政治アクターを評価する際には、保守・リベラルという従来のイデオロギー軸ではなく、改革志向に沿って判断をする傾向にある。ただし、政策争点態度との関係でいうと、改革志向は自衛隊海外派遣、外国人労働者受け入れ（反対）、税金負担の軽減（反対）と相関があるものの、明確なパターンを描くには至っていない。

これまで本書では年少層と年長層の間の政党対立認識の「捻れ」を問題としてきた。その際に、年長層をスタンダードとみなし、それと対照させることで年少層の特異なパターンを描いてきた。しかし、本章が明らかにしたのは、年長層の中にも、自己の内面に抱える政治的態度としての政治対立（リベラルほど改革志向）と、現実の政党対立の認識（保守ほど改革志向）の間に「捻れ」があるという現実である。その意味で、年長層も現実の政治を前に安穏としているわけではない。

イデオロギー・ラベルをめぐる混乱は有権者の中だけにあるわけではない。「寛容な改革保守」と自らを位置づけた小池百合子は、その支持基盤たる年少層において、実際には「改革」と「保守」ではなく、「改革」と「リベラル」に支えられていた。小池がこの点に自覚的であったかは知る由もないが、自己の信念から「寛容な改革保守」として自らのイメージを確立しようと試みた一方で、先述の支持基盤を考えれば「リベラル」の排除は支持を失う理由として十分なものであった。

補遺6・1　政策争点態度に関する質問項目一覧

- 防衛力強化：「日本の防衛力をもっと強化すべきだ」
- 自衛隊海外派遣：「国際社会において、海外に派遣する自衛隊の役割を拡大すべきだ」
- 原発再稼働：「規制基準を満たした原子力発電所は、運転を再開した方がよい」
- 女性社会進出：「管理職に占める割合など数値目標を定めて、女性の社会進出を進めるべきだ」
- 夫婦別姓の容認：「法律を改正して、夫婦別姓を認めるべきだ」
- 外国人労働者受け入れ：「労働力として外国人を積極的に受け入れるべきだ」
- 経済競争制限：「国民の経済格差が広がらないように、自由な経済競争はある程度制限すべきだ」
- 税金負担の軽減：「社会保障などの行政サービスが多少手薄になっても、国民の税金負担は小さい方がよい」
- 国際協調よりも自国利益：「国際協調よりも自国の利益を優先すべきだ」
- 政治リーダーは妥協が必要：「政治リーダーは、自らの強い信念があっても、異なる意見があれば、妥協することは重要だ」
- 政治家は世論をリードすべき：「政治家は世論に左右されるのではなく、世論をリードしていくべきだ」

第7章

日本における極右支持

1節　はじめに

ここ数十年、オーストリアやベルギー、デンマーク、フランス、イタリア、オランダ、スイスといった多くの先進民主主義諸国で極右政党の台頭が観察されている。それに伴い、極右政党についても様々な研究がなされ、選挙での勝敗だけでなく、個人レベルでの支持の要因も探究されている（例として、Falter and Schumann 1988; Hainsworth 1992; Kitschelt 1995; Merkl and Weinberg 1997; Van der Brug et al. 2000）。

その一方で、西欧諸国と比べて、「極右」という言葉は日本の政党政治の文脈ではそれほど耳にするわけではない。明白に超国家主義的（ultranationalist）な立場をとる政党は選挙でほとんど得票することはない。[1] しかし、だからといって日本において極右的な意見の影響がないわけではない。極右的な勢力にとって欠けているのは、自らの主張を擁護する政治的に有力なチャネルである。しかし、２０１４年、元自衛官から転じた右派論客が東京都知事選挙の候補者になったことで、そのようなチャネルが出現した。このことは、日本の極右支持の性質を探究する数少ない機会を提供した。

超国家主義的なグループは疑いなく日本にも存在し、ときにその存在を知らしめるように活動する。最も活動的な組織は在特会（在日特権を許さない市民の会）で、２００７年に設立され、1万３０００人の会員規模（２０１３年当時、樋口 2014）に急成長した。[2] 在特会は、在日コリアンが入管特例法（「日本国との平和条約に基づき日本の国籍を離脱した者等の出入国管理に関する特例法」）によって「特権」を与えられていると主張し、公然と批難している（樋口 2014；安田 2012）。在特会は、「通名の使用」や「生活保護優遇」といった「特権的」（と在特会が主張する）扱いが在日コリアンに与えられていると唱え、これらの廃止を訴えている（「特権」の存在は明確に否定されている。安田 2012参照）。このようなグループはたいてい政治的に有力な勢力というよりは妨害者扱いを受けている。

Kitschelt（1995）によれば、極右政党の成功は、利用可能な機会構造（opportunity structure）にかかっている。特に、主要な中道右派政党と中道左派政党が政策空間上の真ん中に寄っていくと、急進的な政党にとってその政策空間の端が利用可能になる。

2章で見たように、日本の政党システムでも、過去数十年にわたって政党の中央への収斂化が進展した。極右政党の出現には好都合な機会が現れているような状況であるが、実現に至ってはいない。適切な組織やカリスマ的リーダーといった、他国での極右政党の成功に重要だとされている要因が欠けていることがその理由かもしれない。選挙制度も他の理由として指摘できるだろう。極右だろうが極左だろうが、急進的な政党が衆議院の大半の議席を占める２８９の小選挙区で勝ち抜く可能性はほとんどない。

2節　日本における極右政党

日本維新の会分裂後の２０１４年8月に誕生した政党、次世代の党（後に、日本《にっぽん》のこころを大切にする党、日本のこころ。２０１８年11月に解散し、自民党に合流）は、例外的に極右的な政党として考えられる。次世代の党が綱領や基本政策で掲げたのは、（「占領軍により押し付けられた戦後憲法」に対して）「自主」憲法の制定、愛国心や「正しい」歴史認識、道徳を育む教育、集団的自衛権、より厳格な外国人政策、エネルギー源として原発の維持、地方分権などであった。また、主婦軽視となるため男女共同参画施策に反対し、外国人参政権にも反対することを公約している。これらの提案から、いくつかのテーマが浮かび上がるだろう。つまり、より強権的な外交政策、社会についての伝統的価値観の擁護、排外主義の発露である。

次世代の党は19人の衆議院議員と3人の参議院議員によって結党された。2014年の衆院選では18人の現職を含む48人の候補者を擁立した。このことは、支持基盤が比較的小さいことを政党執行部が自覚し、選挙での野望について限定的に捉えていることを示している。

選挙は次世代の党にとって惨敗に終わった。17議席を失い、2つの選挙区で勝ったのみであった。[3] 比例区選挙は、より正確にその政党への支持を表すが、次世代の党の得票率はわずか2・6%で議席獲得に至らなかった。この数字が示すのは、極右的な考えは日本の有権者にはほとんど魅力的に映っていないということである。

次世代の党の惨敗は、極右投票者についての実証研究を難しくさせている。意味のある統計分析をするには、その数が少なすぎるからである。

極右投票者について分析をするためには、それなりの得票がある必要があるが、2014年東京都知事選挙でそのようなケースが現れた。著名な極右候補者が立候補し、12%以上というかなりの票数を得たのである。東京都の有権者が日本全体の有権者の縮図とはなっていないとはいえ、都知事選前後に実施されたウェブ調査は、日本における極右投票者の特徴を探る貴重なデータとなった。

3節　誰が極右を支持するか

極右への投票者には、一般にどのような特徴があるのだろうか。西欧諸国を対象とする先行研究によれば、極右支持者の年齢は若く、男性で、宗教には入っておらず、教育程度が低く、社会経済的地位が低い傾向がある。また、単純労働者や自営業者、無職に多い傾向がある（Lubbers et al. 2002, 364-65）。失業は特に極右支持を促す実質的な要因としてよく指摘される（e. g. Baimbridge et al. 1994; Jackman and Volpert 1996）。職業と宗教は人々の社会への統合を働きかける重要な機能を果たしており、したがって社会に統合されていないような人たちが、その代わりとしてナショナリスティックな政策を求めている（Kornhauser 1959）。

極右支持者の信念体系の根本的な特徴は、Adorno et al.（1950）によって定式化された権威主義的パーソナリティの理論と一致している。つまり、多元主義や平等原則への拒否、攻撃的なナショナリズムの擁護、マイノリティへの差別である（Ignazi 1992; Lipset and Raab 1970）。

マイノリティへの差別は、自国民の中のマイノリティと移民の両方が対象とされうる。西欧諸国の研究では、極右急進主義は「外国人嫌い、レイシズム、極端な愛国主義についての公然な、あるいは巧みな弁護」と「強い国家を支持する主張」によって特徴づけられると結論づけられている（Knigge 1998, 255）。この意味で、極右志向は、自由民主主義の中核的な価値および原則へのコミットメントの欠如と結びつけられる。

この点に関連して、イデオロギー空間の両端における急進的な立場は、現状への不満の結果を表している可能性がある。極右政党は政治システムから疎外されている有権者に対して、特にアピールするということが確認されてきた（e. g. Betz 1994; Westle and Niedermayer 1992）。ただし、このことは現在の政治的権威に対する不満とは別のものであることに注意されたい。政治的権威への不満は政権党に対抗するような投票によって収まるかもしれないが、システムに対する不満は、しばしば既存の民主制度やプロセスへの不信につながっていく。政治を、「われわれ」＝大衆と「彼ら」＝権力を掌握する利己的で腐敗したエリートとの闘争であると見る傾向は、極右であれ極左であれ、急進主義者によって共有されている特徴である（McClosky and Chong 1985）。

極右がしばしば訴えるのは、国家としてのアイデンティティが脅威にさらされており、それゆえに擁護する必要があるということである。そのアイデンティティには、内集団（in-group）の間では共通して存在しているが、国家に属していない（と認識されている）外集団（out-group）の間では存在していない信条のようなものが含まれ、強調される（e. g. Van Dijk 1993）。日本のアイデンティティの場合、普遍主義的な価値によって形づけられておらず、その代わり国に固有の精神性を強調している、とEisenstadt（1996）は主張している（p. 77, 94）。この主張は、以下のような極右支持者と深く共鳴する。

日本の文明が特別であることを主張し、道徳教育を強制すべきと要求する。人口減少に対処するために、外国人労働者の受け入れの拡大が叫ばれるにつれ、多文化主義への恐怖が広がった。……国家の文化的なアイデンティティの擁護者は、大衆が文化を誇りにしていないことを嘆き続けた。（Rozman 2012, 29）

この記述は、日本の極右支持を基礎づけるいくつかのテーマを示している。愛国心の涵養《かんよう》と排外主義である。日本の極右言説にはっきりと表れるテーマとして、戦時中の日本の行為に関する歴史修正主義がある。

これまで論じてきた極右支持者の特徴のほとんどは、西欧の先進民主主義諸国における研究から指摘されるものである。しかし、欧州における極右投票の最も明確な要因である移民と失業（Lubbers and Scheepers 2000）は、他国と比べて日本ではそれほど問題となっていない。

ここで生じる疑問は、日本の極右投票者はどのような点が欧州の極右投票者と同じで、どのような点が異なるのか、ということであろう。松谷他（2006）は、元東京都知事で日本維新の会の共同代表も務め、その後、次世代の党の最高顧問を務めた石原慎太郎を極右政治家と分類し、都知事在任中の石原に対する支持について分析した。その結果、石原に対する支持は、若者や経済的に貧しい層から来るものではなく、ナショナリズムや経済的リベラリズム、排外主義によってもたらされていることが明らかになった。

これらの分析結果は、極右支持者を浮かび上がらせるための手がかりを与えてくれる。石原のレトリックは超国家主義的な本性を表すことがあるが、石原は政治的なアウトサイダーでも、反エスタブリッシュメントの十字軍でもない。長らく自民党議員であったし、１９７０年代と１９８０年代に大臣を歴任している。１９９９年に完全無所属で都知事選挙に勝利して以降、再選の機会で自民党からの支援を受けたこともある。石原は伝統的な保守層の多く（おそらく過半数以上）から得票をしていたため、石原への支持を極右的な志向と同義と見るのは問題があるだろう。

本章ではその代わり、政治的なキャリアのない候補者で、明らかな超国家主義的な考えで知られる候補者に着目する。5節では、2014年東京都知事選時に実施したウェブ調査を分析し、とりわけ極右の論客への投票者と他の主要候補への投票者を比べることで、これまで実証的に検討されてこなかったトピックに光を当てたい。

4節　2014年東京都知事選挙における極右候補者の出現

2012年10月、小説家でナショナリストのアイコンであった石原慎太郎は都知事の職を辞することを表明し、13年半にわたる石原都政は幕を閉じた。すでに80歳であった石原は太陽の党の共同代表として国政に復帰し、その後、日本維新の会、次世代の党と政党を衣替えした。石原辞任後、猪瀬直樹副知事が都知事選を勝ち抜いた。作家であった猪瀬は、小泉による新自由主義改革の目玉の一つであった日本道路公団民営化の熱心な支持者で知られていた。その猪瀬も2013年末には政治資金スキャンダルで辞任を余儀なくされた。

ポスト猪瀬を争う都知事選は2014年2月9日に実施されることになり、16人が立候補した。メディアの予想は、舛添要一・元厚生労働大臣の勝利であった。舛添は数々のテレビ番組で舌鋒鋭い政治コメンテイターとして名を馳せたが、勝利の予測は、舛添の知名度の高さだけでなく、自民党・公明党という政権党（と自ら率いる新党改革という小党）の組織的な支持にもよっている。

舛添の政策公約が、2020年夏季オリンピックの成功、災害予防措置、福祉といった地域的な政策争点に着目している一方で、宇都宮健児と細川護熙[4]という2人の有力な対抗候補は、原発廃止という地方政府ではなく中央政府に権限があるような政策争点を強調した。日弁連元会長の宇都宮は2度目の都知事選出馬で、共産党、社民党、緑の党といった左派政党連合によって推薦されていた。細川元首相の最も著名な支援者は、伝統的なリベラル勢力ではなく、小泉純一郎元首相であった。細川が最優先としていたのは、原発再稼働の阻止であり、民主党と生活の党、結いの党によって支援されていた。

これらの3人の著名候補と比べて、田母神俊雄《たもがみ》はとるに足りない候補者とみなすこともできた。田母神が支持を得ていたのは、マイナーな極右政党である維新政党・新風であったが、より重要なのは、日本維新の会の共同代表であった石原元知事による個人的な支持である（日本維新の会はこの選挙でどの候補者に対しても公式に推薦することを控えた）。

田母神は1948年に福島で生まれ、防衛大学卒業後、航空自衛隊で自らのキャリアを築き、航空幕僚長に上り詰めた。2008年に「日本は侵略国家であったのか」という論文で、第1回「真の近現代史観」懸賞論文・最優秀藤誠志賞を受賞したことで政治的な注目を集め、幕僚長の職を辞任した。このニュースは、現役の自衛隊指揮官が論文の中で第二次世界大戦での日本の侵略行為を明確に否定し、戦時中の指導者の意図を正当化し、日本政府の見解と真っ向から対立する意見を表明していたことで衝撃を与えた。更迭された田母神は国会の参考人招致に呼ばれても自説を主張した。その後、田母神は保守派の論客として軍事問題や日本の歴史に関する本を出版し、テレビ番組に出演し、保守的なケーブルテレビチャンネルである日本文化チャンネル桜で番組ホストも務めた。これらの活動を通じて、田母神は極右支持者の間で新しいアイコンとなっていったのである。

都知事選における田母神の選挙公約は、自然災害の予防のための自衛隊の役割、景気回復政策、原発再稼働への支持を強調していたが、極右のお気に入りの政策のかなりの部分は言及を避けていた。しかしながら、街頭演説では、戦時中の侵略行為や南京虐殺、従軍慰安婦はすべてでっち上げだと主張し、外国人参政権への反対を表明し、「誇りある歴史を取り戻す」姿勢として靖国神社への参拝を約束した（朝日新聞2014年2月11日）。

選挙予測が明らかだったことと大雪が降った影響で、投票率は46・16％と過去2番目の低さに落ち込んだ。舛添が43・4％の票を得て勝利し、宇都宮は20・2％、細川は19・6％の得票率であった。

田母神の得票はおおかたの予想を遥かに超え、全体の12・6％、60万票以上であった。出口調査の結果はさらに衝撃的であった。20代の投票者では、田母神は2番目に多く得票をし、その数字は舛添の36％に次ぐ24％にも及んだ（朝日新聞2014年2月11日）。評論家は、田母神の予想外の得票の理由を、いわゆるネトウヨ（ネット右翼、右派でナショナリスティックなインターネット・ユーザー）によるものとし、未知であったグループの大きさを田母神の得票から推定した[5]。

5節　実証分析

本節では、田母神投票者の特徴を人口統計学的要因、政治的態度、政策争点態度、権威主義、ナショナリズム、排外主義の観点から検討する。分析には、2014年東京都知事選の前後に行われたウェブ調査を使用する[6]。ウェブ調査であるため、東京都の有権者の縮図とはなっておらず、代表性の欠けるデータではあるが、この都知事選挙について分析可能なデータはほとんどないため、このデータを用いる。

この分析を始めるにあたって、まず、田母神への投票者が実際に有権者全体よりも右派に傾いているのかという点を検討しよう。保守・革新イデオロギー質問（0が革新、10が保守の11件尺度）で、保守側の端の2値（9と10）を「極右」としてまとめると、全体としておよそ10％の回答者がこのカテゴリーに入るが、田母神投票者では22・5％とその割合の高さは際立っている。田母神投票者のイデオロギー自己位置の平均値は6・6で他の3候補への投票者と比べれば、かなり保守側に寄っている（舛添投票者5・8、宇都宮投票者4・3、細川投票者4・4）。実際に、田母神投票者は全体と比べてもイデオロギー的な立場は急進的である。

人口統計学的要因

田母神投票者の人口統計学的な特徴を見てみると、3つのことが指摘できる。第一に、このグループの平均年齢は42・6歳で、他の3候補への投票者よりも5歳以上若い。都知事選当時の田母神は65歳であり、他の候補者よりも若いというほどではなかったし、選挙運動の際に若者文化について強調していたわけでもなかった。そのため、若い有権者に対する田母神のアピールは、候補者の特性や共有された経験から来ていたというよりも、少なくとも部分的に公約との意見の一致から来ており、政治環境に対する抗議のチャネル（詳しくは後述）として響いたかもしれない。このことは、若者が保守化している、あるいは、ナショナリスティックになっているということを推測させるかもしれない。

第二に、ジェンダーバランスについても指摘できる。ウェブ調査全体の男女比は55対45であるが、田母神投票者では63％が男性である。この結果は、西欧諸国の極右支持者の研究の知見と整合的である。

第三に、先行研究とは対照的に、田母神への投票は、失業者から多く来ているわけではない。実際、逆のパターンを示している。田母神に投票した75％が職についており、他の候補者よりも４％は高い。さらに、その職の社会的な地位が低かったり、給料が低かったりすることもない。雇用形態別で見ると、田母神投票者は他の回答者と比べてもその構成は変わりなく、家計のプレッシャーにさらされているという証拠もない。回答者全体の24・２％の世帯収入は４００万円未満であるが、田母神投票者では22・５％とほぼ変わらない。むしろ、宇都宮投票者や細川投票者ではそれぞれ28・７％、25・２％と高い数字を示している。つまり、経済的な不遇は極右投票の理由とはなっていない。

さらに、田母神投票者が教育程度の低い人に集中しているということもない。田母神投票者の12％近くが大学院の学位を有しており、その差は統計的に有意ではないとはいえ、４人の候補者の中で最も高い割合を示している。

政治的態度――不満、反エスタブリッシュメント感情

田母神への投票を極右的なイデオロギーへの支持と同義と見ることには注意を要する。というのは、イデオロギー的な合意というよりも抗議の意思表明として票を投じている可能性もあるからである。西欧諸国の先行研究では、政治的な疎外を極右支持の説明要因として指摘している。

ウェブ調査には、有権者の政治への満足と政治制度への信頼（システムサポート）を測る質問項目が含まれている。図７・１はそれらの質問への回答について、田母神投票者とその他の主要候補への投票者を比べたものである。選挙戦を優位に進め、現政権からの支持を得ていた舛添に投票した人々が、「国会や

図7.1　政治制度への信頼・政治満足と都知事選投票

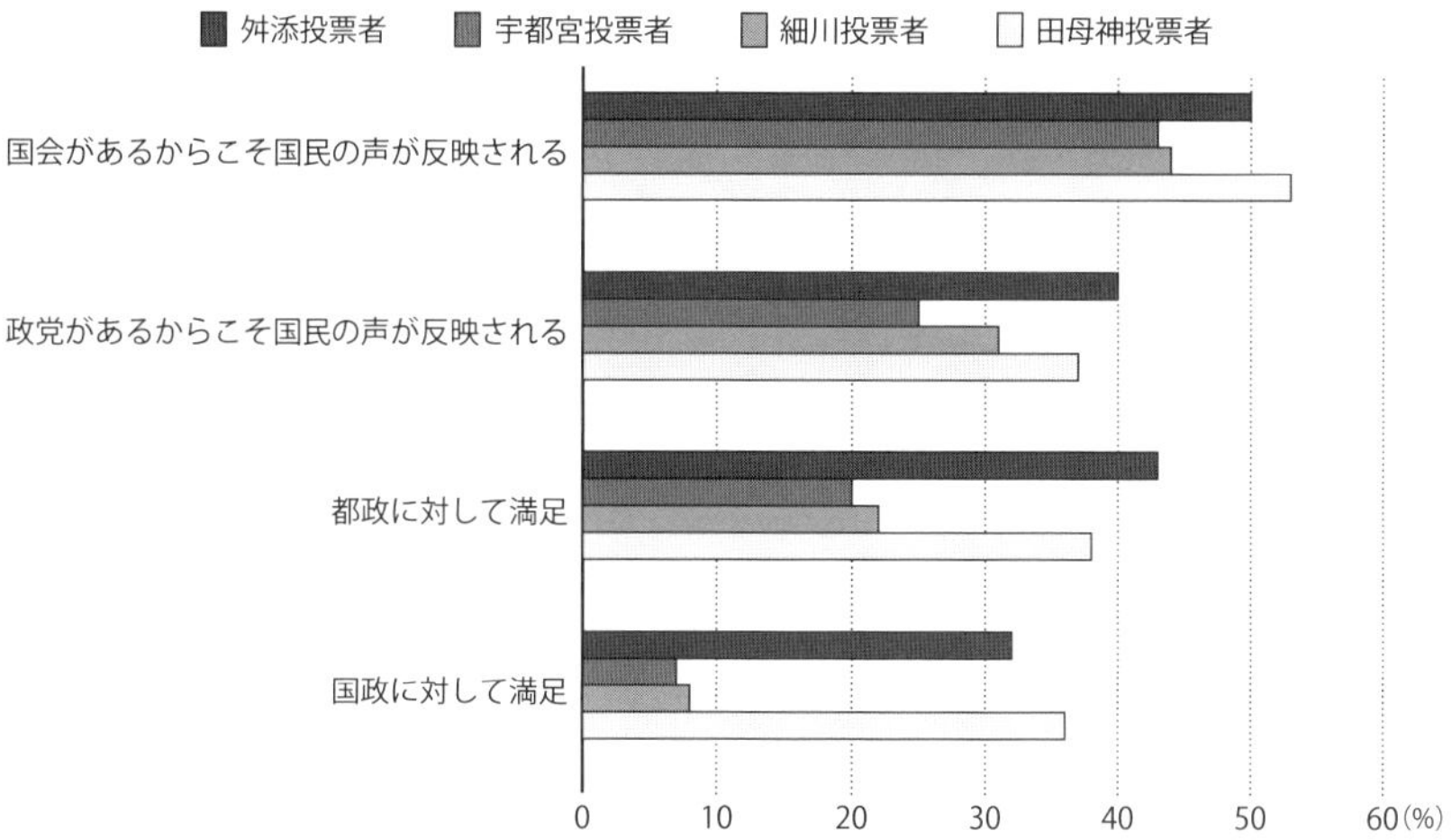

注：上の2項目では「そう思う」「どちらかといえばそう思う」と回答した者の割合を合算している。また、都政／国政満足度に関する質問においては「満足している」「だいたい満足している」と回答した者の割合を合算している。
データ：2014年東京都知事選挙ウェブ調査

政党があるからこそ国民の声が反映される」という考えに賛意を表しているという事実は驚きではない。ただし、政党への信頼は他の「既成の」候補者より高いわけではない。

驚きなのは、極右支持者は政治的に疎外されていて不満を持つ人々であるという予測とは対照的に、田母神投票者の国会や政党への信頼は舛添投票者と同じレベルにあるという点である。不信を募らせているのは、極右投票者ではなく、最も左派的な候補である宇都宮への投票者である。

政治への満足度を尋ねると、明白に2つのグループに分かれる。都政レベルでも国政レベルでも、舛添と田母神への投票者は他の2候補への投票者よりもかなり満足感を示している。もう一度繰り返すと、舛添は現政権から支持され、中央政府の候補者としても見られていたため、舛添の支持者の多くは「自分たちの」政府のパフォーマンスに満足していると推測できよう。対抗馬の宇都宮と細川は、それぞれの公約に政府の政策への直接的な反対（原発再稼働への反対など）を含んでいた。彼らの投票者の多くは、都政と国政の方向性に不満があるために投票をしているといえよう。

他方で、田母神投票者は不満を示していないだけでなく、むしろ都政と国政については満足感すら示している。抗議する対象がない状況では、田母神への投票を抗議票（protest votes）とは呼べないだろう。

先行研究では、反エスタブリッシュメント感情と関連づけて、極右支持におけるポピュリズム的な要素の存在を明らかにした。ポピュリズムは、一般市民とは遠く離れた「欲深い政治エリート」と「一般の人」とを対峙させる。このような考え方が発展していくと、善と悪の闘いとして政治を見る態度へとつながりうる。そのような単純すぎる描写は、とりわけ、政治的有効性感覚が低く、政治過程について理解したり影響を与えたりすることは難しいと感じている有権者に魅力的に映るかもしれない。言い換えると、極右の政党や候補への投票（極左でも）は、政治インサイダーに対してアウトサイダーと自認する人たちによる挑戦と解釈されてきた。

このことは、日本の極右投票者にどの程度適用できるだろうか。ウェブ調査はポピュリスト感情と政治的有効性感覚を測定する質問項目を含んでおり、その分析結果を表7・1に示した。

表の上部にあるように、田母神投票者は、「もっとも重要な政策決定は、政治家ではなく人々がおこなうべきである」という意見への同意が最も少なく（43・8％、全体では50・8％）、「一般的にいって政治家は庶民感覚がない」という意見も同様に低い（62・5％、全体で73・5％）。また、「政治とは究極的には善と悪の闘いである」という意見については、ほとんど差がなかった。つまり、田母神投票者はポピュリストによる反乱勢力というわけではないのである。

表 7.1　ポピュリズム・政治的有効性感覚と都知事選投票

	舛添投票者	宇都宮投票者	細川投票者	田母神投票者
ポピュリズム				
政治家ではなく人々が政策決定をおこなうべきである	45.0	59.2	57.9	43.8
政治家は庶民感覚がない	69.9	84.1	79.1	62.5
政治とは善と悪との闘いである	28.0	29.2	31.3	29.0
政治的有効性感覚				
自分の一票が選挙結果を左右しうる	38.5	32.4	35.1	38.3
自分の一票が東京都政を左右しうる	42.2	37.4	39.4	46.8
自分の一票が日本の国政を左右しうる	30.0	28.7	36.1	35.9

注：それぞれの項目において、「そう思う」「どちらかといえばそう思う」と回答した者の割合を合算している

データ：2014 年東京都知事選挙ウェブ調査

さらに、政治的有効性感覚について検討するために、自分の一票が選挙結果や東京の政治、日本の政治を左右すると思うかどうかを回答者に尋ねた。その結果は表7・1の下部にあるとおりで、全体的に都民の有効性感覚は低いといえる。

ここで重要なことは、これらの質問について4候補投票者の間であまり差がないことである。もしあるとしても、田母神投票者の間で、自分の投票という行為が、都政を左右できると考えている傾向がわずかに高いくらいである。ここでも、極右候補の支持が自分の無力感などから来ているという証拠は見つからなかった。

政策争点態度

次に、田母神への投票が政策争点態度に基づいているのかを検討しよう。都知事選で最も注目された政策争点は、原発の将来と2020年夏季オリンピック（前年に開催が決定されていた）であった。前

者は東京都政の裁量の範疇を超えており、都内に原発がないため、直接的な影響を都民に与えるものでもない。しかし、主要候補の一人である細川は原発の廃止（再稼働の阻止）と再生エネルギーへの転換を公約の主要項目としていた。夏季オリンピックの開催についても以前は否定的な見解を表明していた。

政治満足に関する分析結果と同様、舛添あるいは田母神に投票したグループと、宇都宮あるいは細川に投票したグループの間には明らかな差がある。後者のグループでは、かろうじて半数が２０２０年夏季オリンピック開催に賛成しているのに対して、前者はより積極的である（田母神投票者の84・８％と舛添投票者の83・３％がこの考えに賛成している）。

そのギャップは原発をめぐる議論ではさらに拡大する。宇都宮投票者と細川投票者における原発依存への賛成は10％台しかいない一方で、舛添投票者ではおよそ60％、田母神投票者では71％が賛成している。これらの数字が政策争点態度の明確な違いを露《あら》わにしている。しかし、原発問題はまだしもスポーツについての政策争点態度は、政治的主張とつながり続けることは稀で、いずれにせよ長く続くムーブメントの基盤とはなりえない。

ここまで、田母神という極右候補へ投票した有権者の特徴をいくつか明らかにしたが、これまでの分析では田母神投票者と主流派の保守系候補（舛添）への投票者とを区別することはできなかった。さらに困惑することに、田母神投票者は先行研究で論じられる極右支持者の特徴とも似ていない。

日本の極右支持者が、人口統計学的に恵まれない地位や、政治不満、ポピュリスト感情、政治的有効性感覚の低さでも特徴づけられないなら、他の有権者と何が異なるのであろうか。さらに、先行研究でしばしば引用される、権威主義、ナショナリズム、排外主義という３つの命題を検証する。

権威主義

70年近く前に出版された金字塔的な著作『権威主義的パーソナリティ』でアドルノらは、慣習への執着と権威への服従を含むような、権威主義的なパーソナリティの特徴を描き出した（Adorno et al. 1950）。これらの特徴は、政治的妥協の拒絶や伝統的価値の擁護、外集団への敵意といった特性から明らかなように、イデオロギー空間の両端で急進的なイデオロギーと結びついてきた。そして多くの質問項目がこの次元を明らかにするために設計されてきた。表7・2では、それらの質問への回答を都知事選4候補の投票者ごとに比較している。

表の上部にあるように、「権威ある人々にはつねに敬意を払わなければならない」という意見に対して、およそ半数（49・7％）の田母神投票者が賛成しており、他の投票者より有意に高い割合を示している。同様に、「伝統や慣習にしたがったやり方に疑問を持つ人は、結局は問題をひきおこすことになる」という意見について、田母神投票者の36・6％が賛成しており、これについても他の候補への投票者よりも高い数値を示している。ここまで議論されてきた特徴とは対照的に、権威主義的パーソナリティについて、極右投票者は保守主流派の投票者とは著しく異なることが指摘できる。

ナショナリズム

権威主義的パーソナリティは極右でも極左でも見られうるが、ナショナリズムはたいてい極右でのみ見られる。特に、極右支持者は、誰が「普通の人々」を構成するかについて民族的に理解をし、そのように民族的に定義された「祖国」に属していない人に対しては疑念を持つ傾向がある。

表 7.2　権威主義・ナショナリズムと都知事選投票

	舛添投票者	宇都宮投票者	細川投票者	田母神投票者
権威主義				
権威ある人々に敬意を払う	34.3	20.2	15.0	49.7
伝統や慣習へ疑問を抱くことは問題を起こしうる	26.0	12.6	15.3	36.6
ナショナリズム				
愛国心を育てる学校教育	66.1	35.2	40.6	87.6
教育現場における国旗・国歌	79.5	54.6	54.2	94.5
日本人であるとみなすには先祖が日本人であることが重要	47.9	42.9	40.3	66.4

注:それぞれの項目において、「そう思う」「どちらかといえばそう思う」と回答した者の割合を合算している。一番下の項目のみ「重要である」「ある程度重要である」と回答した者の割合を合算している。
データ：2014 年東京都知事選挙ウェブ調査

第2次世界大戦中の日本の悪行を強調しているとして、現在の歴史教育を自虐史観であると激しく批判していることを考えると、極右支持者が自分のことを真の愛国者と認識する傾向は、日本において特に顕著であろう。他の多くの国と同様に、歴史修正主義は日本の極右イデオロギーにおいて明らかな一要素となっている。

ウェブ調査は歴史的事実についての見解を直接聞く質問を含まないが、ナショナリズムに関連する質問は含まれている。教育に関して、表7・2下部を見てみよう。田母神投票者の圧倒的多数は「子供たちにもっと愛国心や国民の責務について教えるよう、戦後の教育を見直さなければならない」という意見に賛成であり（87・6％が賛成、回答者全体で57・6％）、また「国旗・国家を教育の場で教えるのは当然である」という意見でも同様である（94・5％が賛成、回答者全体で71・9％）。

さらに、日本人とみなすための条件を尋ねていく質問で（たとえば、日本語を話せる、人生の大半を日本に住んでいる、日本の法律や政治制度を尊重している、など）、3分の2の田母神投票者は先祖が日本人であることを重要と見ており、他の回答者がそう答えた割合（5割以下）よりも多かった。国家としてのアイデンティティの重要な柱として、民族を重視する有権者がどのくらいいれば自由民主主義と両立できなくなるのかについては議論が分かれるだろうが、ここで強調したい事実は、このような考えについて、極右投票者は他のグループよりも深く共鳴しているということである。

排外主義

他国において、極右支持と強く関連し、それを焚き付ける政策争点が移民である。安い労働力が入ってきて自国民が職を失うという心配だけが極右支持をもたらすのではない。既存の社会に統合するのが難しいかもしれない民族的・宗教的背景やライフスタイルを持つ人々が流入することで、国家としてのアイデンティティが薄れるという脅威を認識しているために、極右支持が強まるのである。このことは、とりわけヴィジブル・マイノリティ（visible minorities, 見た目で少数派とわかる人々）に関してよく見られる。

2013年の国連機関のレポートによれば、日本の人口の2％は外国籍者であり、これは他の先進国と比べても低い。[7] しかし、排外主義が経済競争よりむしろアイデンティティについての関心からきているかぎり、たとえ少数であっても、外国人の存在は極右が抱く恐れを消し去ることはないだろう。

ウェブ調査では、外国人全般について聞くのではなく、異なる国や地域（アメリカ、西ヨーロッパ諸国、中国、韓国、東南アジア諸国、南米諸国）からの人が、自分の住んでいる地域で増加することについて尋ねた。この質問方法によって、排外主義がどこか特定の国をターゲットにしているのかを把握することは可能になる。また、いくつかの地域は経済的な移民（外国人労働者）の代理指標として捉えることもでき

図7.2　排外主義と都知事選投票

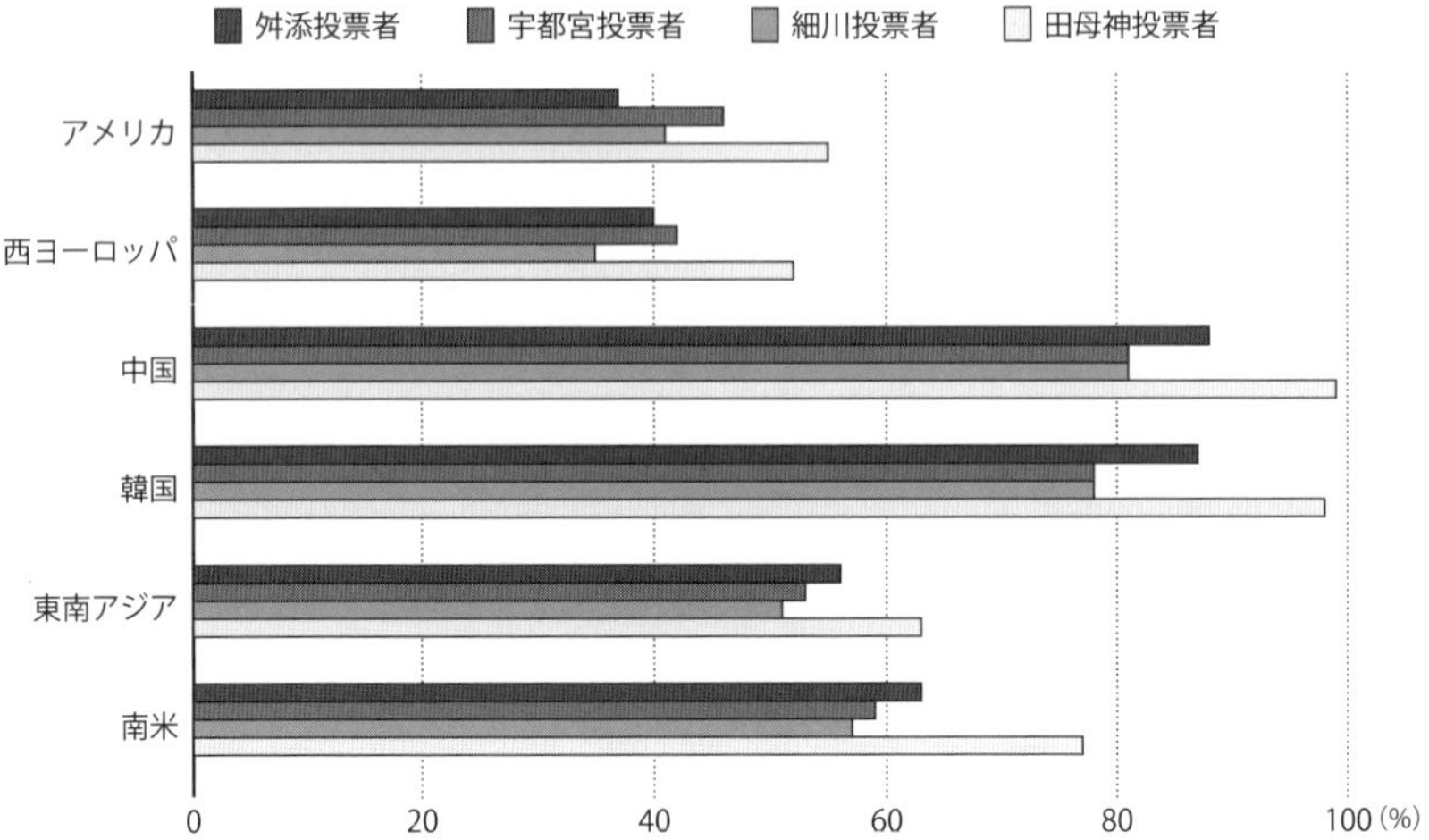

注：それぞれの地域からの外国人が自分の住んでいる地域で増加することに「反対」「どちらかといえば反対」と回答した者の割合を合算している。
データ：2014年東京都知事選挙ウェブ調査

る。アメリカ人や西ヨーロッパ人と比べて、東南アジアや南米諸国出身の外国人は、総じて低賃金の労働力を提供していることが多い。

図7・2は各候補への投票者ごとに回答を比較したものであるが、田母神投票者は外国人について肯定的な感情を抱いていないことは明らかである。とりわけ、中国人と韓国人に対してそうである。他の候補への投票者と比べて、田母神投票者のほうが中韓以外の外国人についても否定的な意見が多く、とりわけ南米からの労働者について顕著な差が見られる。

有権者全体で見ても、中国人や韓国人が増えることについては好ましく思われていない。おそらく、他の外国人グループと比べて、すでに多くの人数が住んでいるということもあるだろう。しかし、田母神投票者は圧倒的に否定的な意見で占められているという点で際立っている。

この結果は、安価な労働力によって自国民の雇用機会が喪失するという経済的脅威仮説でも、ヴィジブル・マイノリティ仮説でも説明できない。アメリカ人やヨーロッパ人と比べても、あるいは東南アジア出身者と比べても、中国人と韓国人は民族的にも文化的にも日本人と近く、日本社会への統合へのハードルは高くはないだろう。[8]

先行研究と同様、本章では日本の極右投票者の排外主義的な傾向が確認された。しかし、先行研究からの予想に反して、最も敵意が向けられているのは、日本人と見た目が最もかけ離れた外国人や低賃金の職を争うような外国人ではなかった。親しみは侮《あなど》りを生むという格言のとおり、その対象は韓国や中国という日本の隣国出身者に向けられている。

それぞれの国とは、領土問題をめぐって昔から火種はあったが、近年になって激しく政治化された。このことが敵意の理由であるのはたしかである。また、日本政府が戦時中の行為を公式に認め、補償したがらないと中国政府と韓国政府が繰り返し批判していることが、極右勢力からのバックラッシュを呼び起こしているとも指摘できる。これらの理由については、おそらく質的研究によってより深く調査・分析できるだろう。図7・2の結果は、日本の極右イデオロギーの特徴的な要素として、特定の対象をターゲットとした排外主義が疑いの余地なく存在していることを示している。

回帰分析

本節で議論された様々な要素の相対的な重要性を検討するために、田母神への投票を1、田母神以外の主要3候補への投票を0とした田母神投票ダミー変数を作成し、それを従属変数としたロジスティック回帰分析を行った。回答者数が少ないため、年少層（20－49歳）と年長層（50－69歳）の2つのグループに

表 7.3　田母神投票者に関する回帰分析結果

	49 歳以下	50 歳以上
イデオロギー自己位置	0.18*	0.04
性別	-0.75*	-1.03*
世帯収入	0.10	0.05
教育程度	-0.26	-0.32
都政への満足	-0.08	0.58*
ポピュリズム	-0.03	0.00
排外主義	0.43*	0.84*
権威主義	0.00	0.16
ナショナリズム	0.44**	0.33*
定数項	-8.85**	-13.79**
-2 対数尤度	261.29	124.09
Cox-Snell R2 乗	0.26	0.20
Nagelkerke R2 乗	0.38	0.36
N	316	231

** p< .01; * p< .05; + p< .10
データ：2014 年東京都知事選挙ウェブ調査

サンプルを分割した。性別、世帯収入、教育程度という人口統計学的な統制変数の他に、独立変数としてイデオロギー自己位置、都政への満足度、ポピュリズム、排外主義、権威主義、ナショナリズムを投入した。[9]

分析結果は表7・3にまとめてある。低収入や教育程度だけでなく、政治家が一般市民と縁遠いという、他国で極右支持と関連があるとされるポピュリズム要素も日本では影響が見られない。都政への満足／不満については、年少層では田母神投票とは関連がないが、年長層では満足度が高いほど田母神に投票するという、先行研究の知見とは反対の方向の結果が示されている。また、予期していなかったことだが、権威について伝統的な考えを持つという田母神投票者の傾向は、他の変数をコントロールすると有意な影響は消えてしまう。

田母神への投票と強く結びついた変数は、ナショナリズム、つまり、愛国的なシンボルの強調と、「日本人」を「民族」に由来するものと定義する考えである。もう一つの重要な変数は、外国人への敵意である。さらに、性別についても田母神投票と結びついており、男性のほうが極右へ投票している。これらの要因はいずれの年齢層でも同様の結果を表している。

最も興味深いのは、イデオロギーが年少層にのみ影響を与えており、年長層では影響を与えていないことである。年長層では、自己のイデオロギーとは関係なく、田母神への投票はナショナリズムと排外主義に基づいているのに対して、年少層では、ナショナリズムや排外主義とは独立して、保守的な志向が田母神投票と結びついている。

6節　まとめ

本章は、日本における極右投票について探究するための試論と位置づけられる。このトピックはこれまで実証的に検討されることがほとんどなかった。というのも、極右的な主張を信奉する政党や候補者が（ほぼ）いなかったために分析が難しかったのである。

このこと自体は、民主的な原則と政治安定にとって良いニュースであったものの、実際には極右的で超国家主義的なグループは存在しており、オンラインだけでなく街頭でもその存在を知らしめていることも否定することはできない。本章の冒頭で触れた次世代の党もその例ではあるが、極右的な公約を主張する政党は選挙で票を集めることはなかった。しかし、２０１４年都知事選で極右的な立場を公言する候補者が現れ、さらにその選挙で相当程度の票数を得たことによって、急進的な考えの潮流の存在が確認されただけでなく、日本の極右投票者の特徴を検討する稀な機会が訪れた。

極右政党支持に関する先行研究は個人レベルでも集計レベルでもなされており、先進民主主義諸国で急進的な勢力が成功する度にその研究も増えている。他方で、日本の有権者のイデオロギーを規定する政策次元が西欧や北米諸国と異なっているように、極右支持を形成する要因も共通ではないということが推測される。サンプルサイズが小さいため、洗練された分析はできないかもしれないが、本章で示した分析結果は将来の研究のための基礎的資料となるだろう。

要約すると、日本の極右投票者は若く、男性である傾向があるが、教育程度では有権者全体と変わらないし、職がないわけでも、家計が苦しいわけでもない。議会や政党を信頼していないわけでも、政治過程から疎外されていると感じているわけでもない。ポピュリスト的な政治アクターによる動員を可能にするような不満を心に抱いているという証拠もない。実際、他の有権者と比べても、都政についても国政についても満足している。自分たちの一票で政治を左右できないとも考えていない。つまり、先行研究でしばしば確認されてきた傾向とは対照的に、日本の極右投票者は疎外や無能力感によってイデオロギー的に急進的になったのではない。

その代わり、このグループを際立たせているのは、権威主義、ナショナリズム、排外主義である。極右投票者は権威的な地位にある人への服従を求め、伝統に対する挑戦に疑いの目を向けている。国家のシンボル（国旗、国家）を重視し、学校教育における愛国心の涵養の重要性を強調する。日本人であることの重要な条件として祖先が日本人であることを挙げているように、国民についても民族的な定義を重視する。最後に、外国人の流入、とりわけ中国と韓国からの流入に反対している。

これらの特徴は、極右についての先行研究で指摘されている特徴と共通している。異なるのは、外国人への敵意が、労働市場での競合や社会統合の困難さに対する懸念から来ているのではなく、むしろ日本の外交政策への挑戦と密接に関連している（おそらく直接的に引き起こしている）ことである。

7節　結論

イデオロギー競争を右と左の対立として描くのではなく、急進派と穏健派の対立として強調する学術的な伝統（Eysenck 1954; Rokeach 1960; McClosky and Chong 1985; Sidanius 1985）がある。一方で、権威主義はイデオロギー空間の右端のみに集中しているという研究もある（e. g. Altmeyer 1996; Stone 1980）。これらの議論から現実世界について考えてみると、近年の学術的な説明やジャーナリスティックな説明に見られるように、主要な中道左派政党がイデオロギーの中央に動いてしまい、左側に空白ができてしまったような国で、極右政党が伝統的な左派や労働者階級にアピールして選挙で成功する可能性が指摘できる。では日本の事例はどのようにこの議論に適合するだろうか。

日本の政治コンテクストについて2つの点に留意する必要がある。

第一に、1章で詳述したように、経済争点はイデオロギー競争を規定する主要政策争点として機能しておらず、社会階級という概念自体が他国と比べて長い間、顕著なものではなかった。このことが意味するのは、中核的な左派支持者が経済的な苦境や階級の不満を共有していたというより、外交・安全保障政策についての共通見解に基づいていたということである。そのため、西欧諸国の極右政党がかつての左派支持者の支持を獲得したときに用いた、緊縮財政や安価な外国人労働力の流入に対する反対といった経済を基盤としたアピールは日本では通用しないだろう。

第二に、本章が示したのは、日本の極右の特徴が、政治的有効性感覚の欠如や政治不信といった長らく左派有権者が有していたものにはなく、権威への服従やナショナリズムといった、まさに伝統的な左派と対立するようなテーマに特徴があることである。このように考えると、日本の極右が伝統的な左派支持者を取り込んで成功するという見通しは立たない。

しかしながら、このことは極右イデオロギーが広い支持を獲得できないということを意味しているわけではない。極右投票者には年少層が多いという本章の分析結果と、40代までの市民がナショナリスティックな見解を支持するような政党（事実、２０１２年総選挙時の日本維新の会代表は石原であった）を最も「革新的」と考えているという2章の分析結果を合わせて考えると、ポピュリスト的で反エスタブリッシュメントの要素を持つような極右にとって、年少層は潜在的な支持基盤となりうるとも考えられる。田母神のような極右候補がポピュリストのレトリックを用いずに年少層の支持を集めることができるとすれば、ナショナリズムとポピュリスティックなアピールを組み合わせた極右政党や政治家が、将来、大きな成功を達成する可能性は存在する。実際に起こるかどうかは、現時点の年少層による支持が世代効果によるのか、加齢効果によるのかにかかっている。

さらにいえば、年長層ではナショナリズムと排外主義を統制すれば、保守・革新イデオロギーと田母神への投票の間に関連は見られないが、年少層では、ナショナリズムと排外主義を考慮してもなお、保守・革新イデオロギーと田母神への投票が結びついている。それが「保守」側との結びつきであるとはいえ、すでに極右候補者が「日常」のイデオロギーと関連し始めていることがどのような帰結を生むのだろうか。これらの点について、さらに注視する必要がある。

最後に、伝統的左派へのアピールに限界があることと、小選挙区でニッチ政党・候補者に投票するインセンティブがないことに加えて、日本の極右の増大が見られない理由として、すでに政策決定過程においてそのような見解が反映されているという可能性も挙げられる。もっといえば、自民党が自らのポジションから右にそのウィングを広げて、潜在的な極右政党が支持を模索するであろうイデオロギー空間の右端のスペースを潰し、極右の台頭を抑止しているということである。小泉政権や安倍政権の下で、「アジア地域主義を犠牲にして挑発的な修正主義が確実な地歩《ちほ》を得た」(Rozman 2012, 35-36) というのは一つの例に過ぎず、第2次安倍政権が推進した集団的自衛権関連法案も極右支持者を喜ばせたであろう。つまり、極右勢力が選挙で敗北したとしても、政治的言説へのインパクトを失うわけではなく、「伝播」効果 (Van Spanje 2010) を見出すことができるだろう。

補遺7・1　政治的態度と価値観に関する質問項目一覧

政治制度への信頼

- 国会があるからこそ、国民の声が政治に反映されるようになる
- 政党があるからこそ、国民の声が政治に反映されるようになる

選択肢：1そう思う、2どちらかといえばそう思う、3どちらともいえない、4どちらかといえばそう思わない、5そう思わない、8わからない、9答えたくない

政治満足

- あなたは、現在の東京都の政治にどの程度満足していますか
- 現在の国の政治にどの程度満足していますか

選択肢：1満足している、2だいたい満足している、3どちらでもない、4やや不満である、5不満である、6わからない、7答えたくない

ポピュリズム

- もっとも重要な政策決定は、政治家ではなく人々がおこなうべきである
- 一般的にいって政治家は庶民感覚がない
- 政治とは究極的には善と悪の闘いである

選択肢：1そう思う、2-4（選択肢文言なし）、5そう思わない、8わからない、9答えたくない

政治的有効性感覚

- 自分の一票が、選挙結果を左右すると思う
- 自分の一票が、東京の政治のあり方を左右すると思う
- 自分の一票が、日本の政治のあり方を左右すると思う

選択肢：1あてはまる、2ある程度あてはまる、3どちらともいえない、4あまりあてはまらない、5あてはまらない、6わからない

政策争点態度

- 安全と判断された原発を再稼働させる
- 2020年東京オリンピック・パラリンピックを開催する

選択肢：1賛成、2（選択肢文言なし）、3どちらともいえない、4（選択肢文言なし）、5反対、6わからない、7答えたくない

権威主義

- 権威ある人々にはつねに敬意を払わなければならない
- 伝統や慣習にしたがったやり方に疑問を持つ人は、結局は問題をひきおこすことになる

選択肢：1そう思う、2どちらかといえばそう思う、3どちらともいえない、4どちらかといえばそう思わない、5そう思わない、8わからない、9答えたくない

ナショナリズム

・子供たちにもっと愛国心や国民の責務について教えるよう、戦後の教育を見直さなければならない

・国旗・国家を教育の場で教えるのは当然である

選択肢：1そう思う、2どちらかといえばそう思う、3どちらともいえない、4どちらかといえばそう思わない、5そう思わない、8わからない、9答えたくない

・ある人を本当に日本人であると見なすためには、以下にあげるaからhのようなことが「重要だ」という意見と「重要ではない」という意見があります。それぞれについてあなたはどの程度重要だと思いますか。

（h）先祖が日本人であること　※a～gについては省略

選択肢：1重要である、2ある程度重要である、3あまり重要でない、4重要でない、8わからない、9答えたくない

排外主義

・あなたが生活している地域に以下の（あ）から（き）までのような人々が増えることに賛成ですか、反対ですか。（あ）アメリカ人が増えること（い）中国人が増えること（う）韓国人が増えること

（え）中近東諸国の外国人が増えること（お）東南アジア諸国の外国人が増えること（か）西ヨーロッパ諸国の外国人が増えること（き）南米諸国（ブラジルなど）の外国人が増えること

選択肢：1賛成、2どちらかといえば賛成、3どちらかといえば反対、4反対、8わからない、9答えたくない

第8章　若者の保守化？

1節　はじめに

近年、メディアでは「若者の保守化」の議論がよく見られる。衆院選でも参院選でも様々な出口調査で、他の世代と比べて、18歳から20代の有権者による自民党への投票割合が高いことが証拠として挙げられる。対照的に、民進党や立憲民主党のような野党は高齢の有権者からの得票率が著しく高い。前章の分析も、極右候補者への支持が若者の間で多いことを明らかにしている。評論家の多くは、ナショナリスティックで排外主義的なネトウヨ現象にも注意を向け、若い有権者がそれに参加する傾向や、少なくともそれに影響を受けている傾向があると論じる。

若い有権者が本当に自分自身を保守的と位置づけているのなら、それは世界的に見れば例外といえる。２００８年にどれだけ多くの若者がバラク・オバマを大統領に推したか、多くの読者は覚えているだろう。東アジアでも、２０１６年の韓国国会議員選挙での若者の高い投票率は、リベラル陣営「共に民主党」の予想外の勝利に貢献をした。若年層の投票が選挙結果を決めるかどうかは別にしても、多くの国では、若い有権者が投票に行くかぎりにおいて、主要な保守政党よりも、リベラル政党や革新政党を好むということは自明視されている。

この裏にあるロジックを推測するのは難しくない。これまでの章で議論してきたように「右」と「左」は、経済に関するものであれ、宗教／倫理に関するものであれ、平等に対する態度によって規定されていることが多い。他のものがすべて一緒であれば、若い有権者は、どの社会においても「持てる者」というよりは「持たざる者」（have-nots）に分類される傾向があり、政治的な意思決定に影響を及ぼすことが難しいことを意味する。

そうだとすると、若者は必然的にハイアラーキーの梯子の一番下に自分たちが位置していることを自覚する。そのため、自らが不利な立場に置かれている現状を維持し続けるインセンティブがほとんどなく、変化を望むことになる。さらに、正当化しようがしまいが、多くの若い有権者は、その親や祖父母の意見、世界観を時代遅れとみなし、自らをその束縛から解き放とうとする。そのため、若い有権者のことを生来の保守派と直感的に考えることは難しい。

もちろん、このような議論は個々の国での出来事やコンテクストを無視した、一般的な議論である。近年の例を挙げれば、大規模なテロ攻撃が安全保障についての意識を高める傾向にあり、犯人が外国生まれの場合、人々に移民政策について疑念を抱かせるようになる。

そうした「時勢効果」は有権者の全体に及び、若年層と高齢層をともに保守化させうる。外国との戦争は「旗下集結効果」（rally 'round the flag effect）と同時に右派好みの政策である軍事費増大の要求を生む。[1]しかし、長引く戦争や戦争の失敗は左派勢力に支援された反戦運動を引き起こし、揺り戻しがやってくるだろう。

他にも、右派や左派を増大させるような状況は考えられる。しかし、心に留めるべきことは、そのような出来事の大多数は、長期的に見れば有権者を再編するほど根本的なものではなく、短期的な影響しかない。チャーチルが国の救世主と称賛されたにもかかわらず、イギリスの保守党は１９４５年総選挙で大敗を喫している。第１次湾岸戦争の迅速な勝利の後の高支持率も長続きはせず、１９９２年大統領選でジョージ・H・W・ブッシュが再選することはなかった。ノーベル平和賞受賞者という名声やポーランドの民主化のシンボルといったものも、1995年大統領選挙でレフ・ワレサ（Lech Walesa）を勝利に導くことはなかった。第2次世界大戦での勝利や権威主義体制の打破といった真に歴史的な業績が、有権者の価値観や政治的態度の長期的な変化を必ずしももたらさないとしたら、短期的な政策変化がそのような変化をもたらすという主張も疑わしい。

重要なのは、イデオロギーの変化と政党支持の変化について区別することである。比較的明確な政策立場（特に経済政策）を基礎として、政党はコアな支持者にアピールし、それゆえイデオロギーにおいて右、左、その間のどこかに明確に位置づけられてきた。しかし、そのこと自体がいまや自明ではない国も存在する。

対立争点の代わりに合意争点での競争、つまり、ある特定の政策原則を争うのではなく、政府の運営の上手さをアピールするような競争が多くの選挙キャンペーンの特徴となっている。また、有権者の間で政党支持・帰属意識が減退したこともあり、無党派層や浮動票によって選挙結果が決まるようになってきている。その結果、有権者が保守陣営に投票するとき、それが自由競争の利益や秩序維持の重要性から来ているというよりは、単純に、失業率を低く保つことができるからという評価によって行われていると想像することも難しくはない。必ずしも右派的な価値観を有していなくても、右派を支持するというのはこういうことである。

ここで、日本の若い有権者が本当に保守化しているのかという疑問に立ち戻ることになる。自民党への支持は、保守的な信念、あるいは政権運営能力についての肯定的な評価、のいずれかによって（あるいはその組み合わせによって）もたらされているかもしれないため、自民党への支持という事実を見るだけでは不十分である。より重要なのは、若い有権者が自らをどのように考えているか——左右軸のどこに位置づけているかを含めて——を深く探究することである。

さらに、もし右傾「化」について語るときには、一時点ではなく経時的に分析し、継続と変化を追跡する必要がある。今日の日本の若者が10年前、20年前の若者とどのくらい異なるのかについては、経時的な比較をすることによってはじめて検証可能になる。

本章ではさらに（1）日本のように確立された民主主義国家であり、ＯＥＣＤに加盟している先進産業諸国との比較、（2）近隣の東アジア諸国との比較を行う。その結果を踏まえたうえで、さらに安倍政権下における若者の保守化について検討する。

2節　右派比較

本章では、「右」「左」とラベルがつけられた2つのグループに注目しながら、若者とイデオロギーについての国際比較を行う。ここでは世界価値観調査[2]（World Values Survey, WVS）のうち、第3波（１９９５年から１９９８年）、第5波（２００５年から２００９年）、第6波（２０１０年から２０１４年）を比較する（第４波は本章でカバーする多くの国が含まれていない）。

ＷＶＳでは、イデオロギーの測定において基本的には左右ラベルが用いられているが、日本の調査では「右（保守）」「左（革新）」というラベルが用いられている。１（左）から10（右）の10件尺度であるが、

図8.1　右派の推移（先進民主主義諸国）

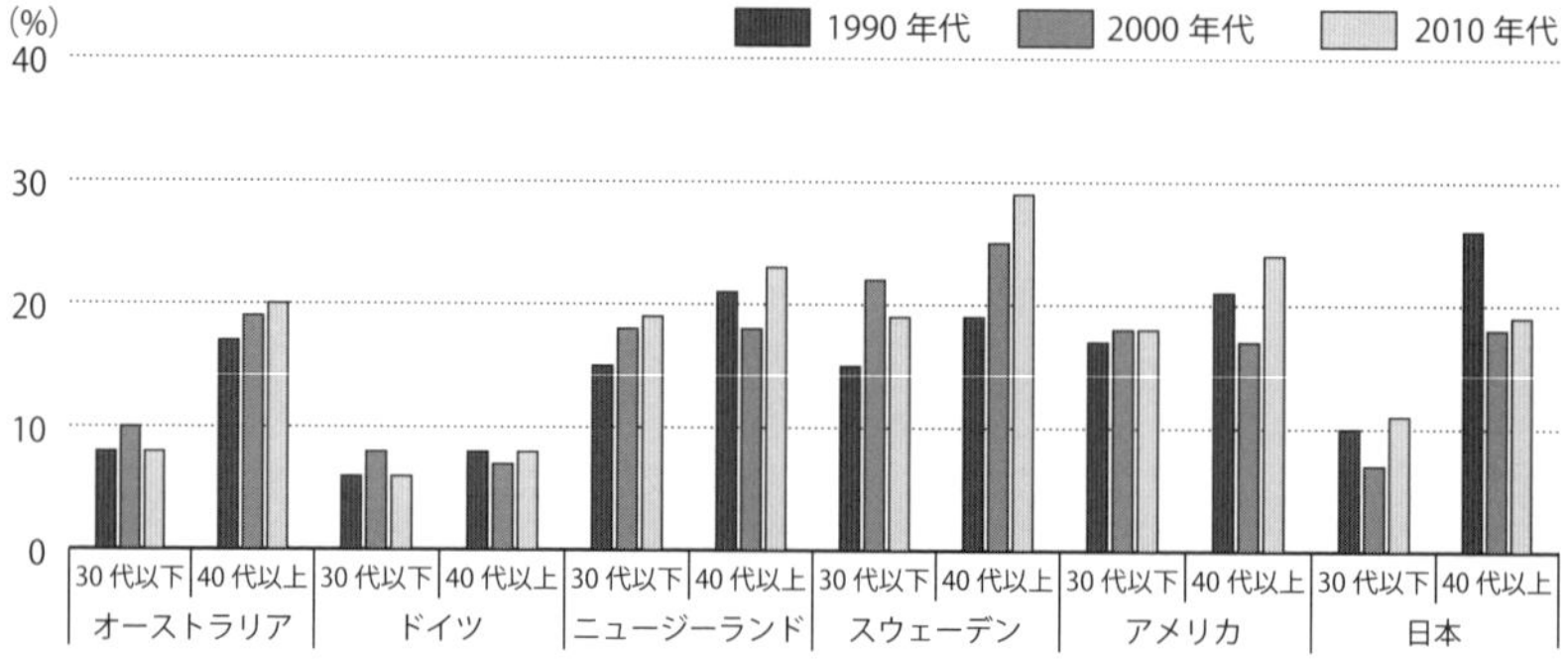

データ：WVS

本章では、１から３を「左派」、８から10を「右派」と分類して分析を進める。ここで両極の２つ（１から２、９から10）ではなく、３つの回答を用いるのは、分析に耐えうるに十分な大きさのサンプルを確保するためである。

ここでは39歳以下の有権者を「若者」とし、40歳以上の有権者を「非若者」とした。サンプルサイズをある程度確保したうえで若年層に焦点を当てるために、本章ではこの年齢区分を採用する。なお、すべての先進民主主義国家で非若者の割合は若者よりもかなり大きい。

まずは先進民主主義国家の右派グループから見ていこう。各国の若者を比較すると、この20年間で、他の国と同様に、日本で保守化は起こっていない（図８・１）。実際、２０１０年代の日本の若者の右派は10・８％で、１９９０年代の10・３％とほとんど変わらないし、２０００年代は６・９％とかなり低い。自民党政権が追求してきた、いわゆる新自由主義的な政策や近隣諸国との緊迫化によって、日本の若い有権者が過去の世代よりも保守的な考え方を有している、といった証拠はここでは見られない。

他の先進国との比較からいっても、この割合が高いということもない。オーストラリアやドイツにおいてよりは高いかもしれないが、ニ

図8.2　右派の推移（東アジア諸国）

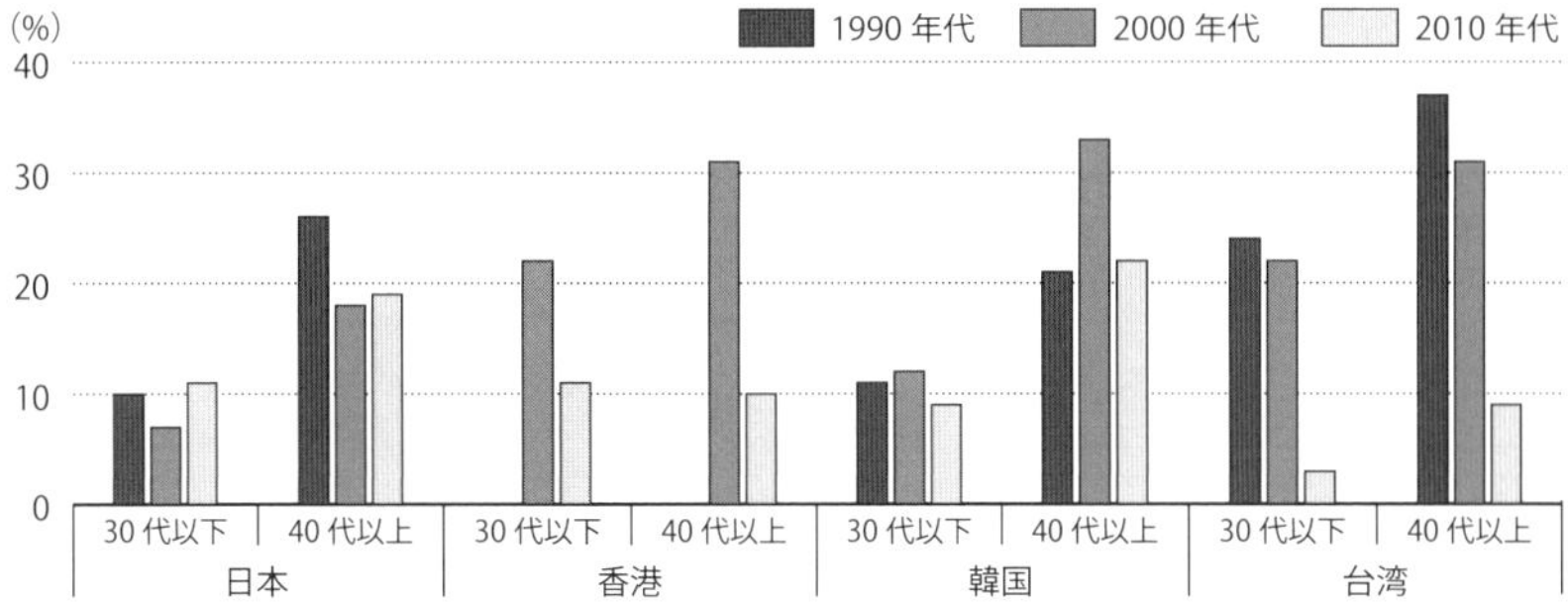

データ：WVS

ユージーランドやスウェーデン、アメリカと比較するとずっと低い。これらすべての国で、若者の政治的志向は１９９０年代から変化よりも安定が見てとれる。

図８・１で注目すべき変化として挙げられるのは、日本の非若者において右派の割合が減少していることである。そのため、他国とは異なり、日本においては右派の占める割合の世代間ギャップは縮小した。他のほとんどの国では、世代間の相違は、大きかろうが小さかろうがほぼ一定であり、スウェーデンではむしろ拡大した。

日本の有権者が世代によって保守、革新の理解が異なることを考えると、この世代間の差異の減少が政党支持や投票行動にどのように影響するかを解釈するのには注意を要する。それにもかかわらず、知っておくべきことは、日本の有権者全体においても保守化が起こっていないだけでなく、非若者のサンプルの大きさを考えると、むしろ右から遠ざかっているとさえいえるということである。これが、中央への収斂を意味するのか、左派的志向の増大を意味するのかは次節で議論する。

日本と近隣諸国と比べるとどうなるだろうか。近隣諸国は民主的統治の経験が長くはないが、しかし、地政学的な状況を日本と共有しているため、ここでそのパターンを同時に確認していこう（図8・2）。

東アジアに共通の傾向があるとはいえないものの、2010年代の日本の若者における右派の割合は、香港と韓国における割合と同程度である。日本と同様に、他の国でも保守化は見られない。実際、香港（1990年代のデータはなし）と台湾では明らかに右からの離脱が見られる。

この傾向の意味を解釈するときにも注意が必要である。というのは、西洋の先進民主主義諸国とは異なり、東アジア諸国においてイデオロギー・ラベルは相反する経済哲学に基礎づけられているわけではないからである。たとえば、韓国では北朝鮮に対する政策がイデオロギーを規定し、香港と台湾の両国では左右はアイデンティティの問題と密接に関連づけられている。それにもかかわらず、確かにいえるのは、日本においても近隣諸国においても、イデオロギー自己位置で見るかぎり、若者の間でも非若者の間でも保守化は起きていないということである。

3節　左派比較

前節のようなイデオロギー軸の右端の動きに注目することは有益であるが、全体としての動きが中央への収斂を意味しているのか、左派へのシフトを意味しているのかについてはさらなる検討が必要である。そのため、本節ではイデオロギー軸の左端の動きに注目する。

まずは先進民主主義諸国との比較からである（図8・3）。過去20年間において日本の若者の間で右派の割合は比較的安定的であったのに対して、左派に自らを位置づける若者は1990年代の10・3％（右

図8.3　左派の推移（先進民主主義諸国）

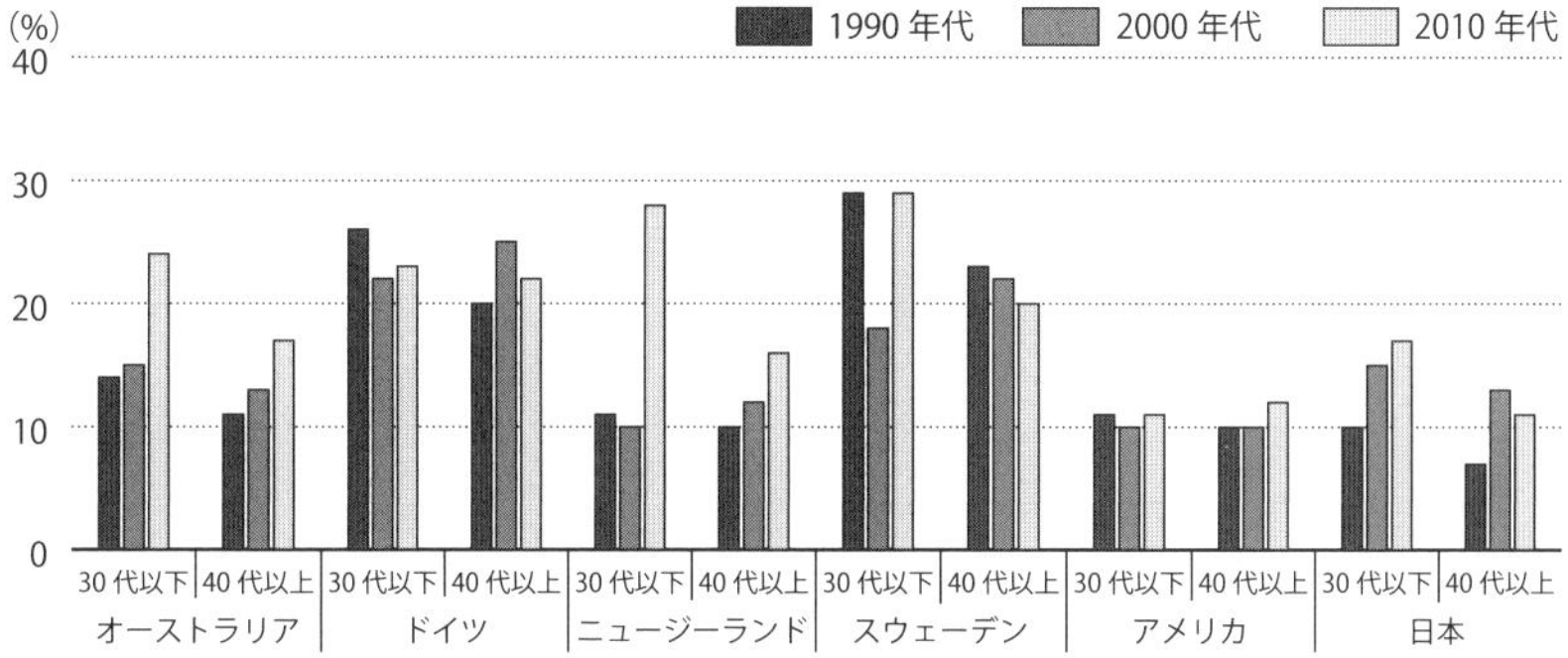

データ：WVS

派とまったく同じ数字である）から２０１０年代の17・０％へと大きく増えている。日本の非若者においても、その規模は大きくないかもしれないが、同様の傾向が見てとれる。

１９９０年からの日本の若者の「左傾化」のペースは他の先進諸国のいくつかと比べても早い。しかし、同時に注意が必要なのは、図８・３を見て明らかなように、２０１０年代においても日本の若者における左派の割合は、ほとんどの国と比べても低いことである。唯一、左派の割合が日本より下回っているのは、アメリカの若者である。１９９０年代のドイツとスウェーデンでは、４分の１くらいは左派に自己を位置づけており、その20年後もそれほど変わっていない。オーストラリアととりわけニュージーランドは、20年前と比べて今日の若者は自分自身を左派とする割合がずっと多い。規模はどうあれ、方向性としては、このオセアニアの２国のケースと日本は似ており、若者の左傾化を確認できる。

左派の多さは西洋に特徴的な現象というわけではない。図８・４で示すように、韓国と台湾でも、左派に自らを位置づける若者の割合は日本よりもずっと多い。韓国の若者の間で左派的な立場をとるものが多いことは長いこと変わらない一方で、若者だけでなく、非若者も含

図8.4　左派の推移（東アジア諸国）

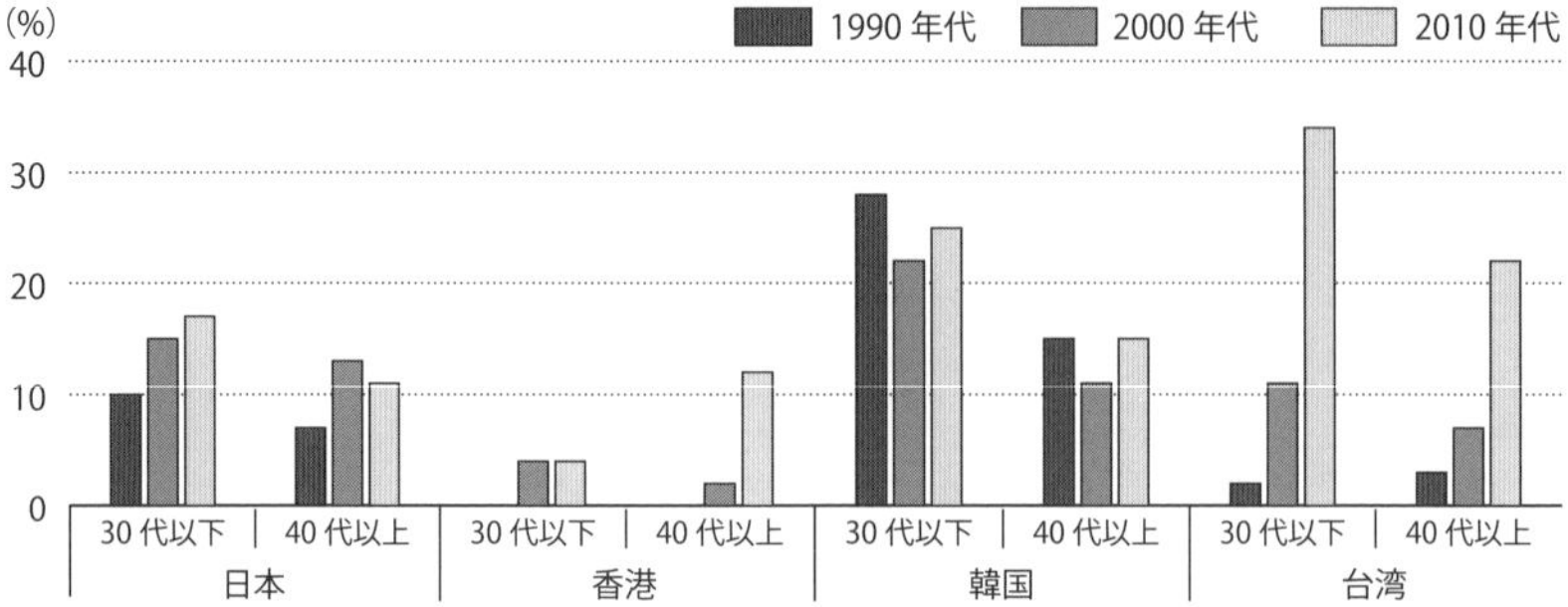

データ：WVS

めて、１９９０年代から２０１０年代の台湾における左傾化の規模は他のどの国よりも大きい。これらの結果からもう一度、日本の若者について考察すれば、日本の若者においては左へのシフトが見られるものの、比較の観点からいうと左派が特別に多いとはいえない。

注意すべきことは、過去20年間のどのＷＶＳ調査においても、日本において自らを保守的と位置づける有権者の割合は非若者のほうで高く、自らを革新的と位置づける有権者の割合は若者のほうで高い。近年、右派的な立場をとる若者がいることを否定はできないが、世論調査が示すのは、そのようなケースは一般的な傾向を代表しているわけではないということである。ＷＶＳの調査を見るかぎりにおいて、左傾化というほど劇的なわけでも大規模でもないが、日本の若者においても左派的な有権者が増加していることは事実である。

4節　若者のイデオロギーと政党選択の国際比較

前節までのデータから見れば、日本の若者が保守化しているという主張は明らかに疑わしい。しかしながら、近年の自民党の勝利を若者が支えているという関係については、解くべき不可思議な現象として残っている。もし有権者が保守的になっていないのであれば、保守的と思われている自民党がなぜ選挙で勝ち続けられるのであろうか。本節ではイデオロギー志向と政党選択の関係の国際比較を通じて、この不可思議な現象に対する答えを探究する。

イデオロギーと投票選択の関係についてはすでに3章で詳細に分析をしたが、ここでは日本と他国を比較するという目的に沿って、単純な分析を行う。WVSでは、もし明日に選挙が行われるとしたらどこに投票するかを回答者に尋ねている。ここでは、利用可能な直近のデータ（2010年から2014年）を用いる。10件尺度のイデオロギーの自己位置は、「左派」（1から3）、「穏健左派」（4と5）、「穏健右派」（6と7）、「右派」（8から10）の4つのカテゴリーに分類した。

若者（39歳まで）にのみ着目して、政党選択とイデオロギー志向の関係を図示したのが図8・5である。イデオロギーと政党選択に関して、おそらく最も鮮明な亀裂を示しているのはアメリカである。左派の若者で共和党に投票する者は10％以下であるのに対して、右派は75％に及ぶ。アメリカ政治のことを知っていれば、この結果は驚くようなものではないし、近年の政党分極化の進展を反映しているといえる。

アメリカには有力な第三政党が存在しないため、党派性とイデオロギー自己位置はほとんど同義語であり、この2つの要素のどちらが原因でどちらが結果かについても、いつも明白であるというわけではない。とはいえ、本章の目的において重要なのは、アメリカの共和党と民主党がそれぞれ右派と左派に支えられているということである。

アメリカの二大政党制が政党選択とイデオロギーを結びつけるのを容易にしているとしたら、オーストラリアのケースは、二大政党制がその必要条件ではないということを示している。保守連合（50年以上も

図8.5　政党選択と左右イデオロギー

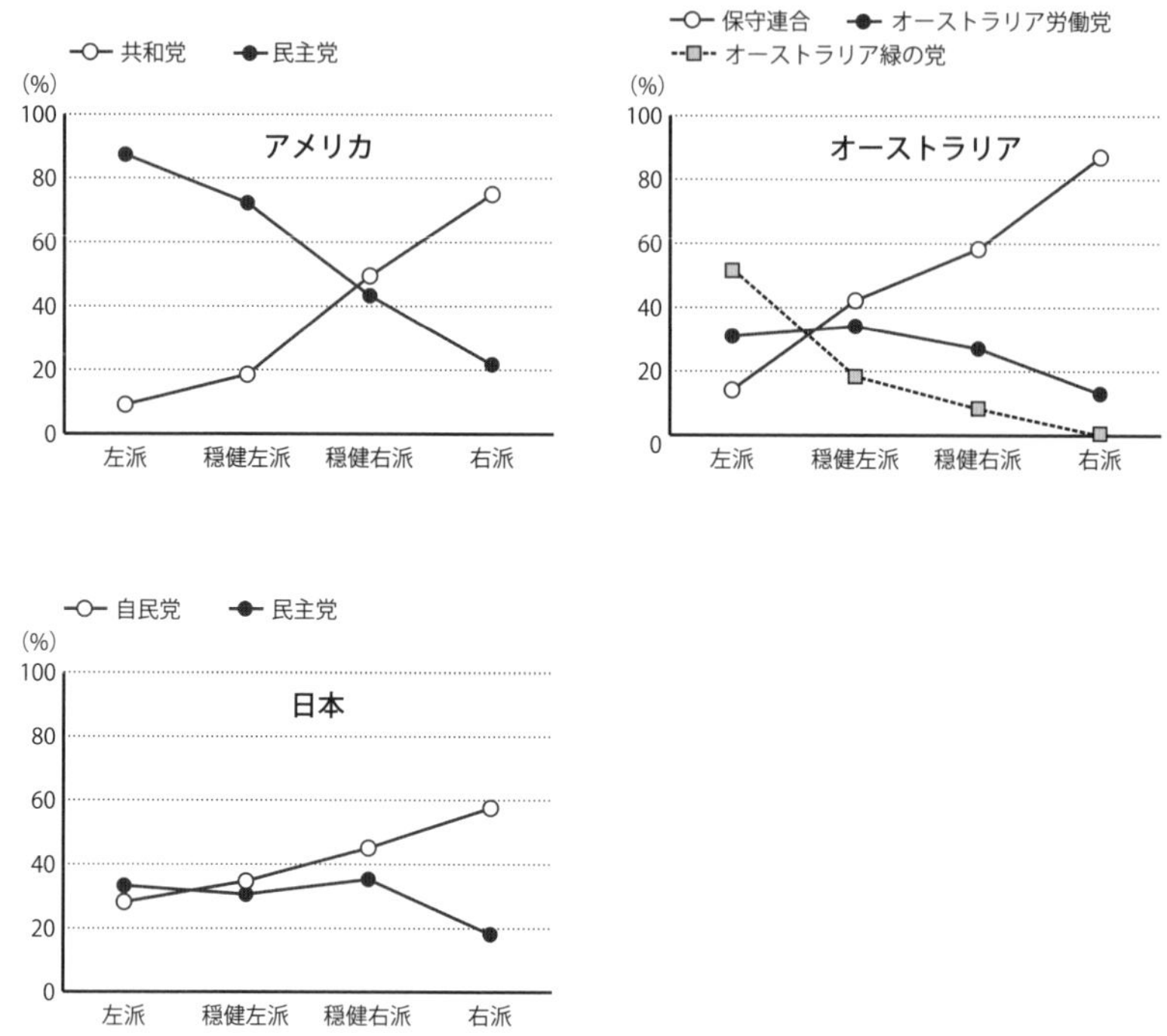

データ：WVS

共に活動しているオーストラリア自由党やオーストラリア国民党の連合）への支持のパターンはアメリカの共和党に似ているものの、オーストラリアの左派には主にオーストラリア労働党とオーストラリア緑の党という2つの選択肢が存在する。

　図8・5が示すように、左派と自らを位置づける若者は、オーストラリア労働党よりもオーストラリア緑の党のほうを好んでいる。もしオーストラリア労働党とオーストラリア緑の党への投票（意図）をあわせて考えると、左派の83％に支持されているこ

とになり、右派は13％に過ぎない。対照的に、左派の若者の14％、右派の若者の87％が保守連合に投票をする。ここでも、イデオロギーの両極では各党への強固な支持が見られる。

一方、日本におけるイデオロギーと政党選択の関係は、アメリカやオーストラリアとは大きく異なる。第一に、右に行くほど自民党の選択率が上がるものの、左派の間ですら、3割近い有権者が自民党に投票すると回答し、その割合は民主党にほぼ並ぶ。第二に、右派を除いた3つのカテゴリーにおいて、民主党への投票は比較的安定している。この2党以外の政党についてはサンプルサイズが小さすぎて分析をすることができない。

アメリカやオーストラリアとの明らかな相違は、日本の主要政党への投票者が必ずしもイデオロギーで分断されているわけではないということである。さらにいえば、おそらく日本の長期的な一党優位制の説明にもなりうるが、自民党が当然の支持基盤である右派からだけでなく、左派の若者からも支持を集めていることは注目されるべきであろう。左派の若者は他の先進民主主義諸国ではたいてい保守政党を支持しないものである。若者と高齢層でイデオロギーの理解が異なるものの（2章）、いずれにせよ自民党は保守的で右派と考えられている。その政策的立場にもかかわらず、自民党は左派からもかなりの程度の支持を得ているといえる。

さらに、日本の若い有権者の特徴として、「支持する政党はない」という回答の分布を取り上げたい。本節の図では、「支持する政党はない」や「投票しないだろう」といった回答を除外して分析を行った。ほとんどの国で結果はあまり変わらないからである。たとえば、アメリカの若者のうち、左派の14％はどの政党も選ばなかったし、右派の10％もそうである。

しかし、日本の場合は異なる。右派の17・5%が支持する政党がないと言っているのに対して、穏健左派では42・7%、左派では50%にも及ぶ。つまり、他の民主主義諸国では若者の右派も左派も政党との距離は同程度であるのに対し、日本の若者における左派は、右派と比べて政党との距離が遠いのである。

経済政策争点によって「右派」と「左派」が規定されていない、というのが日本のイデオロギーの特徴であると本書で繰り返してきたが、イデオロギーと経済が結びつかなかったことが、自民党の強みにつながっているわけでは必ずしもないという点についても言及しておくべきであろう。韓国においては経済政策よりも北朝鮮に対する政策がイデオロギー位置を規定していると確認されてきたが、左派と穏健左派の若者は保守的なハンナラ党を忌避してきた。2012年にセヌリ党、2017年に自由韓国党となったが、これらの改名によって有権者がその保守的な立場(北朝鮮に対する強硬路線)を認識しなくなったわけでもなく、若者の一般党員を増やしたわけでもない。実際、近年の韓国の選挙(大統領選挙でも議会選挙でも)における特徴として、得票基盤の世代間の対立が挙げられる。この点は日本とは大きく異なる。

5節　安倍政権下の若者

最後に、分析対象を日本だけに絞って議論を進めよう。日本の若者の保守化を論じるときに、特に取り上げられるのは2010年代の第2次安倍政権期における若者の安倍内閣や自民党への支持である。ネット空間における右派的な言説の伸長とともに(これらの「書き込み」がすべて若者であるという保証はないが)、これらの世代の有権者は政権を支持し続け、自民党の支持基盤を形成しているというイメージができあがっている。[3] いくつかの世論調査はこの傾向を確認しており、読売新聞は世論調査に関する特集記事において、若者の内閣支持率が一貫して高いことを指摘しているし（読売新聞2018年8月24日）、選挙時の出口調査の結果も若者における自民党投票の多さを示している。

このイメージは、本章のこれまでの結果とは一致しないように思われる。過去20年間において若者の保守化は見られないというのがこれまでの分析結果ではあった。この不一致をどのように理解すればいいのだろうか。

ここで第2次安倍内閣発足後の2013年1月から2017年総選挙前までの4年9カ月に及ぶ時期の時事通信による世論調査の結果から、若者（18－29歳）の内閣に対する支持と不支持の変遷を見ていく。[4]

図8・6からわかることは、若者の内閣支持率は必ずしも高くはなく、むしろどちらかといえば有権者全体の内閣支持率よりも低いという事実である。ほとんどの期間において若者の支持率が有権者全体の支持率を上回ることは稀《まれ》で、それゆえ、時事通信による世論調査では内閣支持という点からの若者の保守化は確認できない。安全保障関連法案が審議され、激しいデモ活動が展開された2015年夏においても、若者の支持率は有権者全体を上回ることはなく、むしろ低下傾向にあった。

他方で、若者が内閣に厳しい目を向けているのかというとそういうわけでもない。内閣不支持率について見てみると、支持率と同様に、その値はほぼ一貫して全体よりも低いという結果が確認できる。若者は有権者全体と比べて、内閣を支持してもいないが、だからといって不支持というわけでもない。

「支持する」「支持しない」というのは一つの質問に対する回答であるから、どちらかが少なければどちらかは多くなりそうなものだが、そうなっていないのは、「わからない」という回答が多いためである。つま

図8.6　内閣支持率の変遷（2013-2017年）

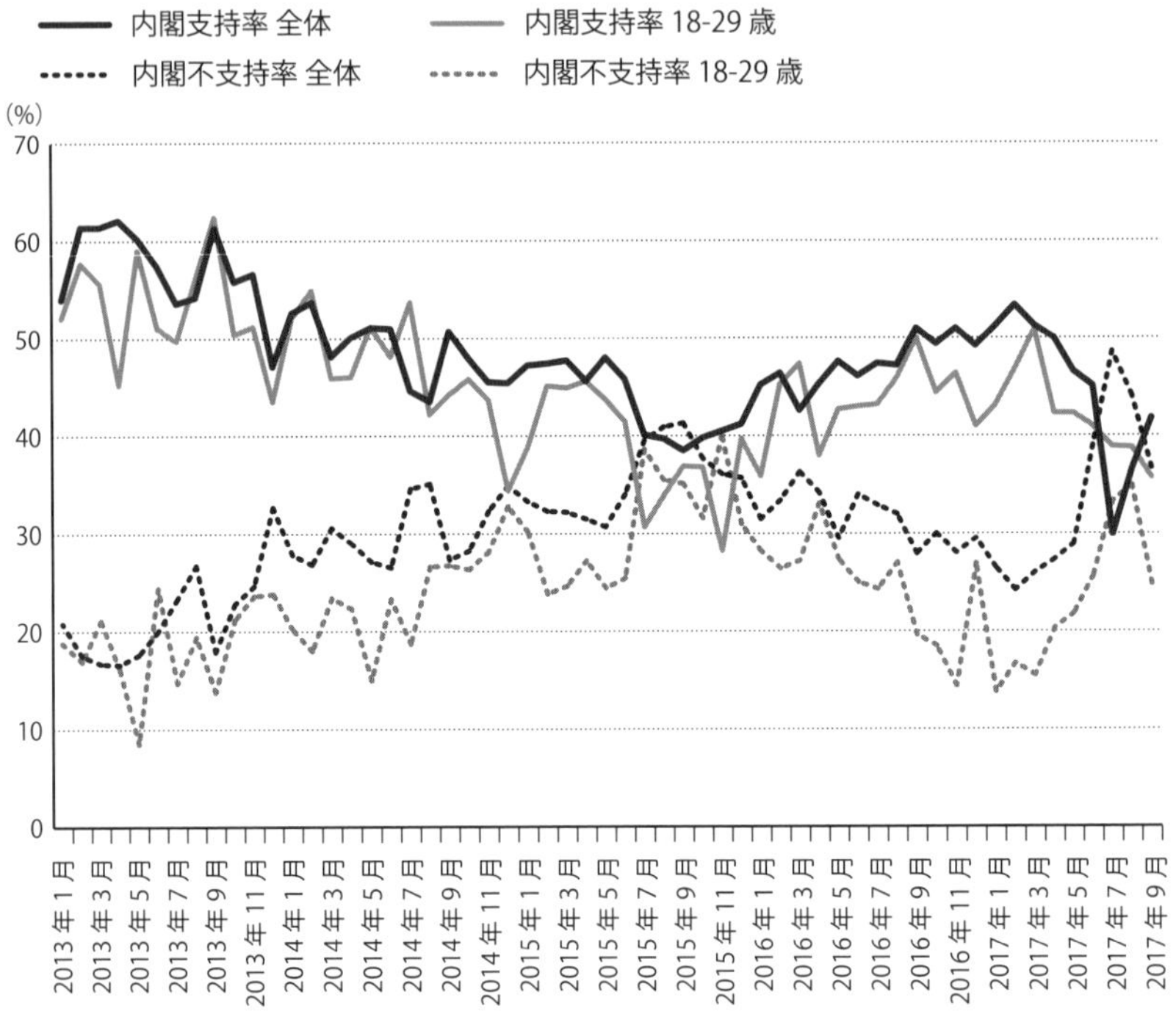

データ：時事世論調査特報

り、他の世代の回答者は支持、不支持についていずれかの意見を表明する一方で、若者はそういうわけではなく、判断すらためらうのである。

調査によっては若者の内閣支持率のほうが高いことがあるのは、おそらく調査方式による相違を反映しているのではないだろうか。「わからない」と答えたときに、「どちらかといえばどうか」を重ね聞きをする場合としない場合で、支持率に差が生まれているのではないかと推測される。

つまり、重ね聞きをすれば、内閣を支持すると答えるものの、そうでない場合にはわからないと答えてしまう傾向が考えられる。若者の「保守化」の証拠はその程度の儚い現象なのではないかと考えられる。

この図の中で興味深いのは、2017年の春から夏にかけての若者と有権者全体の内閣支持率に関するコントラストである。この時期は森友学園と加計《かけ》学園の問題が国会で追及され、文書改ざんなど様々な疑惑が浮上しており、その結果、内閣支持率が急落した時期である。

有権者全体で見れば、年初から比べて内閣支持率は20％ポイント近く下がった挙げ句、内閣支持率が不支持率をついには下回り、安倍政権にとっては危機的な時期であった。他方で、若者の内閣支持率と不支持率を見てみると、確かに内閣支持率は下がり、不支持率は上がるものの、逆転するほどではなかった。内閣支持率は全体よりも10％ポイント高い時期すらある。

このことが示唆するのは、若者は森友・加計問題のような政治スキャンダルといった問題はそれほど重視していないということであろう。世代によって反応する問題が異なることを示唆しているのである。

政党支持についても同様に確認しよう（図8・7）。2012年の政権交代直後は有権者全体と若者の自民党支持率はほとんど同じであったにもかかわらず、その後は一貫して若者の自民党支持率は低い。ここでも保守化仮説を否定するような傾向が見られるのである。

その代わりに若者の間で多いのは無党派層である。有権者全体と比べても一貫して10％ポイント近く高いことがわかる。若い有権者が社会ネットワークや利益団体などにまだ絡め取られていないということを考えれば、この結果も納得できるだろう。

それでは保守化の芽がまったく見られないのかというとそうではない。図には表されていないが、若い世代の政党支持のあり方で特徴的なのは、野党支持の少なさである。高齢層になれば、10％近く野党第一

図8.7　政党支持の変遷（2013-2017年）

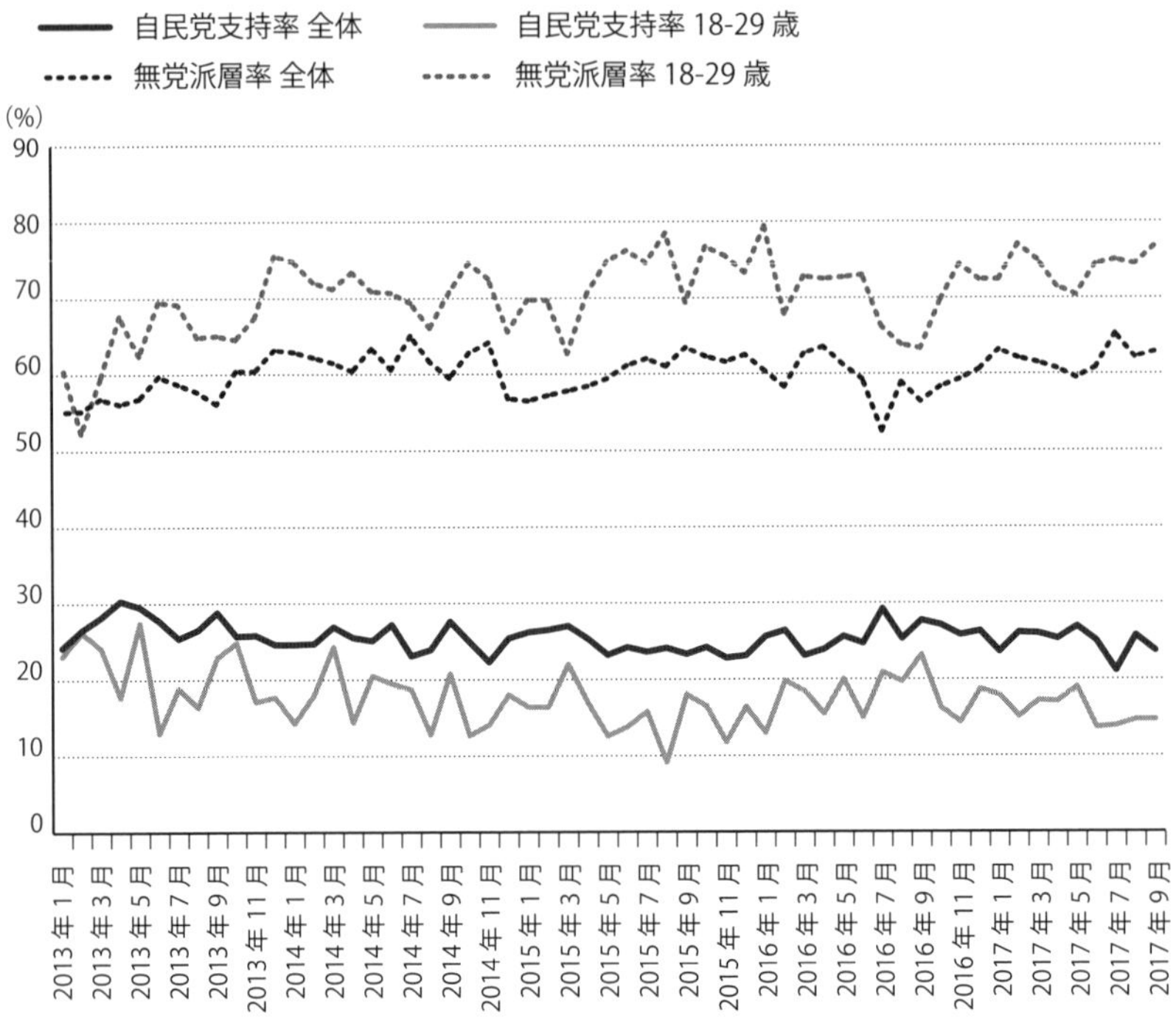

データ：時事世論調査特報

党（民主党、民進党）の支持率があるものの、若者の間では2％に満たないことも珍しくはない。3節で見たようにイデオロギー左派が増えていたとしても、それが野党支持と結びついていない。つまり、若者が政党支持を決めるときには、自民党か他の政党か無党派かという選択ではなく、自民党か無党派かという2択しかないのである。

自民党支持の割合が他の世代より低かったとしても、若者が自民党しか選択肢に入れていないという状況の持つ意味は大きい。その世代の意識の中では、政治に関心がない、政党を信頼しないという態度と対になるのは自民党への支持しかないからである。

そう考えれば、実際の選挙での行動にも説明がつくだろう。若者は棄権するか、自民党に投票をするかという選択になるため、自民党への投票割合が他の世代と比べて高くなるのだろう。現在の20代が政治的社会化の時期に経験したのは民主党政権の失敗と、それとコントラストをなすアベノミクスによる景気回復であった。野党にとっては絶望的なほどの支持の低さは、おそらくこの経験に基づいているのではないかと考えられる。

6節　結論

本章では、日本の若者が保守化しているかという疑問から始め、その保守化が近年の自民党の勝利に寄与しているのかという疑問について検討した。経時的な国際比較世論調査データを用いて、日本では１990年代以降、自己を右と位置づける若者の割合は安定的であるということを示した。変化があったとすれば、それは左派の割合の増大であった。また、およそ10％という日本の右派の若者の割合は、国際基準から見ても高くはない。社会民主主義のモデルといわれるスウェーデンですら、もっと多くの若者が自らを右派と位置づける。日本の若者の左派の割合（２０１０年代までに17％）も特別に高いわけではないということも付け加えるべきであろう。

そのため、他国との比較で日本が際立つ点は、若者も含めて有権者が保守化をしているということではないし、そのような事実自体も疑わしい。むしろ際立つのは、右側の政党と見られている自民党が、左派や穏健左派からかなりの支持を得ることに成功していることである。アメリカやオーストラリア、韓国との比較から明らかなように、他国のほとんどの主要な保守政党が達成していないような実績である。これは、左右を規定するのが経済次元であろうと他の次元であろうと同様である。日本の一党優位政党制について説明する要因はいくつもあるが、イデオロギーについていえば、なぜ日本の有権者（特に若者）が保守化したかではなく、自民党がどのように左派からの支持を取り付けているのかが問われるべきである。

ただし、「若者の保守化」論は、それが想定するほどその傾向は強くもないが、他方で単純に否定されるべきものでもないように思われる。イデオロギーに沿って若者全体が右にシフトしているというイメージはおそらく正しくない。他の章の分析結果が示すように、イデオロギー軸上に沿って様々な政治意識を形成したり、政治行動をとったりしているかも定かではないだろう。若者自体はイデオロギー軸上の真ん中に留まって、政治に関心を払ったり払わなかったりしているのだが、それと同時に、左側の選択肢に対する信頼を失っているという状況が、表面上は保守化のように見えるのであろう。

さらにいえば、すでに前章で見たように、極右候補者の得票は年少者の間で大きく、しかも保守・革新イデオロギーとの関連を見せ始めている。若者の間でイデオロギーの役割が曖昧になりつつある現代において自らを右派や保守だと位置づけるような有権者であれば、極右も選択肢に入ってくるのである。この世代が政治的に活動的になり、政治や政党に関心を払うようになったときに、どのような政治行動をとるようになるのかは今後も注視されるべきであろう。

第9章　おわりに——比較の中の日本のイデオロギー

1節　政治的変動のコンテクスト

もし30年前の日本政治の研究者が今日の政治についての新聞記事を読んだとしたら、その記事を理解するのに時間がかかるかもしれない。民主党のような政治アクター、財務省や防衛省のような行政組織、小選挙区制のような制度、それらすべてが困惑の原因であり、加えて自民党の「派閥」のように、それまで当然視されていた用語の重要性が下がっていることも原因であろう。冷戦が終わろうとする1989年、自民党はまだ参院選で負けただけで、その後衆院選でも野党に負けて、政権交代が起きると想像することはいまだ難しかった。よく知っているはずの当時の野党についていえば、社会党が名前を変え小政党に落ち込み、公明党が自民党と半永久的な連合を組むということも予見するのは難しいだろう。少なくとも、読んでいるその新聞自体については馴染みのあるもので安心するかもしれないが、有権者はいまや情報の入手先としてインターネットと呼ばれる新しいコミュニケーション・ツールを利用するようになっているということを知る由もない。

政党の出現と低迷、新たな行政組織の形成、政党の内部組織の変更といったこと自体は多くの国でも同様に起こることである。長く支配的な地位にいる政党が存在することは多くの国では例外的であるが、カナダの自由党、インド国民会議、アイルランドのフィアナ・フォイル、イスラエル労働党、イタリアのキリスト教民主党、そして日本の自民党のように、支配的な政党の存在や衰退は世界で唯一の現象というわけではない。選挙制度の変更も、イタリア、ニュージーランド、台湾、イギリス、カナダのいくつかの州での経験を見れば、稀なことではまったくない。しかし、両方の変化を同時に考えれば、いわゆる55年体制における安定性と対照的に、過去25年間の日本政治では、根本的な転換が進行していることにほとんどの専門家は合意するだろう。

政治的争点やアクターについての1990年と現在の相違は、冷戦の終焉、バブル経済の崩壊、経済的グローバル化の圧力、コミュニケーション・ツールの新たな発展といった客観的な環境の変化を反映している。その一方で、他の変化は明らかに政治的アクターによる決定の結果としてもたらされたものである。衆院選における小選挙区比例代表並立制の導入、内閣府を強化する省庁再編、規制緩和を目指す諸政策（最も有名で政治的に論争が起きたものとして、郵政民営化）、政党の結成、合併、分裂といった変化である。

これらの変化の規模と速度からして、有権者はどのように政治的な出来事や政策争点、アクターについてその動向を追い、理解しようとしてきたのだろうか。多くの国で共通する解決方法は、イデオロギーを情報ショートカットのための手がかりとして用いるということである。本書では、有権者の視点から日本政治の変化と継続を議論するためにこのテーマを選んだ。

本書の各章が取り組んだのは、（1）有権者のイデオロギーはどのような政策と結びついており、それは時とともにどのように変化したか（あるいは変化しなかったか）、（2）政党のイデオロギー位置を有権者はどのように認識しているか、（3）選挙のときにイデオロギーはどのくらい重要で、それは政党によって異なるのか、（4）イデオロギーは政治参加を促すのか、それは参加の種類によって異なるか、（5）様々なイデオロギー・ラベルが意味するものはいずれも同じものなのか、（6）有権者は改革志向という新しい軸で政党を差別化しているのか、（7）極右候補者を支持するのは誰か、それは西欧諸国と比較しても同じパターンか、（8）若者は保守化しているのか、といった問いである。有権者全体を議論しただけでなく、コーホートごとの差異を分析し、特徴的な世代間ギャップを明らかにした。

最も顕著な世代間ギャップの例は、保守・革新イデオロギーで革新側に位置づける政党が年長層と年少層で異なるという2章の結果であるが、投票選択、特に自民党に対する投票におけるイデオロギーの重要性の差（3章）や、政策争点態度とイデオロギーの間の相関の強さの差（5章）なども挙げられる。

2節　日伊比較

高齢層と若年層の間でいつも見解が一致するわけではないということは、政治についてだけでなく、他の物事についても考えれば、それほど驚くようなことではない。しかし、本書が示してきたような世代間ギャップの大きさは注目に値するはずである。

本書の最後に、イデオロギー軸上における政党の位置について再度取り上げてみよう。他の先進民主主義国家と比較すれば、日本の世代間差異の特異性が明確になる。そのために、1990年代と2000年代に日本と似た政治展開を経験したイタリアについて分析をする。

イタリアでも、単一政党による長期的支配の終焉、新党の登場、選挙制度の変更、二大政党ブロックによる政権交代が生じた。2章のグラフをイタリアのデータで再現した図9・1と図9・2は、1996年と2006年の世論調査データにそれぞれ依拠して、異なる年齢層が認識している政党位置を図示したも

図9.1　イタリアにおける各党のイデオロギー位置の認識（1996年）

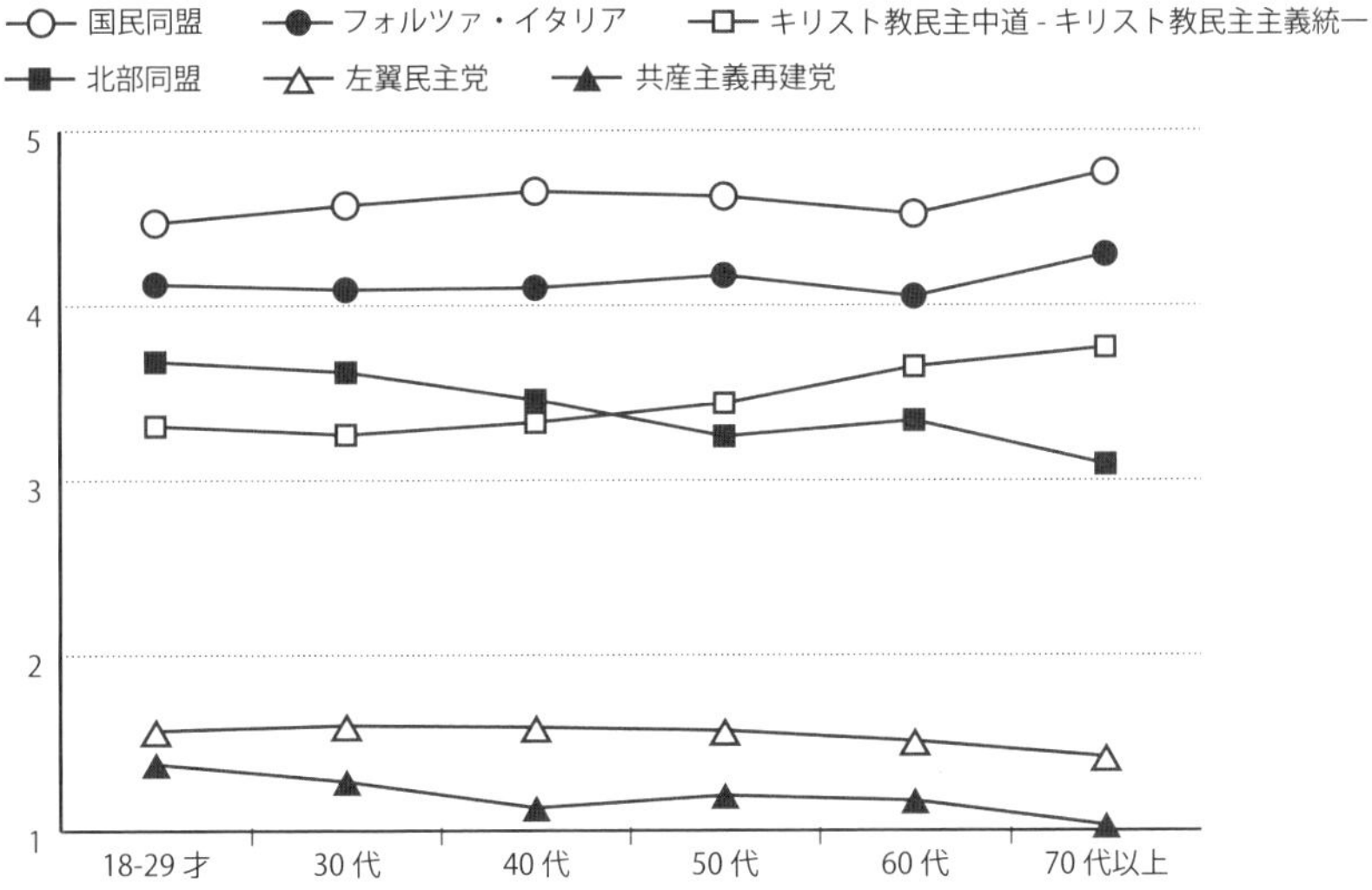

注：1＝左；5＝右
データ：ITANES

図9.2　イタリアにおける各党のイデオロギー位置の認識（2006年）

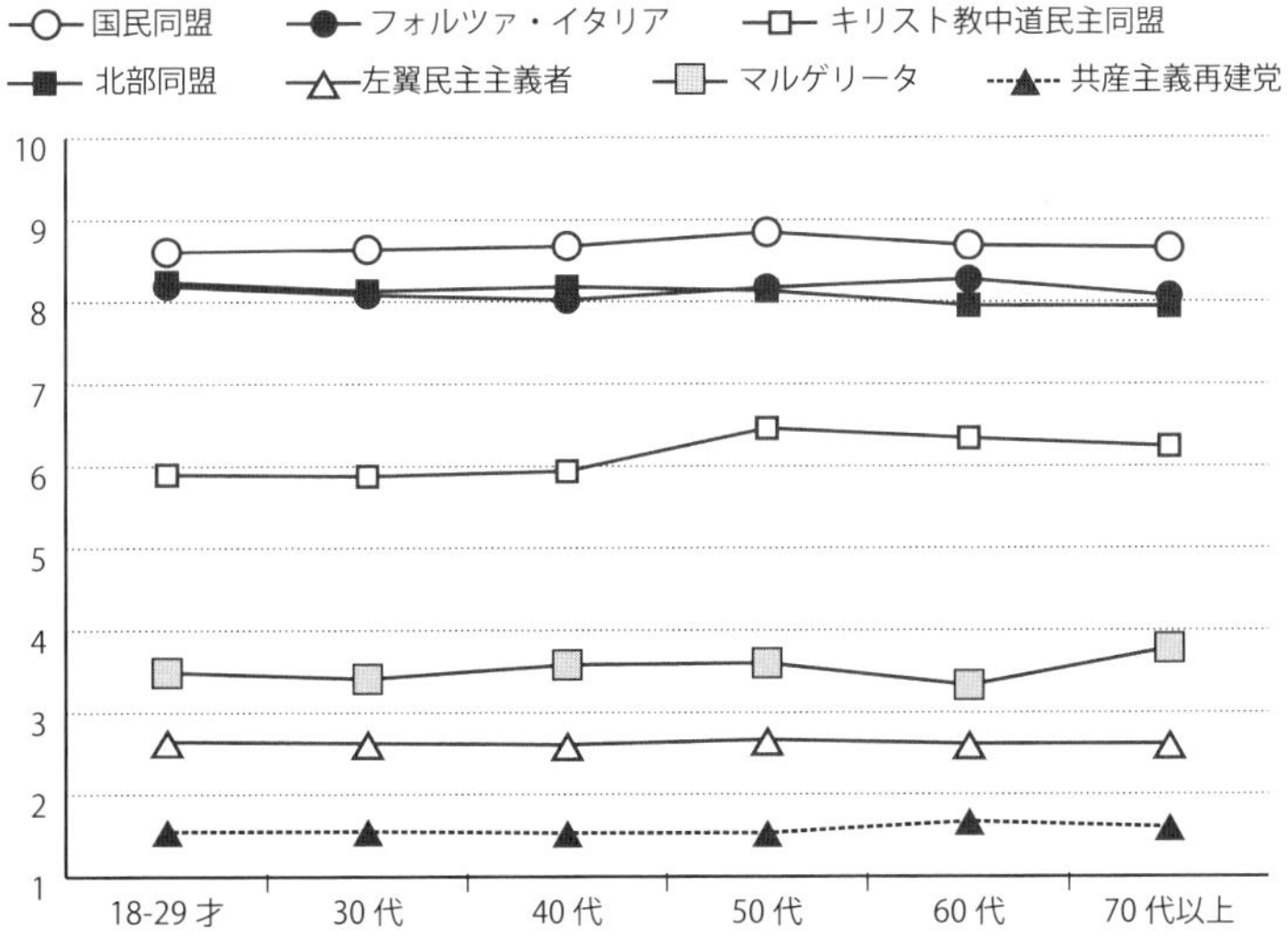

注：1＝左；10＝右
データ：ITANES

のである。[1] イタリアの政党システムについて詳述しなくても、類似した政治的な歩みを近年経験した2カ国の対比はすぐに見て取れるだろう。

日本とイタリアの戦後政党システムについて要約するとき、同じような記述を用いることができる。冷戦を背景として、断固とした反共産主義政党が政権を維持し、恩顧主義と派閥主義の複雑なネットワークを作り上げる一方、主要な左派政党、革新政党は常に野党の地位に甘んじた。冷戦の終結と度重なる政治腐敗スキャンダルによって、1990年代前半に単一政党支配は終わりを迎え、その後、政党が出現しては消滅し、政治的な舞台は大きな変化を経験した。これらの変化の規模はおそらくイタリアのほうが大きく、1990年代中盤に投票用紙にあった政党のほとんどは、その名前を変えてしまった。高齢層は新しい政党とイデオロギー的な意味での前任の政党の継続を認識しているだろうが、いわゆる第一共和政期の政治対立の記憶や経験のない若い有権者についても同様に認識しているとは考えられないかもしれない。

図9・1と図9・2における若い有権者の政党配置の一貫性は驚きかもしれない。どの政党が最も右で（国民同盟、後にフォルツァ・イタリア等と中道右派の「自由の人民」を結党）、どれが最も左か（共産主義再建党）についてすべての世代で同意がある。さらに特徴的なことに、その間のすべての政党についても世代ごとにほとんど一貫していることである。たとえば、1996年から2006年の間に地域政党の北部同盟が右側にシフトしたように、有権者が政党位置の変化を認知したとき、それはすべての世代によって共有され、認識されている。

イタリアの若い有権者はその親や祖父母の世代と比べても同じくらいの幅で政党のイデオロギー位置を認識していることも日本との大きな違いとして指摘できる。このことは年齢が投票行動に影響を与えていないということを含意するわけではないが、政党競争のあり方について共通認識が存在していることを示唆している。すべての年代の有権者が理解し、合意できるような共有された政治的なボキャブラリーがイタリアには存在するが、日本ではそうではない。イデオロギーの主要な機能が、複雑な政治世界について有権者の理解を助けるというものであるのなら、若い有権者についていえば、イタリアにおいてのほうが機能している。

3節　日本とイタリアの差はどう説明されるか

2カ国の近年の政治史の共通性を考えると、先述の相違は目を見張るもので、説明を必要とする。ありそうな説明のいくつかはすぐに否定できる。イタリアの教育システムのほうが日本よりも機能しているというような証拠はない。OECD生徒の学習到達度調査（PISA）スコアで見れば、日本のほうが数値は高い。政党支持の親からの伝達の役割はそもそも限定的である。というのも、今日のほとんどの政党は、数十年前には存在していなかった。日本においては、少なくとも自民党と共産党の2党は流動期にもほぼそのまま生き残ったが、イタリアでは第一共和政期の政党は実質的な政策変更をしたか（たとえば、イタリア共産党や極右のイタリア社会運動）、消滅した（キリスト教民主党、イタリア社会党、イタリア自由党）。日本の有権者が政党の数が多すぎて差別化するのが難しいとしたら、主要なブロックそれぞれに複数の政党が存在し、同日選挙が行われる上院と下院でその構成がしばしば異なるイタリアのほうがもっと難しいはずである。政党も、日本にはないような地域政党が存在するため、イタリアの場合はさらに複雑である。

納得できるような説明を見つけるためには、政党のダイナミズムを超えて、イデオロギーに関する社会における ルーツを探究するべきであろう。イタリアでは、他の西欧の民主主義諸国と同様に、イデオロギー的な分断が社会的な亀裂——それが階級、宗教、地域のいずれであろうが——に基づいている。このような亀裂は、当然ながら政党の名前よりもずっと持続的である。たとえば、イタリア北東部のホワイトベルト（white belt）は長い間、中道右派政党の地盤であり、イタリア中部のレッドベルト（red belt）は安定的に中道左派寄りであった。[2] それらの政党がどのように名づけられようが問題ないのである。自民党が日本の地方部で有利であったとしても、それは地方と都市の亀裂というよりは恩顧主義とそれに連なる組織のネットワークの結果であった。

4節　結語

多くの国では、社会的な亀裂は共通の政治体験と政治的言説を次の世代に伝達する役割を果たしている。日本においてはそのような亀裂がないため、若い有権者が政治の複雑な世界にうまく向きあいにくくなっている。若者は、半永続的な道標もない中で、政策、政党、イデオロギーの関係を探究し、理解しなくてはならない。若い有権者の多くはそのようなことに力を注ぐ十分な能力や意欲もないだけでなく、政党の政策が収斂化している政治的環境がそのハードルをあげている。そのため、政党の差別化をしたり、政策争点とイデオロギーとのつながりを理解したりすることは難しい。もしくは、イデオロギーについての何らかの定義にたどり着いたとしても、それは高齢層の理解と合致するとはかぎらない。政策についての好みや優先順位といったものに世代間の差異はあるのかもしれないが、本書が明らかにしたのは、イデオロギーの理解や使われ方の相違にこそ、明白な世代間断絶が見られるという事実である。

イデオロギーの理解に関する世代間の差異が、民主政治の運営全般にとって、もっと限定的にいえば政党競争にとって障壁になっているということを本書は言いたいのではない。また、この世代間ギャップは、若い有権者が政治に関わらないようになる傾向——少なくとも伝統的な意味で——の原因ではなく、むしろ兆候であると本書は推測する。

多くの成熟した民主国家と同様、日本における高齢層の投票率は高い傾向があるが、日本の20代の投票率は近年、急激に低下している。若い有権者に広がっている見方は、政治家が若い有権者の重視する政策に注意を払っておらず、代弁もしていないというものであるが、少なくとも部分的にはこのことが著しい低投票率の原因となりうると推測されている。2章で見たように、現状を変えることを約束する新しい政党——「革新的」、「改革志向」、反エスタブリッシュメントと曖昧に捉えられる政党——に期待する若い有権者もおり、新しい選択肢を探している。さらに、7章で見たように、極右的な意見のけたたましい警笛に誘惑される者もいる。

本書の議論の目的は、若い有権者が政治への理解の仕方を年長層に合わせるべきだと主張することでも、政策争点やイデオロギーを根づかせるための手段として、社会的亀裂を作り出すことを求めることでもない。それよりもイデオロギーの認知と意味に関してだけでなく、政策争点や政治アクターについての、より一般的な言説に関しての世代間断絶について問題を提起し、その程度を明らかにすることが目的なのである。イタリアとの簡単な比較によって、大きな政治的変動がいつもこのような世代間ギャップを生じさせるわけではないということが明らかになった。これに対する処方箋を提案することは本書の範疇を超える。しかし、本書の示した分析結果や議論が、日本政治の世代間ギャップの存在を気づかせ、さらなる研究を呼び起こすことができるのなら、本書の目的は十分に果たされたといえるだろう。

あとがき

本書はPalgrave Macmillan社から２０１６年に出版された*Generational Gap in Japanese Politics: A Longitudinal Study of Political Attitudes and Behaviour*（Willy Jou and Masahisa Endo）を著者自らが翻訳し、第4、6、8章を追加した増補版である。翻訳は遠藤が担当し、ジョウはチェックを行った。原著は研究書として書かれたが、日本語版については一般の方々にも読んでもらえるように解説を加えた。それだけではなく、日本の読者向けに大胆に書き換えた部分も多々ある。著者自身が翻訳者を務めるという利点を活かしたと考えていただければ幸いである。

この研究プロジェクトは些細なミスがきっかけで始まっている。２０１２年12月、遠藤は世論調査への回答行動について、アイトラッカー（視線測定装置）を用いて実験を行っていた。早稲田大学の学生を50人ほどリクルートし、ＰＣ画面上で世論調査に回答してもらい、その回答をしているときに画面のどのあたりを見ているのかを調べていたのである。

しかし、プログラム設計時のミスで、イデオロギーに関する質問への回答データだけは記録されていなかった。普通のウェブ調査であれば、取り返しのつかないミスだが、幸いにもアイトラッカーには調査回答時の動画がデータとして残っており、それを見れば、ＰＣ画面上でのマウスカーソルの動きを追うことができた。50人分の動画を一人ひとり見ていけば、イデオロギー質問の回答についても自分でデータ化することは可能だったのである。

そこで、空き教室に籠って、実際に動画を再生してみた。学生はまず、自分自身のイデオロギー位置について尋ねられるのだが、マウスカーソルはふらふらと画面を彷徨《さまよ》い、回答に躊躇している様子が見て取れた。次に、自民党の位置を尋ねられても、同様にカーソルは彷徨っている。さらに、民主党についても、公明党についても、共産党についても同様に回答に躊躇しているようであった。しかし、日本維新の会の位置を尋ねる質問に画面が切り替わると、即断で選択肢がクリックされた。革新側に、である。

最初にその回答行動を見たとき、正直にいえば、「早稲田の学生なのに維新を『革新』と思っているのか……」と落胆した。しかし、次の学生もその次の学生も同様の回答パターンを示した。結局、維新を保守側に位置づけた回答者はわずかに3、4人であった。どうしてこうなったのだろうか、他のデータではどうだろうか。その直後、2012年衆院選時に実施したウェブ調査のデータが届き、そこで年代別にイデオロギー位置の平均をとったところ、図2・5（69ページ参照）の結果を得たのである。大学生どころか40代まで同様の認識をもっていることにさらに衝撃を受けた。

その分析結果を、当時、他のプロジェクトで共同研究をしていたジョウに見せて議論を始めた。ジョウは東アジア諸国のイデオロギー比較で博士論文を書いていたためである。ここから共同研究が始まり、6年後の現在も継続している。あの動画のインパクトは、この研究に駆り立てる大きな動機づけになった。

これまでの研究の過程で多くの方々のご指導、お力添えをいただいた。最初に、田中愛治先生に感謝を申し上げたい。遠藤にとっては学部からの指導教授、ジョウにとっては、院生時代、日本でのフィールド調査の受け入れ教員であり、長年の間、ご指導をいただいている。この研究を最初に報告したのは、2013年5月の日本選挙学会であったが、その準備段階で分析結果をお見せしたところ、研究論文のみならず、一般向けの論文を書くことを強く勧めていただいた。1年後の2014年5月にそれぞれ『選挙研究』と『アステイオン』に掲載される形で実現した。

その2013年日本選挙学会での報告以来、研究を応援していただいているのは竹中佳彦先生である。日本のイデオロギー研究をリードしてこられた竹中先生の励ましはいつも心強い。現在では共同研究をさせていただく機会にも恵まれており、日頃よりご指導いただいていることに感謝申し上げたい。

研究者としての「形成期」に多大な影響を与えてくださった方々はもちろんたくさんいるが、特に3人の先生のお名前を挙げたい。遠藤は、博士後期課程より長年ご指導いただいている河野勝先生に、ジョウは、初めてこのテーマについて学ぶ機会をくださった Hans-Dieter Klingemann 先生、及び長年にわたりご指導、ご鞭撻いただいた恩師 Russell Dalton 先生に心より御礼申し上げたい。

また、イデオロギー研究関連では多くの共同研究をすることになった。すべてが出版できているわけではないが、山﨑新、三村憲弘、稲増一憲、秦正樹、日野愛郎の各氏との共同研究からは多くのものを学ばせていただいた。また、この分野において近年目覚ましい成果を上げている三輪洋文氏にはいつも刺激を受けている。それだけでなく、すべてを列挙することはできないが、学会、研究会でコメントをくださった多くの方々に感謝申し上げる。

第2章はもともと"How Does Age Affect Perceptions of Party's Ideological Locations?"というタイトルで『選挙研究』第30巻第1号に掲載された。原著への転載を認めてくださった日本選挙学会と木鐸社に感謝申し上げたい。また、第6章は読売早大調査の成果に依拠している。読売新聞世論調査部の鳥山忠志前部長、吉山一輝部長をはじめ、川崎英輝、福田昌史、宮本清史の各氏にも大変にお世話になった。

さらに、いくつかの雑誌で一般向けの文章を書かせていただく機会にも恵まれ、研究者の間だけでなく、一般の方々にも研究成果を知っていただくことができたのは幸運であった。とりわけ、『アステイオン』編集長の田所昌幸先生には、堅い論文調の文章しか書けない著者をご指導いただき、原稿を掲載レベルにまで引き上げていただいたことを感謝している。その後、『Journalism』や『中央公論』、WEBRONZAで掲載の機会をいただいたことにも感謝申し上げたい。

この6年間で著者の所属はそれぞれ変わったが、いずれの機関でも研究環境に恵まれた。遠藤は早稲田大学経済学研究科グローバルCOE、早稲田大学政治経済学術院、高知大学人文学部・人文社会科学部、早稲田大学社会科学総合学術院に、ジョウは早稲田大学高等研究所、筑波大学人文社会国際比較研究機構、早稲田大学政治経済学術院に感謝したい。

本書の出版が可能となったのは、新泉社の内田朋恵氏の手腕による。原稿をいつまでも翻訳しない筆者を叱咤激励し完成まで導いていただいた。また、田部井滉平氏には翻訳・校正・分析の協力をいただいた。

最後に、人としての「形成期」においても、研究者としての「形成期」においても常に惜しみない支援をしてくれたそれぞれの両親、遠藤裕久、遠藤邦江、周家誠、曽芳貞に心より感謝したい。

二〇一九年一月

遠藤晶久

Willy Jou

注

序章

1 新たな選挙制度での最初の選挙は1996年に実施された。300議席（295議席に減らされた後、現在では289議席）が小選挙区から選出され、200議席（180議席に減らされた後、現在では176議席）が比例区から選出される。

2 50人程度の民主党議員が2012年6月に離党して、国民の生活が第一を結党した。

第1章

1 学歴などに基づく一般的な理解とは異なり、政治エリートとは、政治学において、政策決定過程に直接関わるような人々や組織のことを意味する。

2 この次元を、戦後日本の政治システムに対する態度に統合する立場もありえるだろう。革新に自己を位置づける回答者は、反政治システム的な感情を抱く傾向がある（田中 1995）。

3 1990年代前半、国連PKO活動への自衛隊の参加という政策争点について、公明党支持者が自民党支持者よりも保守的な意見を有していたことが指摘されている（Abe and Endo 2014）。

4 1990年代以降、伝統的なイデオロギー理解をする有権者がいる一方で、イデオロギーを防衛問題というよりむしろ福祉をめぐる争いとして理解する有権者も存在することが主張されている（三輪 2014b）。

5 1980年代以降にジニ係数は上昇したが、多くの市民は「一億総中流」という表現に合意していた。経済格差は2000年代の小泉改革後になってようやく政治争点化した。

6 JABISS、JESⅠ、JESⅡ、JESⅢ、JESⅣを実施した研究チーム、およびデータの利用を可能にしたLeviathan Data Bank、東京大学社会科学研究所附属社会調査・データアーカイブ研究センターSSJデータアーカイブ、投票行動研究会に感謝申し上げる。ＪＡＢＩＳＳは１９７６年総選挙の前後に実施された2波のパネル調査である。ＪＥＳＩは１９８３年6月の参院選後と１９８３年12月の総選挙前後に実施された3波のパネル調査である。本章では主に総選挙後の第3波を用いた。ＪＥＳⅡは7波のパネル調査（１９９３年総選挙、１９９４年、１９９５年参院選、１９９６年総選挙）、ＪＥＳⅢは9波のパネル調査（２００１年参院選、２００３年総選挙、２００４年参院選、２００５年総選挙）、ＪＥＳⅣは7波のパネル調査（２００７年参院選、２００９年総選挙、２０１０年参院選、２０１１年）である。これらの調査は日本の選挙過程を研究するために継続的に実施されており、共通の調査項目が採用されているために、本書のような試みが可能となった。これらのデータは２・３・４章でも分析に用いられる。

第2章

1　例外としてMiwa（2015）があり、政党のイデオロギー位置を同じように理解している有権者は半数にすぎないことを示している。

2　後述するように、世代効果と加齢効果は独立した影響を同時に及ぼすことがありうることも留意されたい（Dalton 1977, 466-467）。

3　加藤淳子によるエリート調査によれば、１９９６年以降で自民党より右側を占める政党として新進党（１９９６年）、保守新党（２０００年、２００３年）、自由党（２０００年）、立ちあがれ日本《にっぽん》（２０１０年）が挙げられるが、これらの政党は長続きはしなかった。共産党は一貫して最も左側の政党である。データは http://www.katoj.j.u-tokyo.ac.jp から得た。

4　１９９６年と２００５年の間の政党位置の分析において、防衛争点とナショナル・アイデンティティが、規制緩和と並び「左右イデオロギーの違いを主に代表している」主因子に負荷を有し続けている（Kato and Kannon 2008, 353）。

5　早稲田大学・読売新聞共同実施「日本人の社会的期待と選挙に関する世論調査」（Waseda-CASI2010）は２０１０年参議院選挙前後に全国規模のサンプルに対してコンピュータ支援型自記式調査（computer-assisted self-administered interview）で実施された（N＝1433，回収率44・8％）。著者の一人（遠藤）も研究チームの一員として調査に携わった。本データを利用可能としてくださった田中愛治（調査代表者）、西澤由隆、日野愛郎、飯田健、今井亮佑の各氏に感謝申し上げる。なお、他の4つの調査は一般的な面接調査によって実施されている。また、2003年の東大朝日有権者調査でもイデオロギー位置質問は含まれているが、若干ではあるものの他の質問とは選択肢のワーディングが異なっている（「最も革新的」「最も保守的」）ため、分析に含めなかった。

6 JESIの5件尺度は、（回答−3)×5÷2という式で、JESⅡの10件尺度は（回答−5.5)×5.5÷4.5という式で変換した。分極度の指標は（自民党位置—共産党位置）の絶対値とはしなかったため、自民党が共産党よりも保守側であれば正の値、共産党が自民党よりも保守的であれば負の値をとる。わからない（DK）、こたえたくない／無回答（NA）は分析から除外した。この2つのカテゴリーに分類される回答者のパーセンテージは、自民党は15・0％、11・4％、22・2％、10・8％、14・8％、共産党は23・7％、17・3％、28・7％、19・3％、24・8％である（1983年、1995年、1996年、2004年、2010年）。なお、2010年では、他の質問でその政党を知らないと答えて「非適用」とされた回答も含む。DK・NA回答率は若い有権者ほど高いので、これらのカテゴリーについて無視することは本章の統計分析において世代効果を過小評価するだろう。しかし、このことは、実証分析の節の結果の妥当性についてむしろ補強するものである。

7 教育程度変数は4つの回答カテゴリーを含む。1＝小中学校卒、2＝高校卒、3＝短大・専門学校卒、4＝大学卒以上。政治関心変数は「関心がない」（1）から「関心がある」（4）までの4件尺度である。ただし、JEDS96においては、選挙結果に対する関心についての2つの質問から合成した（「選挙後、どの政党が政権を担当するか」についての関心と「どの政党が勢力を伸ばすか、あるいは衰えるか、選挙の結果」についての関心）。感情温度として、自民党と共産党に対する感情温度（0が「最も冷たい」、50が「中立」、100が「最も温かい」）を用いた。

8 一方、三輪（2014a）は、日本において政治知識が低い人ほど政策争点態度の一貫性が高いことを示している。

9 分析に必要な回答者数を確保するためには、サンプルを5つか6つくらいに分割するのがせいぜいであろう。コーホートについては、異なる生年で分割して再分析しても、本章の結論について実質的に影響を与えない。つまり、分水嶺となる年はなく、むしろ変化は漸進的である。

10 平均値を比較するt検定とＡＮＯＶＡの双方で、年齢が共産党イデオロギー位置の認識に与える影響が統計的に有意であった。自民党は１９８３年と２０１０年以外は同様であった。

11 ただし、「技術革新」という言葉は除外した。この文献分析はヨミダス歴史館（読売新聞）と聞蔵Ⅱヴィジュアル（朝日新聞）を使用して行った。聞蔵Ⅱヴィジュアルの１９８９年以前の記事検索システムは、１９８６年以降に導入されたシステムと異なっている。両システムが重複している期間（１９８６―１９８９年）の検索結果は一致しないため、図２・４の朝日新聞の線は2本、描かれている。

12 ２０１２年衆院選の前後に早稲田大学グローバルＣＯＥプログラム「制度構築の政治経済学」（拠点リーダー：田中愛治）によって実施されたウェブ調査（第1波、Ｎ＝5943）であるWaseda-Web 2012データを使用した。著者の一人（遠藤）もこの調査の実施に携わった。なお、ウェブ調査をベースにした分析結果を他の一般的な世論調査と比較はできないものの、竹中（2014）は一般サンプルの郵送調査において同様のパターンを確認している（「保守」「リベラル」については、遠藤他〈2017〉を参照）。

13 みんなの党は自民党や民主党の離党者によって２００９年に結成された政党である。規制緩和や小さな政府志向を主張して、民主党を中心とするグループでも自民党と公明党のグループでもない「第三極」を維新とともに形成した。しかし、安倍内閣との距離をめぐる路線対立から内部崩壊を起こし、２０１４年に解党された。一部は、結いの党を結成した後、日本維新の会と合併し維新の党を結党したものの、長くは続かずに２０１６年にはまた分裂をし、一部は民進党に合流した。

第3章

1 興味深いことに、Ensley（2007）はこの効果がより洗練された有権者の間でのみ働くことを強調する。

2　唯一の例外は、投票行動における政治知識の条件つき効果を検討し、イデオロギーが政治知識のレベルにかかわらず投票に影響を与えていることを示した今井（2008）である。
3　保守・革新イデオロギー位置質問を含む他の世論調査としては、ＪＥＤＳ96と東大朝日有権者調査（２００３年）がある。
4　参議院の選挙制度については、２００1年に拘束名簿方式から非拘束名簿方式への変更というマイナーな制度変更があった。この選挙制度改革がイデオロギー投票にどのような影響を与えるかは興味深いトピックではあるが、ここでは詳細な分析はしない。
5　投票選択が主な関心の対象なので、棄権者は分析から除外した。
6　変換の方法は2章と同様である。
7　各政党投票についてロジスティック回帰分析を行った。ロジスティック回帰分析は従属変数の値が0と1の2値しかとらない場合に用いられる統計手法である。ロジスティック回帰係数の解釈の際には、統計的有意性については回帰分析とほぼ同様の解釈をすることができるものの、それぞれの独立変数がどの程度の規模の効果があるかについてロジスティック回帰係数を一目見るだけで解釈することはできない点に注意が必要である。本章以外に第4章、第7章でも用いられるが、基本的には統計的有意性のみを解釈の際には用いている。また、本章の分析の場合には、自民党投票、最大野党投票、共産党投票をそれぞれ従属変数にしたモデルを分析した。本来であれば、多項プロビット分析をするべきではあるが、分析解釈の単純さを優先させた。
8　表3・2と表3・3では、教育程度のレベル、あるいはコーホートでサンプルを分割してロジスティック回帰分析を行った。表3・2のモデルでは統制変数として教育程度の変数は除外し、表3・3のモデルでは統制変数として年齢変数は除外した。
9　専門家調査は、前章と同様、東京大学加藤淳子研究室が公開している専門家調査の結果を用いた。
10　たとえば、１９４４年から１９５8年生まれのコーホートの相関係数は０・７６４で、１９５9年から１９７3年生まれのコーホートはたったの0・307である（最年少のコーホートでは小さな値だが負の値をとる）。

11 すべての回答者による政党位置の平均値とは別に、教育程度グループや年齢層ごとの平均値も使って分析を行ってみた。たとえば、2000年代では、共産党の位置の平均値は高齢の世代と若い世代でかなりの開きがある。しかしながら、この指標を使った結果も表3・6や表3・7とほぼ同じであった。

第4章

1 よく引用されるのは、社会経済的地位（例、Verba et al. 1978）、政党による動員（Karp et al. 2008）、社会的ネットワーク（Giles and Dantico 1982; Kenny 1992）、価値観の変化（Inglehart 1990）である。

2 現状からの変化を望む請願もあるので、このカテゴリーに入れるべきか疑問に思う人もいるかもしれない。しかし、この項目をカテゴリーから除いても、分析の結果に大きな違いはない。

3 最近の調査では「ウェブ上で政治的意見を表明する」という設問も含まれているが、経時的な比較が可能ではないので含めなかった。

4 多くの先進民主主義諸国と異なり、日本におけるこの種の参加は、大規模な全国組織ではなく、小規模で地域志向のグループに分散している傾向があることに注意が必要である（Pekkanen 2006）。

5 実際の投票率は、1983年67・94％、1993年67・26％、2003年59・86％、2010年57・92％であった。世論調査における過大報告のメカニズムとして以下の2つが主に指摘されている。（1）世論調査への協力を拒否をする人に棄権者が多いため、世論調査回答者のみに依拠した場合には投票者の割合が実際よりも高くなる。（2）面接による世論調査の場合、調査員に「投票に行っていない」と（社会的に望ましくない行動を）回答するのがためらわれて、その場を取り繕うために「投票に行った」と嘘をつく（社会的望ましさバイアス）。

6 世界価値観調査（WVS）によれば、請願書、ボイコット、デモは1980年代前半以来、低下していない。WVSとJESの結果の相違は説明が必要だろう。一つの可能性は、WVSが「これらの活動を今までしたことがあるか」という質問だったのに対し、JESは「過去5年間に」参加したかを尋ねている。そのため、調査の10年前に抗議活動に参加したものの最近は参加してない回答者はWVSでは参加者としてカウントされるが、JESではカウントされない。この説明が妥当なら、2つの世論調査の乖離は、日本人がかつては政治的に活動的だったのが、それ以降そういうことはないということを示唆する。WVS自体の詳細については第8章注2を参照のこと。

7 イデオロギーの自己位置は、1983年は5件尺度、1993年では10件尺度、2003年と2010年には11件尺度で測定されている。高い数値は保守を示す。なお、政党支持はどの政党であっても政党を支持していれば1、そうでなければ0のダミー変数である。政治関心についてはもともとの選択肢の順序を反転させて、4段階の尺度を作成した。値が高いほど政治に関心がある回答者を意味する。

8 1974－1988年のみは世帯年収をモデルに含めると分析対象のケース数が著しく小さくなるため、モデルから世帯年収を除いて分析を行った。

第5章

1 WVSでは「右（保守的）」「左（革新的）」というラベルが使われている。

2 なお、近年の一連の東大朝日調査は、「もっとも右」「もっとも左」を用いている。

3 朝日新聞の調査で「抵抗勢力」対「改革派」ラベルは2番目に適切と評価されたが、本章では分析に含めなかった。このラベルが、伝統的な意味でのイデオロギーを把握するためのものではなく、小泉改革とその反対者の相違を描く文脈で用いられることが多かったためである。

4 このウェブ調査実験を含む「地域と市民生活に関する世論調査」は早稲田大学政治経済学術院・遠藤晶久研究室によって2014年2月14日から3月1日の間に行われた。この調査の実施には科学研究費補助金の支援を受けた（研究課題番号 25780103）。各年齢層の回答者数は以下のとおりである。20代596人、30代936人、40代641人、50代635人、60代554人。地域・性別・年齢が全国の有権者と同じ構成になるように割り当てたうえで、調査会社に登録されたモニターから調査回答者を無作為抽出した。そのため、有権者の縮図であるとはいえないことに留意されたい。

5 調査対象者の代表性が担保された2017年読売早大調査の結果では、維新と共産の位置の逆転は40代と50代の間で起こっている。

6 具体的な質問文は、「政治的な立場を説明するため、いろいろな物差しが使われてきました。次にあげる言葉は政治的な立場の物差しとして適切だと思いますか」であり、選択肢は「適切である」（1）から「適切でない」（4）までの4つである。ここでは「適切である」と「どちらかといえば適切である」を足し合わせた割合を用いている。

7 2012年の東大朝日調査においては「右」「左」ラベルでイデオロギー位置を尋ねているが、「わからない」という回答の割合は年齢層によって異なってはいない。

8 それぞれの政策争点についての具体的な文言については補遺5・1を参照のこと。

9 他の説明の仕方として、セルフ・セレクション・バイアス（自己選出の歪み）の可能性が挙げられる。20代と30代はインターネットに親しんで育ち、様々なタイプのウェブ調査に慣れている一方で、50代や60代はそうではないかもしれない。高齢層では、政治に関心がある（同年齢の中でも政策意見を強く持っているような）人たちだけがこのウェブ調査に回答協力をしたとも推測できる。

10 それぞれの変数については「わからない」「こたえたくない」という回答を除外した。さらに、数値が高いほどその傾向が強いというように直感的に解釈できるように、排外主義以外では数値を反転させた。

第6章

1 あわせて当時の政党リーダー（村山富市、河野洋平、海部俊樹、小沢一郎、細川護熙、武村正義、不破哲三）についても、それぞれの位置を尋ねている（蒲島 1998）。河野洋平自民党総裁は自民党よりやや革新側に位置づけられていたものの、新進党の近くに位置づけられた小沢一郎新進党幹事長よりも保守的とみなされていた。このことは、政党イメージが各アクターの位置の推測に影響を与えていることを強く示唆する。

2　読売早大調査は読売新聞世論調査部と早稲田大学現代政治経済研究所によって、郵送自記式で実施された。著者の一人（遠藤）もこの調査実施に参加した。全国の有権者から層化二段無作為抽出法で選ばれた3000人を調査対象者として、2017年7月3日に調査票を発送し、8月7日に回収を締め切った。調査質問項目については2017年8月11日の読売新聞紙面を参照されたい。

第7章

1　1995年結党の小政党、維新政党・新風は、「自虐史観」に基づく学校教育の拒絶や天皇の政治的役割の増大などの政策によって極右とみなされてきた。参院選に候補者を擁立したが、一度も議席を得たことはない。参院比例区での最大の得票率は2007年の0・29％であり、その後、比例区での擁立はしていない。

2　会員になるには、会費は必要なく、メールで申し込むだけでよい（樋口 2014）。

3　この2議席（平沼赳夫と園田博之）は、政党名よりもベテラン議員の個人的な評判や地盤によって当選した議席である。その後、両者は次世代の党を離れ、自民党に再加入したため、衆議院での議席は0となった。

4　細川は日本新党を結党後、首相（1993‐1994年）を務め、1990年代後半には政界を引退し陶芸家となった。政治的な舞台からは離れていたため、都知事選への立候補は驚きであった。

5　田母神はその後、2014年12月の総選挙に次世代の党公認で東京12区から立候補をしたが、18・5％の得票率で落選した。2016年には、都知事選時の会計処理をめぐって公職選挙法違反で逮捕された。

6　2014年東京都知事選挙ウェブ調査の第1波は2014年1月31日から2月8日の間で実施され、第2波は2月10日から17日に実施された。回答者数は第1波1838名で、第2波1202名であった。調査対象者は東京在住の有権者の性別、年齢と同じような構成になるように設計され、日経リサーチパネルからそれぞれのグループごとに無作為に抽出した。このデータセットを利用可能としてくださった荒井紀一郎、今井亮佑、日野愛郎、スティーブン・リードの各先生に感謝申し上げる。

7 United Nations, Department of Economic and Social Affairs, Population Division. 2013. *Trends in International Migrant Stock: The 2013 Revision.* (United Nations database, POP/DB/MIG/Stock/Rev. 2013) UN DESA, New York.

8 南米諸国からの労働者は日系人が中心で、ヴィジブル・マイノリティかは議論が分かれる可能性もあるが、低賃金の雇用についていることが多く、ここでいう典型的な外国人移民とも重なる。こういった出身地域による外国人労働者受け入れの態度についてはさらなる研究が必要であろう。

9 価値観変数は、表7・1と表7・2にある質問項目を足し合わせたものである（補遺7・1も参照）。排外主義のみ、中国人と韓国人が増えることへの負の意見を足し合わせたものである。なお、南米諸国からの人々に対する意見をさらに足し合わせても、分析結果はほとんど変わらず、結論には影響がない。また、それぞれについては「わからない」「こたえたくない」を除外したうえで、分析結果の解釈がしやすいように、数値が大きくなるほどその態度・価値観が強くなるように数値を変換した。

第8章

1 旗下集結効果とは、戦争勃発時など軍事行動の初期に有権者がそのときの政府を一斉に支持するようになる効果のことをいう（Berinsky 2009; Kobayashi and Katagiri 2018）。

2 1981年に開始されたWVSは世界100カ国以上で共通の調査票を用いて実施されている国際比較世論調査プロジェクトである。WVS Database（http://www.worldvaluessurvey.org）からデータの取得は可能である。

3 なお、第2次安倍政権以降、若者に限らず、政治家や有権者全体が保守化しているという懸念も存在するが、政治家調査や有権者調査、あるいはTwitterデータを用いても、政治家レベルでも有権者レベルでも日本政治の分極化は起きていないということが実証的に示されている（竹中他 2015；谷口 2015；三輪 2017）。

4 『時事世論調査特報』各号から調査結果をまとめた。データ収集の際には、安中進氏、岡澤駿氏にご協力いただいた。

第9章

1　イタリアの選挙研究調査であるITANES（Italian National Election Studies）データを用いた。

2　ホワイトベルトはヴェネト州、フリウリ＝ヴェネツィア・ジュリア州、ロンバルディア州の大部分を含む。レッドベルトはエミリア＝ロマーニャ州、トスカーナ州、ウンブリア州、マルケ州を含む。

参考文献

Abe, Yuki and Masahisa Endo. 2014. 'Kōmeitō's Uncertain Decades between Religion and Politics' in George Ehrhardt, Axel Klein, Levi McLaughlin Steven R. Reed (eds.), *Kōmeitō: Politics and Religion in Japan*. Berkeley: Institute of East Asian Studies, University of California.

Adorno, Theodor W., Else Frenkel-Brunswick, Daniel J. Levinson, R. Nevitt Sanford. 1950. *The Authoritarian Personality*. New York: Harper.

Altmeyer, Bob. 1996. *The Authoritarian Specter*. Cambridge: Harvard University Press.

Alwin, Duane F. and Jon A. Krosnick. 1991. 'Aging, Cohorts, and the Stability of Sociopolitical Orientations over the Life Span', *American Journal of Sociology* 97(1), 169–195.

荒井紀一郎（２０１４）『参加のメカニズム――民主主義に適応する市民の動態』木鐸社

Aron, Raymond. 1968. 'The End of the Ideological Age?' in Chaim I. Waxman (ed.), *The End of Ideology Debate*. New York: Simon & Schuster.

Baerwald, Hans H. 1974. *Japan's Parliament: An Introduction*. London: Cambridge University Press.

Baimbridge, Mark, Brian Burkitt, Marie Macey. 1994. 'The Maastricht Treaty: Exacerbating Racism in Europe?' *Ethnic and Racial Studies* 17(3), 420–441.

Barber, Benjamin R. 1984. *Strong Democracy: Participatory Politics for a New Age*. Berkeley: University of California Press.

Barnes, Samuel H., Max Kaase, Klaus R. Allerbeck, Barbara Farah, Felix Heunks, Ronald Inglehart, M. Kent Jennings, Hans D. Klingemann, Allan Marsh, Leopold Rosenmayr. 1979. *Political Action: Mass Participation in Five Western Democracies*. Beverly Hills: Sage.

Bell, Daniel. 1960. *The End of Ideology*. Glencoe: Free Press.

Berinsky, Adam. 2009. *In Time of War: Understanding American Public Opinion from World War II to Iraq*. Chicago: University of Chicago Press.

Betz, Hans-Georg. 1994. *Radical Right-wing Populism in Western Europe*. New York: St. Martin's Press.

Blais, André, Richard Nadeau, Elisabeth Gidengil, Neil Nevitte. 2001. 'The Formation of Party Preferences: Testing the Proximity and Directional Models', *European Journal of Political Research* 40(1), 81–91.

Blais, André, Elisabeth Gidengil, Neil Nevitte. 2004. 'Where Does Turnout Decline Come from?' *European Journal of Political Research* 43(2), 221–236.

Bobbio, Norberto. 1996. *Left and Right*. Cambridge: Polity Press.

Brim, Orville G. and Jerome Kagan (eds.). 1980. *Constancy and Change in Human Development*. Cambridge: Harvard University Press.

Budge, Ian, David Robertson, Derek Hearl. 1987. *Ideology, Strategy, and Party Change: Spatial Analysis of Post-War Election Programmes in Nineteen Democracies*. Cambridge: Cambridge University Press.

Cain, Bruce E., Russell J. Dalton, Suan E. Scarrow (eds.). 2003. *Democracy Transformed? Expanding Political Opportunities* in *Advanced Industrial Democracies*. Oxford: Oxford University Press.

Carlsson, Gosta and Katarina Karlsson. 1970. 'Age, Cohorts, and the Generation of Generations', *American Sociological Review* 35(4), 710–718.

Caul, Miki L. and Mark M. Gray. 2000. 'From Platform Declarations to Policy Outcomes: Changing Party Profiles and Partisan Influence over Policy' in Russell J. Dalton and Martin P. Wattenberg (eds.), *Parties without Partisans: Political Change in Advanced Industrial Democracies*. Oxford: Oxford University Press.

Clarke, Harold D., David Sanders, Marianne C. Stewart, Paul F. Whiteley. 2009. *Performance Politics and the British Voter*. Cambridge: Cambridge University Press.

Conover, Pamela Johnston and Stanley Feldman. 1981. 'The Origins and Meaning of Liberal-Conservative Self-identifications', *American Journal of Political Science* 25(4), 617–645.

Converse, Philip E. 1964. 'The Nature of Belief Systems in Mass Publics' in David E. Apter (ed.), *Ideology and Discontent*. New York: Free Press.

Converse, Philip E. 2000. 'Assessing the Capacity of Mass Electorates', *Annual Review of Political Science* 3, 331–353.

Corbetta, Piergiorgio, Nicoletta Cavazza, Michele Roccato. 2009. 'Between Ideology and Social Representations: Four These Plus (a New) One on the Relevance and the Meaning of the Political Left and Right', *European Journal of Political Research* 48(5), 622–641.

Curtis, Gerald L. 1988. *The Japanese Way of Politics*. New York: Columbia University Press.

Dalton, Russell J. 1977. 'Was There a Revolution? A Note on Generational Versus Life Cycle Explanations of Value Differences', *Comparative Political Studies* 9(4), 459–473.

Dalton, Russell J. 2004. *Democratic Challenges, Democratic Choices: The Erosion of Political Support in Advanced Industrial Democracies*. Oxford: Oxford University Press.

Dalton, Russell J. and Christopher Anderson (eds.). 2011. *Citizens, Context, and Choice: How Context Shapes Citizens' Electoral Choices*. Oxford: Oxford University Press.

Downs, Anthony. 1957. *An Economic Theory of Democracy*. New York: Harper.

Eisenstadt, S. N. 1996. *Japanese Civilization: A Comparative View*. Chicago: University of Chicago Press.

遠藤晶久・三村憲弘・山﨑新（２０１７）「維新は『リベラル』、共産は『保守』――世論調査にみる世代間断絶」『中央公論』２０１７年10月号、pp. 50–63.

Enelow, James M. and Melvin J. Hinich. 1984. *The Spatial Theory of Voting: An Introduction*. Cambridge: Cambridge University Press.

Ensley, Michael J. 2007. 'Candidate Divergence, Ideology, and Vote Choice in U. S. Senate Elections', *American Politics Research* 35(1), 103–122.

Erikson, Erik H. 1997. *The Life Cycle Completed*. New York: W. W. Norton.

Evans, Geoffrey, Anthony Heath, Mansur Lalljee. 1996. 'Measuring Left-Right and Libertarian-Authoritarian Values in the British Electorate', *British Journal of Psychology* 47(1), 93–112.

Eysenck H. J. 1954. *The Psychology of Politics*. London: Routledge and Kegan Paul.

Falter, Jürgen W. and Siegfried Schumann. 1988. 'Affinity towards Right-wing Extremism in Western Europe', *West European Politics* 11(2), 96–110.

Federico, Christopher M. and Monica C. Schneider. 2007. 'Political Expertise and the Use of Ideology: Moderating Effects of Evaluating Motivation', *Public Opinion Quarterly* 71(2), 221–252.

Fendrich, James Max and Kenneth L. Lovoy. 1988. 'Back to the Future: Adult Political Behavior of Former Student Activists', *American Sociological Review* 53(5), 780–784.

Finkel, Steven E. and Karl-Dieter Opp. 1991. 'Party Identification and Participation in Collective Political Action', *Journal of Politics* 53(2), 339–371.

Flanagan, Scott C. 1982. 'Measuring Value Change in Advanced Industrial Societies: A Rejoinder to Inglehart', *Comparative Political Studies* 15(1), 99–128.

Flanagan, Scott C. 1987. 'Value Change in Industrial Societies', *American Political Science Review* 81(4), 1303–1319.

Flanagan, Scott C. and Aie-Rie Lee. 2003. 'The New Politics, Culture Wars, and the Authoritarian-Libertarian Value Change in Advanced Industrial Democracies', *Comparative Political Studies* 36(3), 235–270.

Franklin, Mark N. 2004. *Voter Turnout and the Dynamics of Electoral Competition in Established Democracies since 1945*. Cambridge: Cambridge University Press.

Franklin, Mark N., Thomas T. Mackie, Henry Valen (eds.). 1992. *Electoral Change: Responses to Evolving Social and Attitudinal Structures in Western Countries*. Cambridge: Cambridge University Press.

Freire, André. 2008. 'Party Polarization and Citizens' Left-Right Orientations', *Party Politics* 14(2), 189–209.

Fuchs, Dieter, and Hans-Dieter Klingemann. 1990. 'The Left-Right Schema'. In M. Kent Jennings, Jan W. van Deth, Samuel H. Barnes, Dieter Fuchs, Felix J. Heunks, Ronald Inglehart, Max Kaase, Hans-Dieter Klingemann, Jacques J. A. Thomassen, *Continuities in Political Action: A Longitudinal Study of Political Orientations in Three Western Democracies*. Berlin: Walter de Gruyter.

Gabel, Matthew and John Huber. 2000. 'Putting Parties in their Place: Inferring Party Left-Right Ideological Positions from Party Manifesto Data', *American Journal of Political Science* 44(1), 94–103.

Gerber, Alan and Donald Green. 1999. 'Misperceptions about Perceptual Bias', *Annual Review of Political Science* 2, 189–210.

Giddens, Anthony. 1994. *Beyond Left and Right: The Future of Radical Politics*. Cambridge: Polity Press.

Giddens, Anthony. 1998. *The Third Way: The Renewal of Social Democracy*. Cambridge: Polity Press.

Giles, Michael W. and Marilyn K. Dantico. 1982. 'Political Participation and Neighborhood Social Context Revisited', *American Journal of Political Science* 26(1), 144–150.

Glenn, Norval D. 1974. 'Aging and Conservatism', *Annals of the American Academy of Political and Social Science* 415(1), 176–186.

Gould, Carol C. 1988. *Rethinking Democracy: Freedom and Social Cooperation in Politics, Economy, and Society*. Cambridge: Cambridge University Press.

Granberg, Donald and Soren Holmberg. 1988. *The Political System Matters: Social Psychology and Voting Behavior in Sweden and the United States*. Cambridge: Cambridge University Press.

Grande, Edgar, and Hanspeter Kriesi. 2012. 'The Transformative Power of Globalization and the Structure of Political Conflict in

Western Europe' In Hanspeter Kriesi, Edgar Grande, Martin Dolezal, Marc Helbling, Dominic Höglinger, Swen Hutter, and Bruno Wüest (eds.), *Political Conflict in Western Europe*. Cambridge: Cambridge University Press.

Grundy, Kenneth W. and Michael A. Weinstein. 1974. *The Ideologies of Violence*. Columbus: Merrill.

Gundelach, Peter. 1995. 'Grass-Roots Activity' In Jan W. van Deth and Elinor Scarbrough (eds.), *The Impact of Values*. Oxford: Oxford University Press.

Hainsworth, Paul (ed.). 1992. *The Extreme Right in Europe and the USA*. London: Pribter.

Hamill, Ruth, Milton Lodge, Frederick Blake. 1985. 'The Breadth, Depth, and Utility of Partisan, Class, and Ideological Schemas', *American Journal of Political Science* 29(4), 850–870.

秦正樹（２０１５）「いつ、イデオロギーは『活性化』するのか？――ＪＧＳＳ２００３を用いた投票外参加の規定要因に関する分析」『日本版総合的社会調査共同研究拠点 研究論文集』15巻、pp. 85–96.

樋口直人（２０１４）『日本型排外主義――在特会・外国人参政権・東アジア地政学』名古屋大学出版会

平野浩（２００５）「日本における政策争点に関する有権者意識とその変容」小林良彰 編『日本における有権者意識の動態』慶應義塾大学出版会

平野浩（２００７）『変容する日本の社会と投票行動』木鐸社

平野浩（２０１２）「日本における政治文化と市民参加――選挙調査データに見るその変遷」『政策科学』19巻３号、pp. 143–161.

樋渡展洋（１９９５）「55年体制の『終焉』と戦後国家」『レヴァイアサン』16号、pp. 121–144.

Holm, John D. and John P. Robinson. 1978. 'Ideological Identification and the American Voter', *Public Opinion Quarterly* 42(2), 235–246.

Hooghe, Marc. 2004. 'Political Socialization and the Future of Politics', *Acta Politica* 39(4), 331–341.

Hooghe, Marc and Britt Wilkenfeld. 2008. 'The Stability of Political Attitudes and Behaviors across Adolescence and Early

Childhood: A Comparison of Survey Data on Adolescents and Young Adults in Eight Countries', *Journal of Youth Adolescence* 37(2), 155–167.

Hooghe, Liesbet, Gary Marks, Carole J. Wilson. 2002. 'Does Left/Right Structure Party Positions on European Integration?' *Comparative Political Studies* 35(8), 965–989.

Hrebenar, Ronald (ed.). 1986. *The Japanese Party System: From One-Party Rule to Coalition Government*. Boulder: Westview Press.

Huckfeldt, Robert R. 1979. 'Political Participation and the Neighborhood Social Context', *American Journal of Political Science* 23(3), 579–592.

Hutter, Swen and Hanspeter Kriesi. 2013. 'Movement of the Left, Movements of the Right Reconsidered' In Jacquelien van Stekelenburg, Conny M. Roggeband, Bert Klandermans (eds.), *The Future of Social Movement Research: Dynamics, Mechanisms, and Processes*. Minneapolis: University of Minnesota Press.

井田正道（２００７）『日本政治の潮流――大統領制化・二大政党化・脱政党』北樹出版

Ignazi, Piero. 1992. 'The Silent Counter-revolution: Hypotheses on the Emergence of Extreme Right-wing Parties in Europe', *European Journal of Political Research* 22(1), 3–34.

Ike, Nobutaka. 1973. 'Economic Growth and Intergenerational Change in Japan', *American Political Science Review* 67(4), 1194–1203.

池田謙一（２００７）『政治のリアリティと社会心理――平成小泉政治のダイナミックス』木鐸社

今井亮佑（２００８）「政治的知識と投票行動――『条件付け効果』の分析」『年報政治学』59巻1号、pp. 283–305.

Inglehart, Ronald. 1982. 'Changing Values in Japan and the West', *Comparative Political Studies* 14(4), 445–479.

Inglehart, Ronald. 1984. 'The Changing Structure of Political Cleavage in Western Society' in Russell J. Dalton, Scott C. Flanagan, Paul Allen Beck (eds.), *Electoral Change in Advanced Industrial Democracies*. Princeton: Princeton University

Press.

Inglehart, Ronald. 1990. *Culture Shift in Advanced Industrial Society*. Princeton: Princeton University Press.

Inglehart, Ronald. 1997. *Modernization and Postmodernization: Cultural, Economic, and Political Change in 43 Societies*. Princeton: Princeton University Press.

Inglehart, Ronald and Hans-Dieter Klingemann. 1976. 'Party Identification, Ideological Preference and the Left-Right Dimension among Western Mass Publics' in Ian Budge, Ivor Crewe, Dennis Farlie (eds.), *Party Identification and Beyond*. London: Wiley.

Inglehart, Ronald and Hans D. Klingemann. 1979. 'Ideological Conceptualization and Value Priorities' In Samuel H. Barnes, Max Kaase, Klaus R. Allerbeck, Barbara Farah, Felix Heunks, Ronald Inglehart, M. Kent Jennings, Hans D. Klingemann, Allan Marsh, Leopold Rosenmayr, *Political Action: Mass Participation in Five Western Democracies*. Beverly Hills: Sage.

伊藤光利（１９９８）「大企業労使連合再訪――その持続と変容」『レヴァイアサン』98年冬臨時増刊号、pp. 73–94.

Jackman, Robert W. and Karin Volpert. 1996. 'Conditions Favouring Parties of the Extreme Right in Western Europe', *British Journal of Political Science* 26(4), 501–521.

Jacoby, William G. 1991. 'Ideological Identification and Issue Attitudes', *American Journal of Political Science* 35(1), 178–205.

Jagodzinski, Wolfgang. 1983. 'Materialism in Japan Reconsidered: Toward a Synthesis of Generational and Life-Cycle Explanations', *American Political Science Review* 77(4), 887–894.

Jennings, M. Kent. 1976. 'The Variable Nature of Generational Conflict: Some Examples from West Germany', *Comparative Political Studies* 9(2), 171–188.

Jennings, M. Kent. 1992. 'Ideological Thinking among Mass Publics and Political Elites', *Public Opinion Quarterly* 56(4), 419–441.

Jennings, M. Kent and Gregory B. Markus. 1984. 'Partisan Orientations over the Long Haul: Results from the Three-wave Political Socialization Panel Study', *American Political Science Review* 78(4), 1000–1018.

Jennings, M. Kent and Richard G. Niemi. 1981. *Generations and Politics: A Panel Study of Young Adults and Their Parents*. Princeton: Princeton University Press.

蒲島郁夫（１９８８）『政治参加』東京大学出版会

蒲島郁夫（１９９８）『政権交代と有権者の態度変容』木鐸社

Kabashima, Ikuo, and Gill Steel. 2010. *Changing Politics in Japan*. Ithaca: Cornell University Press.

蒲島郁夫・竹中佳彦（１９９６）『現代日本人のイデオロギー』東京大学出版会

蒲島郁夫・竹中佳彦（２０１２）『イデオロギー』東京大学出版会

Karp, Jefferey A., Susan A. Banducci, Shaun Bowler. 2008. 'Getting Out the Vote: Party Mobilization in a Comparative Perspective', *British Journal of Political Science* 38(1), 91–112.

Kato, Junko and Yuto Kannon. 2008. 'Coalition Governments, Party Switching, and the Rise and Decline of Parties; Changing Japanese Party Politics since 1993', *Japanese Journal of Political Science* 9(3), 341–365.

Kato, Junko and Michael Laver. 1998. 'Party Policy and Cabinet Portfolios in Japan, 1996', *Party Politics* 4(2), 253–260.

Kato, Junko and Michael Laver. 2003. 'Policy and Party Competition in Japan after the Election of 2000', *Japanese Journal of Political Science* 4(1), 121–133.

Kenny, Christopher B. 1992. 'Political Participation and Effects from the Social Environment', *American Journal of Political Science* 36(1), 259–267.

Kim, Heemin and Richard C. Fording. 2002. 'Government Partisanship in Western Democracies, 1945–1998', *European Journal of Political Research* 41(2), 187–206.

Kitschelt, Herbert. 1995. *The Radical Right in Western Europe: A Comparative Analysis*. Ann Arbor: University of Michigan Press.

Kitschelt, Herbert and Staf Hellemans. 1990. 'The Left-Right Semantics and the New Politics Cleavage', *Comparative Political Studies* 23(2), 210–238.

Klingemann, Hans D. 1979. 'The Background of Ideological Conceptualization' In Samuel H Barnes, Max Kaase, Klaus R. Allerbeck, Barbara Farah, Felix Heunks, Ronald Inglehart, M. Kent Jennings, Hans D. Klingemann, Allan Marsh, Leopold Rosenmayr, *Political Action: Mass Participation in Five Western Democracies*, Beverly Hills: Sage.

Knigge, Pia. 1998. 'The Ecological Correlates of Right-wing Extremism in Western Europe', *European Journal Political Research* 34(2), 249–279.

Knutsen, Oddbjørn. 1995a. 'Value Orientations, Political Conflicts and Left-Right Identification: A Comparative Study', *European Journal of Political Research* 28(1), 63–93.

Knutsen, Oddbjørn. 1995b. 'Party Choice' in Jan W. van Deth and Elinor Scarbrough (eds.), *The Impact of Values*. Oxford: Oxford University Press.

Knutsen, Oddbjørn. 1999. 'Left-Right Party Polarization among the Mass Publics: A Comparative Longitudinal Study from Eight West European Countries' in Hanne Marthe Narud and Toril Aalberg (eds.), *Challenges to Representative Democracy: Parties, Voters and Public Opinion*. Bergen: Fagbokforlaget.

Knutsen, Oddbjørn and Staffan Kumlin. 2005. 'Value Orientations and Party Choice' in Jacques Thomassen (ed.), *The European Voter: A Comparative Study of Modern Democracies*. Oxford: Oxford University Press.

Kobayashi, Tetsuro and Azusa Katagiri. 2018. 'The "Rally 'Round the Flag" Effect in Territorial Disputes: Experimental Evidence from Japan-China Relations', *Journal of East Asian Studies* 18(3), 299–319.

小林良彰（２００８）『制度改革以降の日本型民主主義――選挙行動における連続と変化』木鐸社

Kohei, Shinsaku, Ichiro Miyake, Joji Watanuki. 1991. 'Issues and Voting Behavior' in Scott C. Flanagan, Shinsaku Kohei, Ichiro Miyake, Bradley M. Richardson, Joji Watanuki, *The Japanese Voter*. New Haven: Yale University Press.

Kohno, Masaru. 1997. *Japan's Postwar Party Politics*. Princeton: Princeton University Press.

Kornberg, Allan, and Harold D. Clarke. 1992. *Citizens and Community: Political Support in a Representative Democracy*. Cambridge: Cambridge University Press.

Kornhauser, William. 1959. *The Politics of Mass Society*. Glencoe: Free Press.

Krauss, Ellis S., and Benjamin Nyblade. 2005. ''Presidentialization' in Japan? The Prime Minister, Media and Elections in Japan', *British Journal of Political Science* 35(2), 357–398.

Krauss, Ellis S., and Robert J. Pekkanen. 2011. *The Rise and Fall of Japan's LDP: Political Party Organizations as Historical Institutions*. Ithaca: Cornell University Press.

Kriesi, Hanspeter. 2010. 'Restructuration of Partisan Politics and the Emergence of a New Cleavage Based on Values', *West European Politics* 33(3), 673–685.

Kriesi, Hanspeter, Edgar Grande, Romain Lachat, Martin Dolezal, Simon Bornschier, Timotheos Frey. 2006. 'Globalization and the Transformation of the National Political Space: Six European Countries Compared', *European Journal of Political Research* 45(6), 921–956.

久米郁男・川出良枝・田中愛治（２００３）「政策の対立軸」久米郁男・川出良枝・古城佳子・田中愛治・真渕勝『政治学』有斐閣

Lachat, Romain. 2008. 'The Impact of Party Polarization on Ideological Voting', *Electoral Studies* 27(4), 687–698.

Lau, Richard R. and David P. Redlawsk. 2001. 'Advantages and Disadvantages of Cognitive Heuristics in Political Decision-making', *American Journal of Political Science* 45(4), 951–971.

Laver, Michael and Kenneth Benoit. 2005. 'Estimating Party Policy Positions: Japan in Comparative Context', *Japanese Journal of Political Science* 6(2), 187–209.

Lerner, Richard L. 1984. *On the Nature of Human Plasticity*. Cambridge: Cambridge University Press.

Lipset, Seymour Martin. 1960. *Political Man*. Garden City, NY: Doubleday.

Lipset, Seymour Martin and Earl Raab. 1970. *The Politics of Unreason: Right-wing Extremism in America, 1790–1970*. New York: Harper & Row.

Lipset, Seymour Martin and Stein Rokkan. 1967. 'Cleavage Structures, Party Systems, and Voter Alignments: An Introduction' in Seymour Martin Lipset and Stein Rokkan (eds.), *Party Systems and Voter Alignments: Cross-National Perspectives*. New York: Free Press.

Lubbers, Marcel and Peer Scheepers. 2000. 'Individual and Contextual Characteristics of the German Extreme Right-wing Vote in the 1990s: A Test of Complementary Theories', *European Journal of Political Research* 38(1), 63–94.

Lubbers, Marcel, Mérove Gijsberts, Peer Scheepers. 2002. 'Extreme Right-wing Voting in Western Europe', *European Journal of Political Research* 41(3), 345–378.

Lubinski, David, David B. Schmidt, Camilla Persson Benbow. 1996. 'A 20-year Stability Analysis of the Study of Values for Intellectually Gifted Individuals from Adolescence to Adulthood', *Journal of Applied Psychology* 81(4), 443–451.

Macklin, Graham. 2013. 'Transnational Networking on the Far Right: The Case of Britain and Germany'. *West European Politics* 36(1), 176–198.

前田和敬（２００７）「政治と言葉」高木文哉・吉田貴文・前田和敬・峰久和哲『政治を考えたいあなたへの80問――朝日新聞３０００人世論調査から』朝日新聞社

Mair, Peter. 2007. 'Left-Right Orientations' in Russell J. Dalton and Hans-Dieter Klingemann (eds.), *The Oxford Handbook of Political Behavior*. Oxford: Oxford University Press.

松谷満・高木竜輔・丸山真央・樋口直人（２００６）「日本版極右はいかにして受容されるのか――石原慎太郎・東京都知事の支持基盤をめぐって」『アジア太平洋レビュー』３巻、pp. 39–52.

McClosky, Herbert and Dennis Chong. 1985. 'Similarities and Differences between Left-wing and Right-wing Radicals', *British*

Journal of Political Science 15(3), 329–363.

McElwain, Kenneth Mori. 2012. 'The Nationalization of Japanese Elections', *Journal of East Asian Studies* 12(3), 323–350.

Merkl, Peter H. and Leonard Weinberg (eds.). 1997. *The Revival of Right-wing Extremism in the Nineties*. London: Frank Cass.

Merrill, Samuel, Bernard Grofman, James Adams. 2001. 'Assimilation and Contrast Effects in Voter Projections of Party Locations: Evidence from Norway, France, and the USA', *European Journal of Political Research* 40(2), 199–221.

Miller, Warren E., M. Kent Jennings, Barbara G. Farah. 1986. *Parties in Transition: A Longitudinal Study of Party Elites and Party Supporters*. New York: Russell Sage Foundation.

三輪洋文（２０１４ａ）「現代日本における争点態度のイデオロギー的一貫性と政治的洗練――Converse の呪縛を超えて」『年報政治学』65号1巻、pp. 148–174.

三輪洋文（２０１４ｂ）「保革自己イメージの意味づけに関する有権者の不均質性」日本選挙学会、5月17、18日開催、早稲田大学

Miwa, Hirofumi. 2015. 'Voters' Left-Right Perception of Parties in Contemporary Japan: Removing the Noise of Misunderstanding', *Japanese Journal of Political Science* 16(1), 114–137.

三輪洋文（２０１７）「Twitter データによる日本の政治家・言論人・政党・メディアのイデオロギー位置の推定」『選挙研究』33号1巻、pp. 41–56.

三宅一郎（１９８９）『投票行動』東京大学出版会

Moreno, Alejandro. 1999. *Political Cleavages: Issues, Parties, and the Consolidation of Democracy*. Boulder, CO: Westview Press.

Nie, Norman H., and Kristi Andersen. 1974. 'Mass Belief Systems Revisited: Political Change and Attitude Structure', *Journal of Politics* 36(3), 540–591.

Niemi, Richard G. and Mary A. Hepburn. 1995. 'The Rebirth of Political Socialization', *Perspectives on Political Science* 24(1),

7–16.

西澤由隆（２００４）「政治の二重構造と『関わりたくない』意識——Who said I wanted to participate?」『同志社法學』55号5巻, pp. 1215–1243.

Norris, Pippa. 2002. *Democratic Phoenix: Reinventing Political Activism*. Cambridge: Cambridge University Press.

大嶽秀夫（１９９９）『日本政治の対立軸——93年以降の政界再編の中で』中央公論新社

Otake, Hideo. 2000. 'Political Realignment and Policy Conflict' in Hideo Otake (ed.), *Power Shuffles and Policy Processes: Coalition Government in Japan in the 1990s*. Tokyo: Japan Center for International Exchange.

Page, Benjamin I. and Calvin C. Jones. 1979. 'Reciprocal Effects of Policy Preferences, Party Loyalties and the Vote', *American Political Science Review* 73(4), 1071–1089.

Park, Chong-Min. 2017. 'Quality of Governance and Political Trust: Evidence from East Asia', *Asian Journal of Comparative Politics* 2(2), 154–175.

Parry, Geraint, George Moyser, Neil Day. 1992. *Political Participation and Democracy in Britain*. Cambridge: Cambridge University Press.

Pateman, Carole. 1970. *Participation and Democratic Theory*. Cambridge: Cambridge University Press.

Pekkanen, Robert J. 2006. *Japan's Dual Civil Society: Members Without Advocates*. Standord: Stanford University Press.

Pekkanen, Robert J., Yutaka Tsujinaka, Hidehiro Yamamoto. 2014. *Neighborhood Associations and Local Governance in Japan*. London: Routledge.

Pierce, Roy. 1997. 'Directional versus Proximity Models: Verisimilitude as the Criterion', *Journal of Theoretical Politics* 9(1), 61–74.

Proksch, Sven-Oliver, Jonathan B. Slapin, Michael F. Thies. 2011. 'Party System Dynamics in Post-war Japan: A Quantitative Content Analysis of Electoral Pledges', *Electoral Studies* 30(1), 114–124.

Rabinowitz, George and Stuart Elaine Macdonald. 1989. 'A Directional Theory of Issue Voting', *American Political Science Review* 83(1), 93–121.

Ramseyer, J. Mark, and Frances M. Rosenbluth. 1993. *Japan's Political Marketplace.* Cambridge: Harvard University Press.

Ray, Leonard and Hanne Marthe Narud. 2000. 'Mapping the Norwegian Political Space: Some Findings from an Expert Survey', *Party Politics* 6(2), 225–239.

Reed, Steven R., Ethan Scheiner, and Michael F. Thies. 2012. 'The End of LDP Dominance and the Rise of Party-Oriented Politics in Japan', *Journal of Japanese Studies* 38(2), 353–376.

Reed, Steven R., Kenneth Mori McElwain, Kay Shimizu. 2009. *Political Change in Japan: Electoral Behavior, Party Realignment, and the Koizumi Reforms*. Stanford Shorenstein Asia-Pacific Research Center.

Rejai, Mostafa (ed.). 1971. *Decline of Ideology?* Chicago: Aldine-Atherton.

Richardson, Bradley M. and Scott C. Flanagan. 1984. *Politics in Japan*. Boston: Little, Brown.

Riker, William H. and Peter C. Ordeshook. 1968. 'A Theory of the Calculus of Voting', *American Political Science Review* 62(1), 25–42.

Rochon, Thomas R. 1981. 'Electoral Systems and the Basis of the Vote: The Case of Japan' in John Creighton Campbell (ed.), *Parties, Candidates, and Voters in Japan: Six Quantitative Studies*. Ann Arbor: University of Michigan Press.

Rohrschneider, Robert and Stephen Whitefield. 2009. 'Understanding Cleavages in Party Systems: Issue Position and Issue Salience in 13 Post-Communist Democracies', *Comparative Political Studies* 42(2), 280–313.

Rokeach Milton. 1960. *The Open and Closed Mind*. New York: Basic Books.

Rozman, Gilbert. 2012. 'Japanese National Identity: A Six-dimensional Analysis' in Gilbert Rozman (ed.), *East Asian National Identities: Common Roots and Chinese Exceptionalism*. Washington DC: Woodrow Wilson Center Press.

齋藤純一 編（２００４）『福祉国家／社会的連帯の理由』ミネルヴァ書房

境家史郎（２０１３）「戦後日本人の政治参加――『投票参加の平等性』論を再考する」『年報政治学』64巻1号、pp. 236–255.

Scheiner, Ethan. 2005. *Democracy without Competition in Japan: Opposition Failure in a One-Party Dominant State*. Cambridge: Cambridge University Press.

Schoppa, Leonard J. (ed.), 2011. *The Evolution of Japan's Party System: Politics and Policy in an Era of Institutional Change*. Toronto: University of Toronto Press.

Schumpter, Joseph A. 1942. *Capitalism, Socialism and Democracy*. New York: Harper and Brothers.

Scott, Jacqueline and Howard Schuman. 1988. 'Attitude Strength and Social Action in the Abortion Dispute', *American Sociological Review* 53(5), 785–793.

Sears, David O. 1981. 'Life Stage Effects on Attitude Change, Especially among the Elderly' in Sara Kiesler, James N. Morgan, Valerie K. Oppenheimer (eds.), *Aging: Social change*. New York: Academic Press.

Sears, David O. 1983. 'The Persistence of Early Political Predispositions: The Roles of Attitude Object and Life Stage' in Ladd Wheeler (ed.), *Review of Personality and Social Psychology*, vol. 4. Beverly Hills: Sage.

Sidanius, James. 1985. 'Cognitive Functioning and Sociopolitical Ideology Revisited', *Political Psychology* 6(4), 637–661.

Shils, Edward. 1968. 'The End of Ideology?' in Chaim I. Waxman (ed.), *The End of Ideology Debate*. New York: Simon & Schuster.

Shinkawa, Toshimitsu. 2000. 'Failed Reform and Policy Changes of the SDPJ' in Hideo Otake (ed.), *Power Shuffles and Policy Processes: Coalition Government in Japan in the 1990s*. Tokyo: Japan Center for International Exchange.

Stone, William F. 1980. 'The Myth of Left-Wing Authoritarianism', *Political Psychology* 2(3–4), 3–19.

Studlar, Donley T. 2003. 'The Anglo-American Origins and International Diffusion of the "Third Way"', *Politics & Policy* 31(1), 26–52.

竹中佳彦（２０１４）「保革イデオロギーの影響力低下と年齢」『選挙研究』30巻2号、pp. 5–18.
竹中佳彦・遠藤晶久・ウィリー・ジョウ（２０１５）「有権者の脱イデオロギーと安倍政治」『レヴァイアサン』57号、pp. 25–46.
田中愛治（１９９５）「『55年体制』の崩壊とシステム・サポートの継続――有権者と国会議員の意識構造の乖離」『レヴァイアサン』17号、pp. 52–83.
田中愛治（１９９７）「『政党支持なし』層の意識構造――政党支持概念の再検討の試論」『レヴァイアサン』20号、pp. 101–129.
田中愛治（２００９）「自民党衰退の構造――得票構造と政策対立軸の変化」田中愛治・河野勝・日野愛郎・飯田健・読売新聞世論調査部『２００９年、なぜ政権交代だったのか――読売・早稲田の共同調査で読みとく日本政治の転換』勁草書房
田中愛治・三村憲弘（２００６）「国民意識における平等と政治――政治経済対立軸の継続と変化」『年報政治学』57巻１号、pp. 117–147.
谷口将紀（２０１５）「日本における左右対立（２００３〜２０１４年）――政治家・有権者調査を基に」『レヴァイアサン』57号、pp. 9–24.
建林正彦（２００４）『議員行動の政治経済学――自民党支配の制度分析』有斐閣
Thau, Richard D. and Jay S. Heflin (eds.). 1997. *Generations Apart: Xers vs. Boomers vs. the Elderly*. Amherst: Prometheus Books.
Thayer, Nathaniel B. 1969. *How the Conservatives Rule Japan*. Princeton: Princeton University Press.
Tilley, James R. 2003. 'Party Identification in Britain: Does Length of Time in the Electorate Affect Strength of Partisanship?', *British Journal of Political Science* 33(2), 332–344.
Tilley, James R. 2005. 'Libertarian-Authoritarian Value Change in Britain, 1974–2001', *Political Studies* 53(2), 442–453.

Torcal, Mariano, Toni Rodon, María José Hierro. 2016. 'Words on the Street: The Persistence of Leftist-dominated Protest in Europe', *West European Politics* 39(2), 326–350.

Van Aelst, Peter and Stefaan Walgrave. 2001. 'Who is that (Wo)man in the Street? From the Normalisation of Protest to the Normalisation of the Protester', *European Journal of Political Research* 39(4), 461–486.

Van der Brug, Wouter. 2010. 'Structural and Ideological Voting in Age Cohorts', *West European Politics* 33(3), 586–607.

Van der Brug, Wouter, Meindert Fennema, Jean Tillie. 2000. 'Anti-immigrant Parties in Europe: Ideological or Protest Vote?', *European Journal of Political Research* 37(1), 77–102.

Van der Eijk, Cees, Hermann Schmitt, Tanja Binder (2005). 'Left-Right Orientations and Party Choice' in Jacques Thomassen (ed.), *The European Voter: A Comparative Study of Modern Democracies*. Oxford: Oxford University Press.

Van der Meer, Tom W. G., Jan W. van Deth, Peer L. H. Scheepers. 2009. 'The Politicized Participants: Ideology and Political Action in 20 Democracies', *Comparative Political Studies* 42(11), 1426–1457.

Van Dijk, Teun A. 1993. *Elite Discourse and Racism*. Newbury Park: Sage.

Van Spanje, Joost. 2010. 'Contagious Parties: Anti-Immigration Parties and Their Impact on Other Parties' Immigration Stances in Contemporary Western Europe', *Party Politics* 16(5), 564–586.

Verba, Sidney and Richard A. Brody. 1970. 'Participation, Policy Preferences, and the War in Vietnam', *Public Opinion Quarterly* 34(3), 325–332.

Verba, Sidney and Norman H. Nie. 1972. *Participation in America: Political Democracy and Social Equality*. New York: Harper and Row.

Verba, Sidney, Norman H. Nie, Jae-on Kim. 1978. *Participation and Political Equality: A Seven-Nation Comparison*. Cambridge: Cambridge University Press.

Verba, Sidney, Kay Lehman Schlozman, Henry E. Brady. 1995. *Voice and Equality: Civic Voluntarism in American Politics*.

Cambridge: Harvard University Press.
Watanuki, Joji. 1967. *Politics in Postwar Japanese Society*. Tokyo: University of Tokyo Press.
Westholm, Anders. 1997. 'Distance versus Direction: The Illusory Defeat of the Proximity Theory of Electoral Choice', *American Political Science Review* 91(4), 865–883.
Westle, Bettina and Oskar Niedermayer. 1992. 'Contemporary Right-wing Extremism in West Germany', *European Journal of Political Research* 22(1), 83–100.
Wolfinger, Raymond E. and Steven J. Rosenstone. 1980. *Who Votes?* New Haven: Yale University Press.
山田真裕（２００４）「投票外参加の論理——資源、指向、動員、党派性、参加経験」『日本選挙学会年報』19号、pp. 85–99.
山口智美・斉藤正美・荻上チキ（２０１２）『社会運動の戸惑い——フェミニズムの「失われた時代」と草の根保守運動』勁草書房
安田浩一（２０１２）『ネットと愛国——在特会の「闇」を追いかけて』講談社

遠藤晶久（えんどう・まさひさ）
早稲田大学社会科学総合学術院准教授。博士（政治学）。
1978年生まれ。早稲田大学政治学研究科博士後期課程単位取得退学。主要著作に『熟議の効用、熟慮の効果：政治哲学を実証する』（勁草書房、2018年、分担執筆）等。

ウィリー・ジョウ（Willy Jou）
早稲田大学政治経済学術院准教授。Ph.D in Political Science。
1979年生まれ。カリフォルニア大学アーバイン校政治学博士課程修了。主要著作に *Why Policy Representation Matters*（Routledge、2015年、共著）等。

イデオロギーと日本政治
――世代で異なる「保守」と「革新」

2019年 2 月27日　第 1 版第 1 刷発行
2021年12月16日　第 1 版第 2 刷発行

著　者　遠藤晶久／ウィリー・ジョウ
発　行　株式会社 新泉社
東京都文京区湯島1-2-5聖堂前ビル
TEL 03-5296-9620　FAX 03-5296-9621
印刷・製本　創栄図書印刷 株式会社

ISBN 978-4-7877-1903-4　C1031